BIBLIOTECA
JOSÉ GUILHERME
Merquior

Copyright © 2011 Julia Merquior
Copyright da edição brasileira © 2014 É Realizações
Título Original: *Liberalism, Old and New*

EDITOR | Edson Manoel de Oliveira Filho
COORDENADOR DA BIBLIOTECA JOSÉ GUILHERME MERQUIOR
João Cezar de Castro Rocha
PRODUÇÃO EDITORIAL, CAPA E PROJETO GRÁFICO
É Realizações Editora
PREPARAÇÃO DE TEXTO | Alyne Azuma
REVISÃO | Cecília Madarás

Reservados todos os direitos desta obra.
Proibida toda e qualquer reprodução desta edição por qualquer meio ou forma, seja ela eletrônica ou mecânica, fotocópia, gravação ou qualquer outro meio de reprodução, sem permissão expressa do editor.

CIP-BRASIL. CATALOGAÇÃO NA PUBLICAÇÃO
SINDICATO NACIONAL DOS EDITORES DE LIVROS, RJ

M521L

Merquior, José Guilherme, 1941-1991
O Liberalismo – antigo e moderno / José Guilherme Merquior ; coordenação João Cezar de Castro Rocha; tradução Henrique de Araújo Mesquita. - 3. ed. - São Paulo: É Realizações, 2014.
384 p. : il. ; 24 cm. (Biblioteca José Guilherme Merquior)

Tradução de: Liberalism, old and new
Apêndice
Inclui bibliografia e índice
ISBN 978-85-8033-171-4

1. Liberalismo - História - Século XX. 2. Intelectuais. 3. Capitalismo. 4. História social. I. Rocha, João Cezar de Castro. II. Título. III. Série.

14-15753
CDD: 320.51
CDU: 32

Os direitos desta edição pertencem a
É Realizações Editora, Livraria e Distribuidora Ltda.
Caixa Postal: 45321 · 04010 970 · São Paulo SP
Telefax: (5511) 5572 5363
e@erealizacoes.com.br · www.erealizacoes.com.br

Este livro foi impresso pela Mundial Gráfica, em agosto de 2021.
Os tipos usados são da família Sabon LT Std e Industrial736 BT. O papel do miolo é o Lux Cream 70 g, e o da capa cartão Supremo AA 250 g.

O Liberalismo
Antigo e moderno

José Guilherme Merquior

Tradução de Henrique de Araújo Mesquita

3ª edição ampliada, 4ª impressão

Raymond Aron
(1905-1983)
in memoriam

Este livro é para Hilda, Julia e Pedro.

Finis reipublicae libertas est.
– Espinosa, *Tractatus Theologico-Politicus*

Sumário

Apresentação
Merquior, o Liberista
por Roberto Campos 17
Apresentação II
por José Mario Pereira 31
Prólogo
por Michael Roth 33
Prefácio
por José Guilherme Merquior 35

Capítulo I: Definições e pontos de partida
Liberalismo 40
Liberdade e autonomia 45
Três escolas de pensamento 52
O indivíduo e o Estado 58

Capítulo II: As raízes do liberalismo
Primeiras fontes modernas 62
O legado do Iluminismo 76

Capítulo III: Liberalismo Clássico (1780-1860)
Locke: direitos, consenso e confiança 94
De Locke a Madison: humanismo cívico e
republicanismo moderno 98
Whigs e radicais: o nascimento da ideia liberal
democrática 105
Os primeiros liberais franceses: de Constant a
Guizot 111
O liberalismo analisa a democracia: Tocqueville 117

O santo libertário: John Stuart Mill 125
Em direção ao liberalismo social: Mazzini e Herzen 132
Os discursos do liberalismo clássico 136

Capítulo IV: Liberalismos conservadores
Conservadorismo liberal e liberalismo
  conservador 140
Liberais conservadores evolucionistas: Bagehot
  e Spencer 145
O liberalismo construtor de nações: Sarmiento
  e Alberdi 150
O segundo liberalismo francês: de Rémusat
  a Renan 157
Semiliberalismo: do *Rechtsstaat* alemão a
  Max Weber 164
Croce e Ortega 171
Conclusão 182

Capítulo V: Dos novos liberalismos aos neoliberalismos
As reivindicações do liberalismo social 186
De Kelsen a Keynes: liberalismo de esquerda no
  entreguerras 201
Karl Popper e uns poucos moralistas liberais do
  pós-guerra 214
Neoliberalismo como neoliberismo: de Mises a
  Hayek, e a teoria da escolha pública 225
Liberalismo sociológico: Aron e Dahrendorf 234
Os neocontratualistas: Rawls, Nozick e Bobbio 244
Conclusão 259

Conclusão 261
Cronologia 265
Leitura complementar 269

Apêndice
Nota biográfica 275
O Renascimento da Teoria Política Francesa
por José Guilherme Merquior 277
Posfácios à 3ª edição
A visão do mundo de José Guilherme Merquior:
esta reedição
por João Cezar de Castro Rocha 311
O liberalismo militante de José Guilherme Merquior
por Celso Lafer 325
Merquior e o liberalismo
por Hélio Jaguaribe 331
José Guilherme Merquior
por Joaquim Ponce Leal 350
Merquior: obra política, filosófica e literária
por Sérgio Paulo Rouanet 360

Índice remissivo 371

O
LIBERALISMO

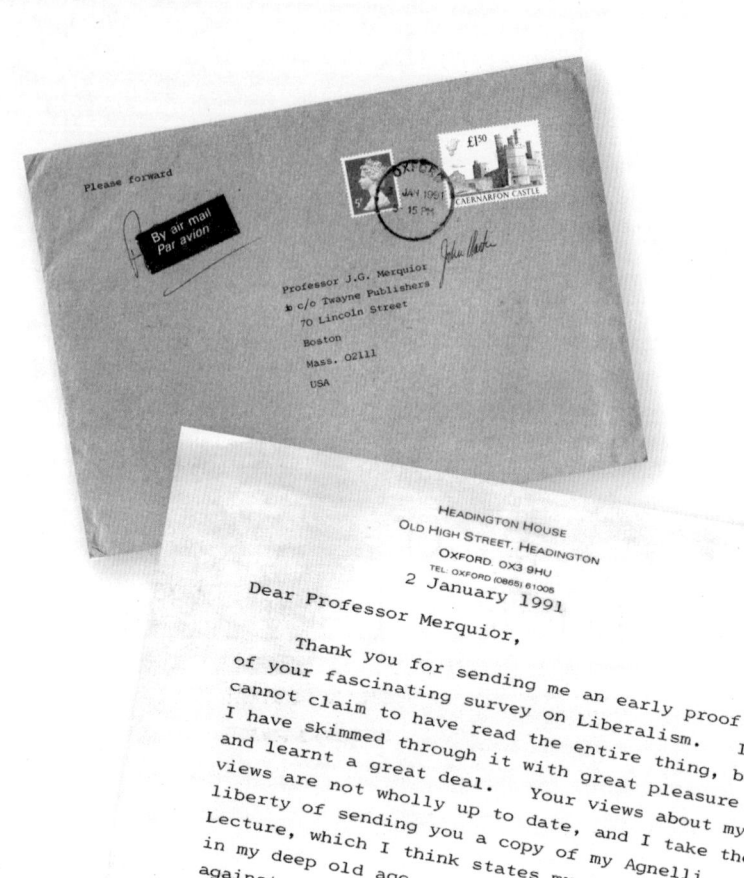

Carta de Sir Isaiah Berlin, comentando *Liberalism, Old and New*.
Fonte: Arquivo José Guilherme Merquior/É Realizações Editora

UNIVERSITY OF CAMBRIDGE
DEPARTMENT OF SOCIAL ANTHROPOLOGY
FREE SCHOOL LANE CAMBRIDGE CB2 3RF
Telephone (0223) 337733
Direct Line (0223) 33 4599

[handwritten annotations: 1. Professor Ernest Gellner; 2. ; 3. ; 4. ; 5. sup]

15 November, 1990.

Dr. Jose Merquior,
His Excellency the Brazilian Ambassador to UNESCO,
UNESCO,
Place de Fontenoy,
Paris, F r a n c e.

Dear Jose,

    Warmest congratulations on your LIBERALISM! I read it at a sitting, but shall no doubt reread it. It really is a splendid summary of the subject, and I expect to use it a great deal.

    We do hope you are well. Disturbing, but not at all precise or detailed rumours of your being ill have reached us, but I can only hope that these are unfounded, or that you are well on the mend by now. Please let us know. It would be nice to be re-assured.

    The book is splendid, and I was happy to supply a quote to the Publishers who asked me for it, and who sent me a proof copy.

    Since my return from that year in the Soviet Union, I have been far too swamped with administrative work to do any serious writing, and I envy you your capacity to combine two professional lives. Otherwise we're reasonably well.

    I hope we may see you again before too long, wherever it may turn out to be.

    With all good wishes to you and Hilda and the children,

Very sincerely yours,

Ernest Gellner

Carta de Ernest Gellner, comentando *Liberalism, Old and New*.
As notas manuscritas são de José Guilherme Merquior.
Fonte: Arquivo José Guilherme Merquior/É Realizações Editora

SCRIPPS COLLEGE

1030 COLUMBIA AVENUE   CLAREMONT, CALIFORNIA 91711-3948   (714) 621-8000, EXT. 3368

MICHAEL S. ROTH
HARTLEY BURR ALEXANDER PROFESSOR OF HUMANITIES

October 16, 1989

Ambassadeur J.G. Merquior
Délégation du Bresil
près l'UNESCO
1. rue Miollis
75732 Paris CEDEX 15

Dear José Guilherme:

I've just finished reading <u>Liberalism Old and New</u>, and let me say immediately that it is a most impressive piece of historical, theoretical, and, dare I say, political work. The writing is clear and precise, and you manage to paint a compelling picture of liberalism as a living political idea with deep roots. You convey the diversity of liberalism while at the same time making sense of the family resemblances among the various doctrines. Bravo!

Of course, my job is not merely to offer praise, but to make suggestions. You will find many of them in the right hand margins of your typescript. Only **some** of them are made on small yellow tags (no real reason for this -- much of the work was done at home when I ran out of these). So, you'll have to flip through page by page. Many of the comments are superficial queries, some of them make more substantial suggestions, usually with the goal of streamlining the narrative.

Let me make two very general comments. First, the danger with a survey of this kind is that the extent of the coverage results in an inunation of names and ideas at the expense of the broader themes. On the whole, you avoid this beautifully. As you go over the ms. again, however, I suggest that you think carefully if particular brief discussions of certain figures are necessary for the main point of your historical survey. (I have indicated a few places where I thought cuts might be made.) I think the criterion for inclusion should be whether each person made a decisive <u>contribution</u> to the history of liberalism. Will a discussion of the person's ideas move the narrative along? Then, let's try to make sure that the broad conclusions about each school within liberalism are not obscured by details.

MEMBER OF THE CLAREMONT COLLEGES

Ambassador J.G. Merquior
October 16, 1989
Page 2

    I would think that your conclusion could be made even stronger than it is already. One way of doing this (which you have already begun, I think) is to use the section on Bobbio to resume the major themes of liberalism old and new as a whole. In other words, I am suggesting that you emphasize how Bobbio recuperates certain themes and repudiates others. I repeat that you have already done some of this in your final section. I am asking you to see if the broad themes of the book and of liberalism might be underlined even more strongly than they already are.

    One last point: You make clear that liberalism has competitors from the early modern period until today. Do you think you might say a little more about how these competitors have affected the development of liberal ideas and institutions. I am thinking about how liberalism gets redefined in relation to socialism, and then how it is also affected by the rise of fascism and nazism. Developments in the ideology of liberalism often make more sense when they are seen as responses to other movements. Again, you have already done much of this.

    There is the problem of length. I would expect that as you streamline the manuscript as I suggest above you will make it somewhat shorter. My suggestion, though, is stimulated less by concerns of length, however, than by the desire to see your main points come through more strongly than they currently do.

    I spoke with John Martin this morning and will send him a copy of this letter. As for translations, the non-American publishers should contact Martin directly. He saw no obstacles to foreign language editions appearing just after the American book is out.

    I trust you are settling in to Paris. Enjoy refinding your old haunts, and let me know your reactions to my suggestions whenever you have some time.

                             Cordially,

                             Michael S. Roth

PS Twayne asks me to recommend people to whom they might send proofs for prepublication endorsements. Name recognition, they remind us, "is central to any book promotion." Any suggestions?

Carta de Michael S. Roth, editor da coleção na qual se publicou
Liberalism, Old and New.
Fonte: Arquivo José Guilherme Merquior/É Realizações Editora

DÉLÉGATION DU BRÉSIL

PRÈS L'UNESCO

Paris, 18 April, 1990

Prof. Michael S. Roth,
Scripps College
1030 Columbia Ave
CLAREMONT, Calif.

copy to John Martin, at TWAYNE'S

Dear Michael,

Please forgive my being so late in responding to your warm and lucid reading of *Liberalism Old and New*. My life has been impossible since mid-October, so it took really long before I could consider your remarks, along with those of our home editor, John Martin.

John was, of course, keener than you to make acceptable cuts in order to keep the typescript within the bounds of the series format, and I think that generally he managed pretty well not only to drop secondary stuff, but also to streamline the text, with very positive results. I have endorsed eighty percent of his suggestions.

Moreover there was a really high rate of overlapping between his and our own proposals for cutting, compressing or clarifying, including the need for an additional concise conclusion and for bridging statements here and there.

I could not bring myself to accept all the cuts proposed. But I have gladly approved of most of them and in any case I think we've arrived at a good compromise through my own suggestion of dropping, if strictly necessary, the discussions of Sarmiento, Alberdi and Madariaga, as I had thought of them, in the first place, as nice illustrations of liberal theory reacting to refractory social contexts rather than as original contributors to liberal thought.

I have tried to integrate your emendations into the copy worked upon by John, which I am returning to Twayne this very week. He promises that we can have the final copyedited text by mid-July, ensuring publication no later than the Spring '91. I've sent the copy you had to Boston as well.

Looking fwd to hearing from you (& hoping v. much to see you & wife in Paris), I am

Yours all cordi, José Guilherme

P.S.- Best regards to Ric & Harry. Best wishes for Harry in the new job.

Carta de José Guilherme Merquior, em resposta aos comentários de Michael S. Roth.
Fonte: Arquivo José Guilherme Merquior/É Realizações Editora

APRESENTAÇÃO

Merquior, o Liberista

Roberto Campos

> *Este é um livro liberal sobre o liberalismo, escrito por alguém que acredita que o liberalismo, se entendido apropriadamente, resiste a qualquer vilificação.*
> – Merquior, na introdução de
> *Liberalism, Old and New*

A partida de José Guilherme Merquior, aos 49 anos, no apogeu da produtividade, parece um cruel desperdício. Deus faz dessas coisas. Fabrica gênios e depois quebra o molde. Às vezes, dá vontade de a gente, como no poema de Murilo Mendes, intimar o Criador a não repetir a piada da Criação...

Legou-nos uma rica obra, que vai da crítica literária à filosofia, à sociologia e à ciência política. Escrevendo em inglês e francês, com fluência igual à exibida em sua língua nativa, Merquior tem hoje como sociólogo uma projeção internacional somente comparável à alcançada em sua época por Gilberto Freyre, em seus pioneiros estudos sociológicos. Só que mais diversificada, pois que abrange importantes excursões na filosofia e na ciência política.

O *magnum opus* de Merquior é sem dúvida *O Liberalismo – Antigo e Moderno*, escrito quando ainda embaixador no México, num curto período de quatro meses. Somente uma prodigiosa erudição acumulada lhe permitiria desenhar em tão pouco tempo esse catedralesco mural que descreve a longa e ziguezagueante peregrinação humana em busca da sociedade aberta. Talvez Merquior pressentisse que o rondavam as Parcas e que se impunha um esforço de coroamento de obra.

Faltava-nos, em relação ao liberalismo, aquilo que Toynbee chamava de visão "panorâmica ao invés de microscópica". Essa lacuna foi preenchida pelo sobrevoo intelectual de Merquior, que cobre nada menos que três séculos. Seu livro será uma indispensável referência, pois que analisa as diferentes vertentes do liberalismo com sobras de erudição e imensa capacidade de avaliação. Mais do que uma simples história das ideias, é um ensaio de crítica filosófica.

A publicação da versão brasileira do *Liberalism, Old and New* não poderia vir num momento mais oportuno. É que o mundo assiste agora à vitória do liberalismo em suas duas faces – a democracia política e a economia de mercado – não apenas como doutrina intelectual, cuja evolução Merquior traça com maestria, mas como *praxe* política.

No *Annus Mirabilis* de 1989 pode-se dizer que, ao ruir o muro de Berlim, terminou a Guerra Fria entre o capitalismo e o comunismo. Este deixou de ser um paradigma. É para alguns um pesadelo, para outros uma nostalgia, para ninguém um modelo.

O *Annus Mirabilis* de 1989 será visto, em perspectiva, como um dos grandes divisores de água da história, comparável talvez ao de 1776, quando começou a desenhar-se a grande passagem do mercantilismo para o capitalismo liberal e a democracia constitucional.

Este século, que alhures chamei de "século esquisito", assistiu ao fenecimento e à ressurreição do liberalismo. O liberalismo econômico pregado em 1776 por Adam Smith somente viria a tornar-se a doutrina vitoriosa em meados do século XIX. Contribuiu para o fortalecimento da democracia política e para a prosperidade da *belle époque*.

Os desafios socialistas eram antes doutrinários que práticas de governo. A Revolução Soviética de 1917 iniciava a "era coletivista" de esquerda, enquanto o nazi-fascismo viria a representar um "coletivismo" de direita.

A grande depressão dos anos 1930 enfraqueceu o capitalismo liberal e surgiu o keynesianismo como doutrina salvadora. Este se baseava, entretanto, numa sobrestimação da capacidade dos governos de gestionar a economia através de uma "sintonia fina" das variáveis macroeconômicas.

O neoliberalismo econômico só ressurgiria como *praxis* política na década de 1980. Se o período entre 1920 e 1980 foi a "era coletivista", como a chamou Paul Johnson, entramos nesta última década na idade liberal. Ou, como Merquior faz notar pitorescamente, "nos últimos anos de década de 1940, os socialismos fizeram o papel de juízes; nos últimos anos da década de 1980, eles próprios estão sendo julgados".

Em formoso estudo recente, o grande patrono da economia liberal, Milton Friedman, interpreta a onda de liberalismo econômico que sopra no mundo como a "terceira maré", desde o *Annus Mirabilis* de 1776.

Nesse, três coisas aconteceram simultaneamente, sem que os coetâneos percebessem suas consequências majestáticas – o nascimento do liberalismo econômico, o deslanche da Revolução Industrial e a criação de um modelo de democracia política pela Revolução Americana. Quem vivesse no ano 1776 não saberia que um livro – *A Riqueza das Nações* – e um curto documento político – a Declaração de Filadélfia – dos rebeldes norte-americanos mudariam a face do mundo.

Essa foi a primeira maré. Viria depois a "maré coletivista", que invadiu a maior parte deste século. Friedman dá a essa maré, que expandiu o intervencionismo do Estado e apequenou as liberdades do indivíduo, o nome de *maré fabiana*. É que ele atribuiu o fermento intelectual do coletivismo à fundação da Sociedade Fabiana pelos socialistas ingleses, em 1884. Estes pregavam a "marcha gradual para o socialismo". Tal imputação é arbitrária, pois talvez se possa dizer que o grande desafio ao liberalismo proveio do *Manifesto Comunista* de Marx e Engels, de 1848. A "terceira maré", que está despontando na atual década com a ressurgência do liberalismo econômico, teria começado com outro livro – *O Caminho da Servidão*, de Hayek, publicado em 1944.

Friedman aponta características interessantes nessas marés da história. A "primeira" é que elas começam como um fenômeno puramente intelectual: um desafio herético às doutrinas correntes. Anos ou décadas se passam antes de se transformarem em ação política. Adam Smith achava que, ao pregar o livre comércio, estava pregando uma utopia. Entretanto, setenta anos depois, com a ab-rogação da Lei do Milho na Inglaterra, liberava-se o comércio de grãos e, 86 anos depois, a Inglaterra e a França assinavam o Tratado Cobden de livre comércio.

A fermentação coletivista, que no continente europeu começou com Marx e na Inglaterra com os fabianos, começaria a invadir o mundo com o colapso da velha ordem na Segunda Guerra Mundial e com o advento da Revolução Russa, quase setenta anos depois do *Manifesto Comunista*. O golpe quase mortal no liberalismo seria a Grande Depressão dos anos 1930. Foi a falência da empresa privada que anemizou o liberalismo, da mesma forma que nesta década a falência do Estado começou a matar o coletivismo. As teorias de Hayek tiveram que hibernar quarenta anos. Durante esse período, além do marxismo, vicejou o keynesianismo, que sobre-estimava a capacidade dos governos de manipular instrumentos fiscais para estabilizar a economia e evitar o desemprego.

A "outra" característica interessante, segundo Friedman, é que as novas marés se formam quando as antigas atingem seu apogeu. O marxismo e o fabianismo nasceram quando o liberalismo dera ao mundo quase um século de prosperidade econômica e propiciava crescente liberdade política. A maré neoliberal começou, paradoxalmente, no auge do intervencionismo governamental, durante a Segunda Guerra Mundial. Entretanto, só nesta década dos 1980 após fracassadas duas experiências coletivistas, o nazismo e o comunismo, e uma experiência dirigista – keynesianismo – é que o neoliberalismo chegou ao poder político. A eleição de Madame Thatcher na Inglaterra e do presidente Reagan nos Estados Unidos marcou o divisor de águas.

A terceira característica é que os períodos de liberalismo econômico induzem um certo grau de liberdade política, enquanto o coletivismo econômico é habitualmente associado ao despotismo político, como aconteceu com Hitler e Stalin.

Será a presente ascensão neoliberal apenas um refluxo da maré ou estaremos em face de um fenômeno histórico novo, o casamento da democracia política com a economia de mercado? Francis Fukuyama, funcionário do Departamento do Estado, num artigo intitulado "O Fim da História", que provocou grande controvérsia, pretende que a história do pensamento sobre os princípios fundamentais que governam a organização política e social estaria terminada através da vitória do liberalismo político e econômico. Isso marcaria não só o fim da Guerra Fria, mas a prevalência de um formato político-social com características de "sustentabilidade" e "universabilidade". Fukuyama dá mais ênfase ao liberalismo político. Mas o fenômeno é mais abrangente, pois que se tornou também vitoriosa a economia de mercado sobre os regimes dirigistas. É precisamente a conjugação do liberalismo político com o liberalismo econômico que se pode chamar de "capitalismo democrático".

Antes de se candidatar à condição de ideologia universal, o liberalismo político-econômico teve, entretanto, de enfrentar perigosos desafios neste século. Um sério desafio "interno" foi a grande depressão dos anos 1930, que criou dúvidas sobre a economia de mercado e encorajou experimentos dirigistas. Muitos falaram então no "fim do capitalismo". Mas houve dois desafios "externos" – o nazismo, principalmente no plano político, e o comunismo, principalmente no plano econômico.

Conjurados esses desafios, com o sepultamento do nazismo e a agonia do comunismo, não há ideologias alternativas que possam competir com o liberalismo democrático na ambição de se universalizar como forma definitiva do governo. Esse, o fato novo na história da humanidade.

Restam poucas dúvidas de que esse formato político-social se consolide neste fim de milênio. Até mesmo por exclusão. Falharam as ideologias alternativas. O socialismo "real" exibiu dois ingredientes funestos – a máquina do terror e a ineficiência econômica. Os experimentos ideológicos do Terceiro Mundo, como o fundamentalismo islâmico, só trouxeram violência e pobreza. O populismo nacionaloide, tão encontradiço na América Latina e África, trouxe um rosário de fracassos. Finalmente, o nacionalismo não tem, por sua própria natureza, características universalizáveis. Pode-se aliás falar numa "crise do nacionalismo", pois este fim de século nos apresenta contrastes esquisitos. Enfraquece-se de um lado, o nacionalismo do Estado-nação. O que se fortalece é o "nacionalismo das etnias", buscando afirmação de identidade, preservação da língua nativa e autonomia administrativa, sem infirmar entretanto o desejo de integração em blocos econômicos maiores. Cada vez mais se reconhece o "paradoxo de Daniel Bell": "o Estado-nação é grande demais para os pequenos problemas e pequeno demais para os grandes problemas".

Dentro dessa cosmovisão pode-se considerar os países como divididos em dois grandes grupos: os que atingiram o estágio de "tranquilidade sistêmica", nos quais não estão mais em jogo as opções institucionais básicas; os conflitos remanescentes se referem a programas partidários, personalidades e prioridades na alocação de recursos. Dentro dos limites da condição humana, ter-se-ia atingido, após uma busca secular, uma forma de governo que permite conciliar o tríplice objetivo da liberdade política, eficiência econômica e razoável satisfação social (no sentido de que nenhum sistema alternativo oferece melhores perspectivas de bem-estar social).

As áreas de tranquilidade sistêmica seriam basicamente a Norte-América, a Australásia, o Japão e a Europa Ocidental. É surpreendente neste fim de século o ressurgimento do liberalismo econômico como ideia-força. Ele desbancou o keynesianismo, o estatismo assistencial, o planejamento dirigista e, finalmente, a social-democracia, pois que as economias europeias modernas se conformam cada vez mais aos princípios da economia de mercado, substituindo a igualdade pela eficiência. Exceto no Brasil, onde as ideias chegam com atraso, como se fossem queijos que necessitem envelhecimento, a social-democracia não é percebida como o último reduto do dirigismo e sim como o primeiro capítulo do liberalismo.

São variados os rótulos dos governos europeus – conservadores, liberais, social-democratas, democratas-cristãos, centro-direita e socialistas. Mas a integração prevista para 1992 traz embutida uma harmonização de políticas à base de dois princípios da moderna economia de mercado; o "globalismo", pois as fábricas se tornam globais, e os mercados financeiros, integrados; e o "clientelismo", pois que o soberano será o consumidor e não o planejador. O socialista francês Michel Rocard, ex-primeiro-ministro, se diz um "socialista de livre mercado". Felipe González, o socialista espanhol, fala num socialismo *supply side*, de nítida preocupação produtivista, antes que distributivista. Há menos ênfase sobre a independência e mais sobre a "interdependência".

O fim da história como ideologia, observa Fukuyama, não significaria o fim dos conflitos. Apenas estes dificilmente seriam conflitos globais. Serão o produto de nacionalismos locais, de tensões religiosas como o fundamentalismo islâmico, da frustrada busca terceiro-mundista de uma terceira via entre o capitalismo e o socialismo. Somente será capaz de prover tranquilidade sistêmica o formato de governo que apresente duas características: sustentabilidade e universalidade. Em outras palavras, é preciso uma ideologia não excludente baseada em métodos consensuais e susceptível de universalização como paradigma.

A maior parte do mundo, entretanto, se acha em estado de intranquilidade sistêmica, com vários processos e em vários graus de transição. É que ocorre no mundo socialista e na grande maioria dos países que se convencionou chamar de "terceiro mundo". As duas grandes potências socialistas, a União Soviética e a China, estão cada qual à sua maneira buscando um formato político e social estável. A China começou pela reforma econômica mas sofre de paralisia política. A União Soviética fez a sua *glasnost* política mas fracassou em sua *perestroika* econômica, pois a economia de mercado ainda é uma visão longínqua. Os países pós-comunistas da Europa Oriental estão tentando uma transição simultânea do autoritarismo político para a democracia representativa, e da economia de comando para a economia de mercado. A franja asiática experimenta também um processo de transição: Coreia do Sul e Taiwan são economias de mercado em fase de democratização política. Tailândia, Malásia e Indonésia combinam resquícios autoritários na política com ensaios de política de mercado. A Índia é uma grande e robusta democracia política, mas, dominada por uma burocracia socializante, está longe de se parecer com uma economia de mercado.

Na America Latina, praticamente inexiste o capitalismo democrático. É verdade que houve um reflorescimento da democracia. As ditaduras estão fora de moda, só restando Cuba, como caso teratológico. No sul do continente, o Brasil, a Argentina, o Uruguai e o Peru fizeram sua transição democrática. Mas nenhum desses países aceita a disciplina da economia de mercado. Todos insistem em controles burocráticos, mantêm inchadas máquinas estatais e se protegem através de reservas de mercado. Essas são as características das sociedades "mercantilistas".

Aliás, apenas três países – Chile, Bolívia e México – aderiram explicitamente ao ideário da economia de mercado e, se completada sem transtorno sua liberalização política, serão os primeiros exemplos de capitalismo democrático na América Latina.

A vitória atual do liberalismo sobre ideologias alternativas é a culminação de um longo e complexo histórico que Merquior nos desvenda, em seu grande mural, com fina percepção das nuances de pensamento. Sem deixar, aliás, de nos advertir de que o renascimento de mais liberdade econômica – a tendência liberista – não significa um golpe de morte para os impulsos igualitários. A sociedade, diz ele, permanece caracterizada por uma "dialética contínua, embora cambiante, entre o crescimento da liberdade e o ímpeto em direção a uma maior igualdade".

Diferentemente das utopias radicais, que simplificam barbaramente a realidade, o liberalismo comporta uma larga variedade de valores e crenças. Isso deriva da diferença percebida nos obstáculos à liberdade e no próprio conceito de liberdade, a começar pela clássica distinção de Isaiah Berlin entre a *liberdade negativa* (ausência de coerção) e a *liberdade positiva* (presença de opções). Como nota Merquior, há estágios históricos na busca da liberdade.

A primeira é a liberdade contra a opressão, luta imemorial. A segunda é a liberdade de participação política, invenção da democracia ateniense. A terceira é a liberdade de consciência, penosamente alcançada na Europa em resultado da Reforma e das guerras de religião. A quarta, mais moderada, é a liberdade de autorrealização, possibilitada pela divisão do trabalho e pelo surgimento da sociedade de consumo.

São luminosas as páginas de Merquior sobre o "liberalismo clássico", com seu tríplice componente: a teoria dos direitos humanos, o constitucionalismo e a economia liberal. Muito mais que uma fórmula política, o liberalismo é uma convicção, que encontrou sua expressão prática mais concreta com a formação da democracia americana, cujos patriarcas combinaram, na formação da república, as lições de Locke sobre os direitos humanos, de Montesquieu sobre a divisão de poderes e de Rousseau sobre o contrato democrático. Uma curiosa observação de Merquior é a diferença vocacional entre os teóricos do liberalismo. Os liberais ingleses eram principalmente economistas e filósofos morais (Adam Smith e Stuart Mill), os liberais franceses, principalmente historiadores (Guizot e Tocqueville) e os liberais alemães, principalmente juristas. Na teoria inglesa, liberdade significaria independência; na francesa, autogoverno; na alemã, autorrealização.

Com extraordinária erudição, Merquior disseca as diversas linguagens liberais: a dos direitos humanos, a do humanismo cívico, a dos estágios históricos, a do utilitarismo e a da sociologia histórica. São originais suas observações sobre o surgimento, no século que medeia entre 1830 e 1930, do "conservadorismo liberal", que era fiel ao individualismo e à liberdade de consciência, mas se contagiou de pessimismo quanto à democracia de massas. No delicado balanço entre as duas vertentes do liberalismo – o libertarianismo e o democratismo – os conservadores liberais, como Spencer e Burke, privilegiaram a primeira. Entre os modernos, Max Weber na Alemanha, Benedetto Croce na Itália e Ortega y Gasset na Espanha, ao enfatizarem a importância do "carisma" e das "elites culturais" para viabilizar a democracia, incorreriam naquilo que Merquior chama de "curiosa alergia que sente o intelectual moderno diante da sociedade moderna".

Coisa paralela ocorreria recentemente no seio do marxismo, como o assinalou José Guilherme em sua importante obra sobre o *Marxismo Ocidental*. Desapontados com a inflexão totalitária do socialismo soviético, os marxistas ocidentais na Alemanha e França abandonaram sua crítica obsessiva ao formato democrático das economias liberais para se concentrarem na crítica cultural ao produtivismo e tecnicismo da sociedade burguesa. É mordente, e correto, o veredicto de Perry Anderson: o marxismo ocidental adota o "método como impotência, a arte como consolação e o pessimismo como quiescência".

São luminosas as considerações de Merquior sobre os principais idiomas do liberalismo no pós-guerra: a crítica do historicismo (Popper), o protesto antitotalitário (Orwell e Camus), a ética do pluralismo (Isaiah Berlin), o neoevolucionismo (Hayek) e a sociologia histórica (Aron).

O mais fascinante dos capítulos do *magnum opus* de Merquior, em parte por se tratar de terreno menos palmilhado, em parte porque conheci pessoalmente alguns do atores, é o intitulado "Dos Novos Liberalismos aos Neoliberalismos". Merquior examina eruditamente uma das antigas tensões dialéticas do liberalismo: a tensão entre o crescimento da liberdade e o impulso da igualdade. Nada melhor para se entender a diferença entre o "novo liberalismo" e o "neoliberalismo" do que contrastar lorde Keynes com Hayek. Sobre ambos Merquior redigiu brilhantes vinhetas, generosas demais no tocante a Keynes, e generosas de menos no tocante a Hayek. Como é sabido, Keynes favorecia intervenções governamentais para correção do mercado, enquanto Hayek descrevia esse comportamento como presunçoso "construtivismo". Para este fim, a função do governo é apenas "prover uma estrutura para o mercado e fornecer os serviços que este não pode prover".

Em nossas últimas conversas senti que José Guilherme se tornava cada vez mais "liberista". Neste credo, comungávamos. O "liberista" é aquele que acredita que, se não houver liberdade econômica, as outras liberdades – a civil e a política – desaparecem. Na América Latina, a concentração de poder econômico é um exercício liberticida. Nosso diagnóstico sobre a moléstia brasileira era convergente. Ao Brasil de hoje não falta liberdade. Falta liberismo.

Dois dos mestres – Ralf Dahrendorf e Raymond Aron – cujo pensamento Merquior desfibrila com brilho, num capítulo chamado "Liberalismo Sociológico", foram nossos amigos comuns. Dahrendorf era no fim dos anos 1970 o presidente da London School of Economics, onde Merquior estudava para doutorado em sociologia. "Não sei por quê", dizia-me Dahrendorf, "pois tem mais a ensinar do que a aprender".

Dahrendorf gostava de debater com Merquior suas teses prediletas sobre o conflito social moderno: a disputa entre os que advogam maior "liberdade de escolha" e os que querem um maior "elenco de direitos". Ou, como nota Merquior, a oposição básica entre *provisions* (provisões) e *entitlements* (intitulamentos). Trata-se, no primeiro caso, de alternativas de oferta de bens, um conceito incremental. No segundo, do direito de acesso aos bens, um conceito distributivo. Numa antítese feliz, Merquior fez notar que a Revolução Industrial foi uma revolução de "provisões", enquanto a Revolução Francesa foi uma revolução de "intitulamentos". Mais perto de nós, a década de 1970 teria sido um período em que prevaleceram as preocupações com os "intitulamentos", enquanto a década de 1980 assistiu a uma mudança de políticas, as quais passaram a acentuar a produção mais que a distribuição, ou seja, as provisões antes que os "intitulamentos".

A nova Constituição brasileira, de 1988, exemplifica aliás muito bem esse conflito. As liberdades econômicas são restringidas. As garantias sociais ampliadas. Só que se tornam inviáveis.

Com Aron, eu me encontrava frequentemente num grupo de debates presidido por Henry Kissinger. E sempre Aron me perguntava pelo seu discípulo dileto, "o jovem que tinha lido tudo". Mas o impressionante em José Guilherme não era a absorção de leituras. Era o metabolismo das ideias. Não se resignava ele a ser um "espectador engajado" como, com exagerada modéstia, se descrevia seu mestre francês. Era um ativista. Por isso passou da "convicção liberal" à "pregação liberal".

Empenhou-se nos últimos tempos na dupla tarefa – a iluminação do liberalismo, pela busca de suas raízes filosóficas, e a desmistificação do socialismo, pela denúncia do seu fracasso histórico. Isso o levou várias vezes a esgrimas intelectuais com as esquerdas brasileiras, exercício em que sua avassalante superioridade provocava nos contendores a mais dolorosa das feridas – a ferida do orgulho. Não é fácil discutir com nossos patrulhadores de esquerda, viciados na "sedução do mito e na tirania do dogma", confortavelmente encrustados na "mídia" e brandindo eficazmente duas armas: a adulação e a intimidação. Cooptam idiotas, chamando-os de "progressistas", e intimidam patriotas, chamando-os de "entreguistas". Merquior só se desiludiu quando descobriu que na esquerda brasileira ainda há gente que não se dá conta de que caiu o muro de Berlim...

Merquior não passou da polêmica de ideias ao ativismo político, circunscrito que estava por suas funções diplomáticas. Como se enquadraria ele em nosso confuso panorama político? Certamente entre "liberais clássicos", ou "libertários", se usarmos a classificação de David Nolan, ou seja, aqueles que desejam preservar a liberdade quer contra o autoritarismo político, quer contra o intervencionismo econômico. O liberal clássico, ou o "liberista", termo que Merquior gostava de usar reportando-se à controvérsia nos anos 1920, na Itália, entre Einaudi e

Croce, em que o primeiro defendia a incompatibilidade entre liberdade política e intervencionismo, enquanto o segundo não repugnava essa coexistência. O liberal difere do "conservador", pois este admite restrições à liberdade política em nome do *tradicionalismo*, do *organicismo* e do *ceticismo político*. Os tradicionalistas acreditam que a sabedoria política é de natureza histórica e coletiva e reside nas instituições que passam no teste do tempo. Os organicistas acreditam que a sociedade é maior que a soma dos seus membros e tem assim valor muito superior ao do indivíduo. E os cultores do ceticismo político desconfiam do pensamento e teoria aplicados à vida pública, especialmente quando direcionados para ambiciosas inovações.

O antípoda do liberal clássico é naturalmente o "socialista", que acredita que cabe à sociedade redistribuir o produto do trabalho dos indivíduos e admite coerção política para garantir utopias igualitárias.

Seria ilusório pensar que na classe política brasileira existam posições dessa nitidez. A tribo mais numerosa é daqueles que Nolan chamaria de "liberais de esquerda". Estes acreditam na liberdade política, mas admitem intervenções econômicas segundo diversas vertentes: a vertente *assistencialista*, que acredita no governo benfeitor; a vertente *nacionalista*; a vertente *protecionista* e, finalmente, a vertente *corporativista*, subdividida por sua vez em três grupos: os corporativistas empresariais, os sindicais e os burocráticos. Esses diversos matizes colorem a fauna abundante dos falsos liberais.

A morte de Mequior, depois de meses em que corajosamente comeu o pão da tristeza e bebeu as águas da aflição, abre um enorme vazio cultural em nossa paisagem, onde os arbustos são muito mais numerosos que as árvores.

Agora, na tristeza desse vazio, só nos resta parafrasear Manuel Bandeira. "Cavalinhos andando. Cavalões comendo. O Brasil politicando." José Guilherme morrendo. E tanta gente ficando.

Rio de Janeiro, maio de 1991

APRESENTAÇÃO II

José Mario Pereira

A densa e meteórica trajetória intelectual de José Guilherme Merquior foi vincada pelo compromisso com a razão, pelo apreço ao debate de alto nível e pela paixão pelas ideias. Se, ao longo de sua carreira, peregrinou por correntes diversas de pensamento, perseguiu sempre, no entanto, a noção de rigor e a ideia de verdade. Autêntico iluminista, Merquior leu tudo "por dentro" e, embora tenha realizado uma carreira universitária única, não se deixou tentar pela vida acadêmica. Em verdade, tinha um genuíno desprezo pelas guildas universitárias.

Estudioso de tempo integral, Merquior sempre ironizou a sua "tão propalada erudição". A certeza de que o conhecimento é infinito o fez, obsessivamente, tomar contato com tudo o que considerava relevante em várias línguas, através de inúmeros jornais e revistas especializadas, que devorava com apetite. Entrar com ele numa livraria (e eu fiz isso dezenas de vezes no Brasil e no exterior) era uma experiência intelectual indescritível. Ele tudo conhecia. Até o dia de sua morte – uma perda irreparável para a cultura do país – Merquior permaneceu lúcido, com a vivacidade e o humor que fizeram dele não só o amigo ideal, mas o ensaísta elegante, o inexcedível crítico de poesia e o polemista implacável, sempre disposto, porém, a aplaudir o adversário inteligente. Até o fim ele acalentou projetos, entre os quais o de um longo ensaio sobre o modernismo.

Dentro dessa produção espantosa e de alta voltagem, O Liberalismo – Antigo e Moderno se reveste de grande significação. Acompanhei, aqui e no México, o entusiasmo com que Merquior o projetou e escreveu. Tinha por este livro um carinho especial e, por diversas vezes, intuindo que seu tempo findava, lamentou não poder vê-lo editado, principalmente no Brasil, onde, pensava ele, o debate liberal se fazia cada vez mais urgente. Significativamente, dedicou-o à mulher, aos filhos e à memória de Raymond Aron, seu mestre e amigo, figura cativante, de gestos sóbrios, fala mansa e olhar injetado de ironia, com quem passamos, no começo da década de 80, um dia inesquecível no Rio, ocasião em que pude testemunhar o enorme apreço intelectual e humano que ele tinha por Merquior.

Todos os escritos anteriores de José Guilherme sobre o liberalismo parecem – depois que se lê *O Liberalismo – Antigo e Moderno* – uma preparação, como se o autor estivesse neles "aquecendo as turbinas". O estilo aqui é preciso e concentrado. Tudo neste livro é imprescindível. Na bibliografia ocidental sobre o tema, é difícil encontrar algo tão ambicioso e moderno. Muito mais que um testamento intelectual, este livro é a "Suma" de José Guilherme Merquior.

Vê-lo trabalhando era interessantíssimo: ele fazia, de início, na sua letra miúda inconfundível, um pequeno roteiro, que com os anos foi ficando cada vez mais reduzido e taquigráfico. Não usava fichas ou computador, mas, quando se punha a escrever, o texto ia saindo pronto, limpo, sinônimo de uma organização mental impressionante. Os originais de *O Liberalismo – Antigo e Moderno*, por exemplo, que ele me mostrou no México, pareciam psicografados. Escritos em inglês, à mão, como tudo o que produziu, não tinham rasuras, vacilações ou emendas.

A doutrina liberal, ao contrário de outras vertentes do pensamento, comporta inúmeras definições e seus principais teóricos possuem afinidades e diferenças acentuadas. Para muitos há que se falar em liberalismos, no plural. Portanto, a natureza do assunto é complexa. A tarefa que se impôs Merquior – de historiar e analisar os momentos decisivos da ideia liberal em quase três séculos de história – é não só admirável como fascinante. Ele imprimiu nitidez ao tema, não descuidando mesmo de verificar a sua vertente latino-americana, notadamente como ela se apresenta nas obras dos argentinos Domingo Faustino Sarmiento e Juan Bautista Alberdi. Tem razão John Hall quando escreve que este livro é um *tour de force*. Depois dele, vai ser difícil caracterizar – como fazem tantos – os liberais como "ingênuos sociológicos" ou "moralmente perversos".

PRÓLOGO[1]

Michael Roth

A série "Twayne's Studies in Intellectual and Cultural History" consiste em estudos breves e originais sobre os principais movimentos da história intelectual e cultural europeia, dando ênfase às abordagens históricas da continuidade e das mudanças em religião, filosofia, teoria política, estética, literatura e ciência. Ela reflete o recente ressurgimento, nessas áreas, de obras contextuais e teóricas inovadoras, bem como o interesse, mais genérico, pelo estudo histórico das ideias e culturas. Fomentará alguns dos trabalhos mais animadores das ciências humanas ao estimular ulterior interesse pela história cultural e intelectual. Seus livros têm como destino o leitor instruído e o estudioso sério; cada qual une a virtude do caráter acessível dos textos ao desafio de apresentar interpretações originais de temas importantes.

Liberalism, Old and New, de J. G. Merquior, é o primeiro volume da série. O livro examina de maneira clara e precisa a variedade de doutrinas e práticas liberais, enfatizando porém as semelhanças fundamentais que existem no seio dessa diversidade. Merquior explora o desenvolvimento da ideia de liberalismo desde o período clássico até os dias de hoje, concentrando-se nos primórdios do período moderno e no período moderno propriamente dito. O autor não se ocupa somente das figuras convencionais do panteão liberal, mas vai além da tradição anglo-saxônica, esclarecendo as inter-relações do liberalismo na Europa continental e na América Latina.

Merquior mescla a abordagem temática com a abordagem nacional, demonstrando tanto o modo como constelações de ideias e problemas passaram a existir quanto

---

[1] Publicado na edição original: José Guilherme Merquior, *Liberalism, Old and New*. Ed. Michael Roth. Boston, Twayne Publishers, 1991.

de que maneira culturas nacionais específicas ofereceram contribuições distintas à bibliografia acerca do liberalismo. Ele examina as várias pressões que condicionam o crescimento do liberalismo e atenta para os vários adversários que a corrente teve em diferentes épocas e lugares. Ao mesmo tempo breve e incisivo, este livro descreve o liberalismo como uma ideia política vital, dotada de raízes históricas profundas.

Liberalism, Old and New oferece uma exposição histórica ampla – e até mesmo uma defesa – do liberalismo, ao mesmo tempo que se envolve em alguns dos principais debates sobre o tema na filosofia política contemporânea.

PREFÁCIO[1]

José Guilherme Merquior

Uma visão geral de três séculos da ideia liberal só pode ser, para usarmos os termos de Arnold Toynbee, "panorâmica ao invés de microscópica". Nesta, o resumo ideológico tem precedência sobre a análise filosófica. Tenho ciência de que, em muitas ocasiões, o texto é mais indicativo do que inquisitivo, mas espero que alguma virtude nasça da necessidade. Com efeito, boa parte do que há de melhor na teoria liberal de hoje tende a ser apresentada de maneira analítica, havendo, comparativamente, uma escassez de exposições *históricas* do liberalismo. Optar pela perspectiva histórica traz ao menos duas vantagens. Em primeiro lugar, permite revelar que o liberalismo tem sido plural e variado quase desde o seu início. Tanto o antigo quanto o novo liberalismo são altamente diversificados, seja no que diz respeito a posições políticas, seja no que diz respeito a seus fundamentos conceituais. Essa variedade de discursos enriqueceu consideravelmente o liberalismo em sua relevância política, em seu escopo moral e em seu acume sociológico. A segunda vantagem está em que a descrição histórica emprega os melhores estudos disponíveis, incluindo muitas reinterpretações recentes e rigorosas de cada escola importante da doutrina liberal. Minha dívida para com essas obras é inestimável, e me alegraria se este livro fosse lido sobretudo como um exercício do gênero denominado pelos franceses *haute vulgarisation*.

A diversidade histórica do liberalismo é tanto *inter*nacional quanto *intra*nacional. Embora a teoria liberal fosse, e continue a ser, principalmente um constructo anglo-saxão – as "instituições livres" da linguagem

---

[1] Prefácio de José Guilherme Merquior publicado na edição original, *Liberalism, Old and New*, em 1991.

corrente –, ela também recebeu contribuições notáveis de outros países do Ocidente. Restringindo-me ao âmbito europeu desta série, procurei examinar não somente os tradicionais liberais franceses, como Montesquieu, Constant e Tocqueville, mas também um número generoso de pensadores que são muitas vezes negligenciados nas exposições convencionais de língua inglesa: Mazzini, Herzen e Sarmiento; Troeltsch, Weber e Kelsen; Croce e Ortega; Aron e Bobbio, entre outras figuras menores.

Ao empregar o rótulo "liberal" neste livro, devo reconhecer uma dificuldade: se a maioria dos autores examinados se considerava liberal, muitos deles não estariam de acordo com essa classificação. Para os primeiros liberais clássicos, como Locke, Montesquieu e Smith, a palavra simplesmente inexistia em seu sentido político moderno. Contudo, alguns dos pensadores liberais tardios também evitaram o rótulo. Norberto Bobbio, por exemplo, não se denomina liberal, mas "socialista liberal". Ainda assim, seguindo o que me parece ser uma tradição muito bem consolidada, classifiquei ambos os grupos como liberais.

Desde a conclusão deste livro, novas análises do pensamento liberal chegaram a meu conhecimento. Entre elas se encontram três textos de primeira grandeza: os comentários de Pierre Manent sobre a maioria dos autores que compõem sua antologia intitulada *Les Libéraux* (Paris, Hachette, 1986); o ensaio "The Permanent Structure of Antiliberal Thought", publicado por Stephen Holmes, em Nancy Rosenblum (org.), *Liberalism and the Moral Life* (Harvard University Press, 1989); e o reexame do liberalismo inglês por Andrew Vincent em "Classical Liberalism and Its Crisis of Identity", *History of Political Thought* (primavera de 1990, p. 143-67).

Na condição de latino-americano educado no centro da fé, devo tanto a mim mesmo quanto a meu leitor uma visão que não seja etnocêntrica, mas que também não deseje ser desinteressada. Afinal de contas, declaro abertamente meu compromisso com a herança e os princípios que sustentam a ideia liberal – quase um "palavrão" para muitos hoje em dia, tanto à direita quanto à esquerda.

Este é um livro liberal sobre o liberalismo, escrito por alguém que acredita que o liberalismo, se entendido apropriadamente, resiste a qualquer vilificação.

Agradeço a Michael Roth o generoso convite para contribuir com esta oportuna série, bem como por seus úteis comentários ao manuscrito original. John Martin, da Twayne, foi responsável por muitas das lúcidas melhorias do texto, e Barbara Sutton supervisionou de modo assaz eficiente sua edição. Obviamente, nenhum deles é responsável por suas falhas. Louise Finny datilografou o manuscrito na Cidade do México, onde escrevi este livro no verão de 1989.

Capítulo I

DEFINIÇÕES E PONTOS DE PARTIDA

Liberalismo

Nietzsche disse que apenas seres a-históricos permitem uma definição no verdadeiro sentido da palavra. Assim, o liberalismo, um fenômeno histórico com muitos aspectos, dificilmente pode ser definido. Tendo ele próprio moldado grande parte do nosso mundo moderno, o liberalismo reflete a diversidade da história moderna, a mais antiga e a recente. O alcance de ideias liberais compreende pensadores tão diversos em formação e motivação quanto Tocqueville e Mill, Dewey e Keynes, e, em nossos dias, Hayek e Rawls, para não falar em seus "antepassados de eleição", tais como Locke, Montesquieu e Adam Smith.[1] É muito mais fácil – e muito mais sensato – *descrever* o liberalismo do que tentar defini-lo de maneira curta. Para sugerir uma teoria do liberalismo, antigo e moderno, deve-se proceder a uma descrição comparativa de suas manifestações históricas.

Em seu influente ensaio de 1929, *A Rebelião das Massas*, o filósofo espanhol Ortega y Gasset proclamou o liberalismo "a forma suprema de generosidade: é o direito assegurado pela maioria e, portanto, o apelo mais nobre que já ressoou no planeta. [...] A determinação de conviver com o inimigo e ainda, o que é mais, com um inimigo fraco". A declaração de Ortega proporciona um preâmbulo conveniente para a nossa abordagem histórica porque combina com felicidade os significados moral e político da palavra *liberal*. Embora denote obviamente política liberal – as regras liberais do jogo entre maioria e minoria –, o dito de Ortega também utiliza o primeiro significado corrente do adjetivo *liberal* em qualquer dicionário moderno. Assim, reza o Webster: liberal (1) originalmente apropriado para um homem livre: hoje em dia, apenas em "artes liberais", "educação liberal"; (2) mão-aberta, *generoso*. A declaração de Ortega restitui o sentido moral da palavra a seu sentido político

---

[1] Cf. D. J. Manning, *Liberalism*. London, Dent, 1976, p. 9.

– bastante apropriadamente, já que "liberal" como rótulo político nasceu nas Cortes espanholas de 1810, num parlamento que se revolta contra o absolutismo.

Em sua idade de ouro, o século XIX, o movimento liberal atuava em dois níveis, o nível de pensamento e o nível da sociedade. Consistia num corpo de doutrinas e num grupo de princípios que sustentam o funcionamento de várias instituições, algumas antigas (como parlamentos) e outras novas (como liberdade de imprensa). Por consenso histórico, o liberalismo (a coisa, não o nome) surgiu na Inglaterra na luta política que culminou na Revolução Gloriosa de 1688 contra Jaime II. Os objetivos dos vencedores da Revolução Gloriosa eram tolerância religiosa e governo constitucional. Ambos tornaram-se pilares do sistema liberal, espalhando-se com o tempo pelo Ocidente.

No século que medeia entre a Revolução Gloriosa e a grande Revolução Francesa de 1789-1799, o liberalismo – ou melhor, protoliberalismo – era constantemente associado com o "sistema inglês" – ou seja, uma forma de governo fundada em poder monárquico limitado e num bom grau de liberdade civil e religiosa. Na Inglaterra, embora o acesso ao poder fosse controlado por uma oligarquia, fora refreado o poder arbitrário, e havia mais liberdade geral do que em qualquer outra parte da Europa. Visitantes estrangeiros inteligentes, como Montesquieu, que ali esteve em 1730, compreenderam que, na Inglaterra, a aliança entre a lei e a liberdade promovia uma sociedade mais sadia e próspera do que quaisquer das monarquias continentais ou das virtuosas, marciais, mas pobres repúblicas da antiguidade remota. Os pensadores do assim chamado Iluminismo escocês – David Hume, Adam Smith e Adam Ferguson – divisaram as vantagens do governo submetido à lei e da liberdade de opinião, oriundas das atividades espontâneas de uma sociedade civil dividida em classes, mas ainda assim imóvel. A comparação com a Grã-Bretanha convenceu muitos protoliberais de que o governo deveria procurar apenas atuar minimamente, zelando pela paz e segurança.

Porque nasceu como um protesto contra os abusos do poder estatal, o liberalismo procurou instituir tanto uma *limitação* da autoridade quanto uma *divisão* da autoridade. Um grande antiliberal moderno, o jurista e teórico político alemão Carl Schmitt, resumiu isso muito bem em sua *Teoria Constitucional* de 1928, onde escreveu que a constituição liberal revela dois princípios mais importantes: o princípio distributivo significa que a esfera de liberdade individual é *em princípio ilimitada*, enquanto a capacidade que assiste ao governo de intervir nessa esfera é *em princípio limitada*. Em outras palavras, tudo o que não for proibido pela lei é permitido; dessa forma o ônus da justificação cabe à intervenção estatal e não à ação individual. Quanto ao princípio de organização da constituição liberal, Schmitt escreveu que seu objetivo consiste em fazer vingar o princípio distributivo. Tal princípio estabelece uma *divisão* de poder (ou poderes), uma demarcação da autoridade estatal em esfera de competência – classicamente associada com os ramos legislativo, executivo e judiciário – para refrear o poder mediante o jogo de "pesos e contrapesos". *Divide-se a autoridade de maneira a manter limitado o poder.*

Depois da Revolução Francesa e do seu interlúdio de ditadura jacobina, pensamento liberal (já agora chamado por tal nome) enfrentou novas ameaças à liberdade. O liberalismo burguês lutara contra o privilégio aristocrático, mas não estava preparado para aceitar uma ampla franquia e suas consequências democráticas. Portanto, a ordem liberal civil acolheu aquilo que Benjamin Constant, o maior dos teóricos liberais do início do século XIX, apelidou *"le juste milieu"*: um centro político, a meio caminho entre o velho absolutismo e a nova democracia. O liberalismo tornou-se a doutrina da monarquia limitada e de um governo popular igualmente limitado, já que o sufrágio e a representação eram restritos a cidadãos prósperos.

Esse ordenamento burguês, no entanto, não passou de uma forma histórica transiente, que foi logo substituída pelo sufrágio universal masculino. O advento da democracia no Ocidente industrial a partir da década de 1870 significou a preservação definitiva das conquistas liberais: liberdade religiosa, direitos humanos, ordem legal, governo representativo responsável e a legitimação da mobilidade social. Assim, a sociedade vitoriana tardia, os Estados Unidos do pós-guerra e a Terceira República francesa inauguraram amplas e duradouras experiências em democracia liberal, uma mistura político-histórica. A Suíça, a Holanda e os países escandinavos seguiram pelo mesmo caminho, muitas vezes antes. A Itália unificada voltou-se para a política liberal; a Espanha conseguiu estabilizar um governo liberal, e as grandes monarquias centro-europeias, Áustria e Alemanha, desviaram-se da autocracia para constituições semiliberais.

Nem todas as conquistas democráticas resultaram de forças explicitamente liberais. Os *tories* ingleses durante o governo de Disraeli, o reacionário Bismarck e o autocrático Napoleão III ou introduziram ou ajudaram a introduzir o sufrágio masculino quase universal, frequentemente contra a vontade das elites liberais. De forma alguma o Estado democrático liberal foi apenas obra dos liberais. Mas isso prova apenas que a lógica da liberdade algumas vezes ultrapassa os interesses e preconceitos dos partidos liberais, como se a história fizesse vingar o liberalismo mesmo contra os liberais. Ao endossar a democracia representativa e o pluralismo político, tanto os conservadores quanto os socialistas, quaisquer que fossem seus objetivos, cederam de forma patente a princípios liberais.

No século XX, o progresso geral do liberalismo democrático tem sido menos constante do que foi no século passado. A violenta turbulência política causada pela "guerra civil europeia" de 1914-1945 provocou o colapso de democracias mais recentes, tais como a Itália e a Alemanha. Posteriormente, os dilemas da modernização na América Latina e em outros lugares ocasionaram mais de um eclipse da democracia, a partir de meados da década de 1960 até meados dos anos 80. Não obstante, a democracia liberal permaneceu a ordem civil "normal" das sociedades industriais, como se vê na reconstrução pós-guerra da Alemanha, Itália e Japão, assim como na fase final da política de modernização dos Estados recém-industrializados.

Em 1989, o mundo testemunhou o colapso do socialismo estatal, o grande rival da democracia liberal. Isso ocorreu depois de um doloroso processo de reforma e de crise de identidade. No Ocidente, em contraste, ouve-se muitas vezes falar numa crise cultural, mas praticamente ninguém propôs com seriedade uma mudança completa de instituições. Por mais de um século, a democracia tem sido o critério da legitimidade no mundo moderno. Agora, pensa-se que o pluralismo social e político das democracias liberais é algo mais específico: o único princípio verdadeiramente legítimo de governo em sociedades modernas.

O liberal italiano Luigi Einaudi costumava caracterizar a sociedade liberal por dois aspectos: o governo da lei e a anarquia dos espíritos. O liberalismo pressupõe uma grande *variedade de valores e crenças*, contrariando o pacto moral alegado por conservadores ou prescrito pela maioria das utopias radicais. Montesquieu, em *Do Espírito das Leis* (1748), insinuou que a Inglaterra moderna era animada por uma batalha conflituosa de "todas as paixões infrenes".[2] O liberalismo clássico, tal como o de Adam Smith, achou que a competição levaria a um mundo quase newtoniano de equilíbrio social. Liberais ulteriores, como Max Weber, resolveram salientar a irredutibilidade dos conflitos de valores, ao invés da consecução do equilíbrio. Há liberalismos de harmonias e liberalismos de dissonâncias. Mas, em ambos os casos, o liberalismo esposa uma opinião liberal da luta humana.

---

[2] Montesquieu, *Do Espírito das Leis*. Trad. Fernando Henrique Cardoso e Leôncio M. Rodrigues. Brasília, Editora da Universidade de Brasília, 1982, livro 19, cap. 27.

Na medida em que a organização liberal se desenvolveu com o passar do tempo, o significado do liberalismo alterou-se muito. Hoje em dia, o que a palavra *liberal* geralmente significa na Europa continental e na América Latina é algo de muito diverso do que significa nos Estados Unidos. Desde o *New Deal* de Roosevelt, o liberalismo americano adquiriu, nas festejadas palavras de Richard Hofstadter, "um tom social-democrático". O liberalismo nos Estados Unidos aproximou-se do liberal-socialismo – uma preocupação igualitária que não chega ao autoritarismo estatal, mas que, no entanto, prega uma ação estatal muito além da condição mínima, de vigia noturno, exaltada pelos velhos liberais. Em toda a história da semântica liberal, nenhum episódio foi mais importante do que essa mudança americana de significado.

Por outro lado, a significação de liberalismo na sua renovação atual, tanto nos Estados Unidos como em outras partes, mantém apenas uma tênue ligação com a corrente principal do significado americano, e mesmo, muitas vezes, dele se aparta. No decorrer de quase meio século, o próprio liberalismo tornou-se um campo de ideias e posições altamente diversificado. Mesmo antes de Keynes e Roosevelt – provavelmente o teórico e o estadista que mais fizeram para modificar o legado do século XIX – o liberalismo já compreendia distintamente mais de um significado.

Liberdade e autonomia

Este livro trata de liberalismo, não de liberdade. Mas nenhum estudo sobre o liberalismo pode omitir um exame dos diversos significados de *liberdade* e *autonomia*. Além disso, precisamente porque liberdade, como liberalismo, tem mais de um significado, selecionar os sentidos ou as espécies de autonomia pode de alguma maneira iluminar as variedades do liberalismo.

Tipos de autonomia[3]

O que é autonomia? Num trabalho sobre teoria social (diferentemente de uma obra sobre filosofia geral), a primeira coisa a fazer é descartar o velho dilema de livre-arbítrio *versus* determinismo. Desde Montesquieu, tem sido costumeiro em discussões de liberdade social evitar discutir esse espinhoso problema. Afastando-se a questão filosófica do livre-arbítrio, podemos focalizar o tema mais empírico, mais sensato de autonomia e não autonomia entre membros interagentes de uma dada comunidade.

Analistas modernos da liberdade insistem na importância dessa dimensão social. Ação livre é uma ação que parte de um motivo desejado ou de um motivo neutro. Uma ação a que falta liberdade equivale a uma ação executada não exatamente "contra nossa liberdade", mas oriunda de um motivo não desejado. Algumas ações não livres são forçadas pela vontade de outras pessoas. Portanto, a liberdade social pode ser definida como "a ausência de constrangimento e de restrição". Aqui, *constrangimento* e *restrição* referem-se ao efeito, no espírito de qualquer agente, das ações de outras pessoas, sempre que esse efeito opere como um motivo não desejado no comportamento

---

[3] O autor, nos subtítulos deste capítulo, usa *freedom* e *liberty* como palavras não sinônimas, mas no texto ora as usa como sinônimos ora as diferencia. O mesmo ocorre na generalidade dos textos em inglês escrito ou falado. Como não sinônimas, *freedom* e *liberty* estão na Magna Carta e no texto da Declaração de Direitos, no século XVII. A distinção que o dicionário *Funk and Wagnall's* estabelece entre *freedom* e *liberty* consiste em que a primeira é absoluta, enquanto a segunda é relativa. *Freedom*, diz o dicionário, "é a ausência de constrangimento". *Liberty* "é a remoção ou o contorno de constrangimento". É verdade que, mais adiante no texto, o autor mostra que existe, em teoria, uma diferença entre liberdade negativa (ausência de constrangimento) e liberdade positiva. Mas, como a introdução dessa ideia complicaria a questão, limitamos esta ao que está nos dicionários. A origem da palavra *liberty*, ou liberdade, é *libertas*, que, em latim, conforme o dicionário Saraiva, pode significar "soltura", "livramento". Tendo isso em conta, procuramos uma palavra para *freedom*, e não nos ocorreu melhor do que *autonomia*, que significa, conforme a sua etimologia, a liberdade de determinar-se, ou seja, a ausência de constrangimento. Também nesse sentido figura *autonomia* no Aurélio. (N. T.)

de tal agente.[4] A presença de uma alternativa que permita escolha é um elemento definidor de uma ação livre.

Autonomia é, portanto, estar livre de *coerção*: implica que os outros não impeçam o curso de ação que escolhemos. Tendo em mente esse significado geral, podem-se relacionar pelo menos quatro principais materializações da autonomia no curso da história.

A primeira materialização de autonomia é a liberdade de opressão como interferência arbitrária. Consiste na fruição livre de direitos estabelecidos e está associada a um sentido de dignidade. É uma velha e, na verdade, imemorial e universal espécie de sentimento e comportamento. O camponês vinculado à terra, cujos direitos tradicionais, por escassos que fossem, eram respeitados pelo senhor feudal, experimentava tal autonomia tanto como o próprio senhor, quando seus privilégios eram reconhecidos pelo rei. Um bom exemplo disso aparece nas Escrituras (Atos 21,27-39). Tendo criado um tumulto ao dirigir-se à multidão em Jerusalém, Paulo de Tarso foi açoitado por ordem de um general romano. Como protesto disse: "Será legal açoitar um homem que é romano e não foi condenado?". As palavras do apóstolo mostram que ele se sentia legalmente *com direito* a um certo grau de respeito, cuja violação significava opressão não apenas para ele, mas, na verdade, para a cultura da Roma imperial.

É precisamente desse tipo de liberdade que qualquer indivíduo moderno espera fruir quando exerce papéis sociais protegidos pela lei e pelo costume. Vamos chamá-la de *liberdade como intitulamento*. Mas embora a fruição da liberdade como intitulamento implique uma apreensão de direitos e dê origem a um sentimento de dignidade, tem pouco a ver com o princípio muito mais recente de direitos humanos *universais*. O sujeito desses últimos é o homem como tal, enquanto o portador do intitulamento

---

[4] Cf. John Plamenatz, *Consent, Freedom and Political Obligation*. (1938) Oxford/New York, Oxford University Press, 1968, p. 125. Para uma análise orientada empiricamente da liberdade no interior da interação social, ver Felix Oppenheim, *Dimensions of Freedom: an Analysis*. New York, St. Martin's Press, 1961, especialmente cap. 6.

era e é sempre individualmente situado, entranhado em posições sociais específicas (e historicamente variáveis).

O segundo tipo de autonomia, a liberdade de participar na administração dos negócios da comunidade em qualquer nível, estendeu-se a qualquer nacional livre nas cidades antigas tais como as gregas, e foi por esse motivo conhecido, desde o início, como *liberdade política* (*polis* significa "cidade").

A terceira é a *liberdade de consciência e crença*. Historicamente, tornou-se, e de modo duradouro, relevante primeiro como uma reivindicação de legitimidade da dissidência religiosa (da Roma papal ou outras Igrejas oficiais) durante a Reforma europeia. Antes disso, quase todas as reivindicações de independência religiosa eram tratadas como heresia e subjugadas com êxito. Embora dificilmente se possa dizer que fosse essa a intenção dos grandes reformadores Lutero e Calvino, a Reforma inaugurou uma idade de pluralismo religioso. Isso foi, por sua vez, secularizado no moderno direito de opinião, tal como refletido na liberdade de imprensa e no direito à liberdade intelectual e artística.

A quarta e última liberdade é a materialização da aspiração de que temos de viver como nos apraz. Os modernos não se sentem livres simplesmente porque seus direitos são respeitados, ou porque suas crenças podem ser livremente expressas, ou porque, com liberdade, tomam parte no processo de decisão coletiva. Essas pessoas também se sentem livres porque dirigem sua vida mediante opção pessoal de trabalho e lazer. *Liberdade de realização pessoal* traduz a essência do assunto. A questão, realçada por John Plamenatz, consiste em que as pessoas geralmente se propõem objetivos e padrões de excelência que pouco têm a ver com o bem comum ou até mesmo com a afirmação pública de crença – objetivos e padrões de um caráter individualista ou *privado*, mas que, ainda assim, absorvem grande parte dos esforços deles.[5]

---

[5] John Plamenatz, *Man and Society: A Critical Examination of Some Important Social and Political Theories from Machiavelli to Marx*. New York, McGraw-Hill, 1963, vol. 1, p. 49-50 e 415-16.

Nossa classificação de espécies de autonomia segue, *grosso modo*, a ordem histórica de quando apareceram. No sentido acima indicado, estar livre de opressão é uma experiência imemorial. A liberdade política no nível estatal parece ter sido uma invenção de Atenas, na época clássica. A liberdade de consciência entrou a afirmar-se, primeiro, durante a Reforma e as guerras de religião que se lhe seguiram, e que atormentaram a Europa até meados do século XVII. Por fim, adveio a disseminação da liberdade individualista. A liberdade como realização e conquista pessoais, construída com base em uma ampla privacidade, é uma tendência bem moderna, alicerçada na crescente divisão do trabalho na sociedade industrial e, mais recentemente, na expansão da sociedade de consumo e do tempo dedicado ao lazer.

Cabem aqui pelo menos duas ressalvas. Em primeiro lugar, uma margem razoável de liberdade de opinião fazia parte da antiga liberdade política. No início do século V a. C., a vida política grega incluía o conceito de *isegoria*, liberdade de expressão não como contraposição à censura, mas como o direito de falar com liberdade na assembleia de cidadãos.[6] Além disso, deve-se evitar a impressão de que faltava no mundo antigo como um todo a liberdade individualista, a quarta espécie de liberdade em nossa tipologia. Mas, tendo em mente essas ressalvas, a nossa classificação cronológica de autonomias parece sustentável.

TIPOS DE LIBERDADE

Relembremos agora, brevemente, umas poucas definições famosas de liberdade na literatura liberal:

1. "Liberdade é o direito de fazer aquilo que a lei permite" (Montesquieu, *Do Espírito das Leis*, livro 12, cap. 2).

---

[6] M. I. Finley, *A Política do Mundo Antigo*. Trad. Álvaro Cabral. Rio de Janeiro, Zahar Editores, 1985.

2. "Liberdade significa obediência à lei que nós nos prescrevemos" (Rousseau, *Contrato Social*, livro 2, cap. 8).

3. Liberdade moderna é a "fruição pacífica da independência individual ou privada" (Benjamin Constant, *Liberdade Antiga e Moderna*).

Filósofos políticos (por exemplo, Norberto Bobbio) distinguem, com frequência, um conceito clássico *liberal* de liberdade de um conceito clássico *democrático* de liberdade. No conceito liberal, liberdade significa ausência de coerção. No conceito democrático, significa *autonomia*, a saber, o poder de autodeterminação.[7]

Em sua famosa conferência de 1958 em Oxford, "Dois Conceitos de Liberdade", Isaiah Berlin opôs liberdade *negativa* a liberdade *positiva*. Ele definiu a liberdade negativa como estar livre de coerção. A liberdade negativa é sempre liberdade *contra* a possível interferência de alguém. São exemplos disso a autonomia de fruir intitulamentos (contra possíveis abusos); a autonomia de expressar crenças (em oposição à censura); a liberdade de satisfazer pessoalmente gostos e a livre procura de objetivos individuais (em oposição a padrões impostos). A liberdade positiva, por outro lado, é essencialmente um desejo de governar-se, um anseio de autonomia. Contrariamente à liberdade negativa, não é liberdade *de*, porém liberdade *para*: a aspiração ao autogoverno, a decidir com autonomia em vez de ser objeto de decisão. Enquanto a liberdade negativa significa independência de interferência, a liberdade positiva está relacionada à incorporação do controle.

O filósofo canadense Charles Taylor corrigiu Berlin advertindo que ambas as espécies de liberdade, positiva e negativa, são com frequência caricaturadas no calor dos debates ideológicos.[8] Críticos da liberdade positiva, por

---

[7] Por exemplo, Norberto Bobbio, "Kant e le Due Libertà", em seu *Da Hobbes a Marx*. (1964) Napoli, Morano, 1971, p. 147.

[8] Charles Taylor, "What's Wrong with the Negative Liberty". In: Alan Rayan (ed.), *The Idea of Freedom – Essays in Honour of Isaiah Berlin*. Oxford/New York, Oxford University Press, 1979, p. 175-93.

exemplo, tendem a salientar que os partidários da liberdade positiva terminam justificando o governo tirânico das elites "esclarecidas" afirmando objetivos humanos "verdadeiros" ou "mais nobres" (como a formação do "novo homem" sob o comunismo). Inspirados por elevados ideais de humanidade, esses utópicos geralmente revelam-se sombrios *virtuosi* do *substitucionismo moral*: em nome da nossa mais elevada forma de ser, eles simplesmente decidem a nossa vida, em nosso lugar. Mas, rematados defensores da liberdade negativa, são tão cegos quanto os anteriores a certas dimensões psicológicas compulsivas da liberdade de escolha. Como observou Taylor, à primeira vista a liberdade positiva é um "conceito a ser posto em prática", e a liberdade negativa, um "conceito de aproveitamento de oportunidade". Tudo o que se requer, para a liberdade negativa, é a ausência de obstáculos significativos, não se impondo qualquer real execução.

Além disso, na busca de meus objetivos livremente escolhidos (liberdade negativa) posso enfrentar barreiras internas (por exemplo, o meu desejo de viajar pode chocar-se com a minha preguiça). Assim, o próprio uso da liberdade negativa pode com frequência envolver muito controle pessoal e, portanto, a psicologia da liberdade *positiva*.

Pensadores liberais de inclinação mais histórica também concluíram que a distinção entre liberdade positiva e negativa não é tão nítida. Bobbio, por exemplo, acha que a liberdade como independência e a liberdade como autonomia partilham um mesmo campo, uma vez que ambas implicam autodeterminação. A própria história criou uma progressiva integração de ambas as formas de liberdade – a tal ponto que, em nossa era social-liberal, podem-se conceber as duas como perspectivas complementares. O que quer que o indivíduo possa decidir por si mesmo deve ser deixado à sua vontade (o que sustenta a liberdade negativa ou "liberal"); e onde quer que haja necessidade de decisão coletiva, dela deve participar o indivíduo (o que sustenta a liberdade positiva ou a "democrática"). Tudo bem contado, Bobbio conclui que cada uma das duas doutrinas responde a uma questão diferente. A liberdade negativa relaciona-se com a questão: "Que significa ser livre para o indivíduo considerado isoladamente?". A liberdade positiva relaciona-se com outra questão: "Que significa para o indivíduo ser livre como *membro de um todo?*".[9] Na democracia liberal, ambas as questões são, é óbvio, estreitamente aparentadas, e o significado das respostas que se lhes dá está longe de ser acadêmico.

Três escolas de pensamento

Outra maneira de realçar as diferenças entre espécies de autonomia e liberdade – forma essa mais próxima do terreno familiar da história das ideias – é diferenciar três principais escolas de pensamento sobre a liberdade. Cada uma identifica-se com um grande país europeu – Inglaterra, França e Alemanha.[10]

Inglaterra

A escola inglesa de teoria da liberdade, que vai de Hobbes e Locke a Bentham e Mill, vê a liberdade como ausência de coerção, ou (na famosa opinião de Hobbes) a ausência de obstáculos externos. Quando classificou tal autonomia como liberdade social, Hobbes deliberadamente chocou-se com a tradição humanista – a adoração de valores cívicos e, portanto, a autodeterminação e a liberdade *política* (a nossa segunda liberdade histórica, ou uma liberdade "rousseauniana"). Esta noção pode ser seguida até a democracia da *polis* e nunca morreu inteiramente. Na Idade Média, uma cidade era tida como livre quando podia fazer sua própria lei (*"civitas libera quae sibi legem facere"*). Mas o ideal de governo

---

[9] Bobbio, "Kant e le Due Libertà" (ver nota 7), p. 149.

[10] Para um exame dos liberalismos em diversos "contextos internos", ver Maurice Cranston, *Freedom: A New Analysis*. London, Longmans, 1953.

político foi reanimado – e muito reforçado – pelos humanistas da Renascença, primeiro em Florença[11] e depois no resto da Europa.

Hobbes, escrevendo enquanto raiava a guerra civil inglesa, procurou desesperadamente dissociar o conceito moderno de liberdade dessa tradição. Criticou tanto Maquiavel como o poeta Milton por suas opiniões republicanas e redefiniu liberdade, descartando o entusiasmo cívico. Em vez de exaltar a virtude cívica, Hobbes louvou a liberdade política, ou *civil*. Sustentava que, uma vez instituído o governo, a liberdade deixa de ser um assunto de autodeterminação para constituir algo a ser fruído "no silêncio das leis".

É crucial a frase de Hobbes, porque iguala liberdade com tudo o que a lei permite pelo simples fato de que não proíbe. A liberdade política, o que frustra sua própria definição, fora sempre concebida como liberdade *por meio* da lei (e legislação), em lugar de algo *exterior* à lei. A formulação de Hobbes é a fonte da ideia inglesa de liberdade negativa, embora sua formulação clássica dentro do pensamento liberal tenha sido feita por um francês – Montesquieu.

FRANÇA

A escola "francesa" de liberdade, como um modelo teórico, prefere Rousseau a Montesquieu. Jean-Jacques Rousseau, filho da livre Genebra, nascido calvinista como Milton, retornou a Maquiavel e ao princípio republicano. Para ele, a forma mais elevada de liberdade consistia na autodeterminação, e a política devia refletir a autonomia da personalidade. Rousseau era um individualista tão radical quanto qualquer um; na realidade, como principal precursor do romantismo, ele foi o mais importante originador do individualismo em literatura e religião. Mas ao tratar da liberdade social, ele pôs o cidadão num plano

---

[11] Para um relato erudito do humanismo civil na Renascença italiana, ver Hans Baron, *The Crisis of the Early Italian Renaissance*. Princeton, Princeton University Press, 1966.

muito mais elevado do que o burguês – e a liberdade política, bem acima da autonomia civil. A eloquência de seu *Contrato Social* redirecionou o conceito de liberdade da esfera civil para a esfera cívica. Embora Rousseau nunca tenha previsto algo como revolução, muito do terrorismo jacobino revolucionário de 1793-1794 foi executado em seu nome.

Muitos defenderam a ideia de que Rousseau foi uma espécie de esquizoide ideológico: um iniciador do individualismo na cultura, por um lado, e um precursor do totalitarismo, por outro. Mas essa noção é completamente infundada. Rousseau nunca cogitou que a democracia (ou república, palavra que ele preferia) limitasse a liberdade.[12] O verdadeiro objetivo de sua exaltação da liberdade democrática em detrimento da liberdade liberal não consistia num prejuízo ao individualismo, mas na destruição do *particularismo*. O particularismo refletia o encanto de uma velha força na política francesa: *patrimonialismo*.

A monarquia francesa, por muito tempo acossada pelo problema de controlar uma ordem social dividida, elaborara um conceito patrimonial do poder. A soberania significava propriedade privada em grande escala – e o rei era o único proprietário. A centralização foi um problema maior para os reis franceses do que para os reis ingleses. Na Inglaterra a aristocracia feudal centralizou-se ela própria, e a coroa firmou-se a partir da forte posição proporcionada pela conquista normanda, mas na França a fragmentação era a regra. Disso resultava que havia vários parlamentos regionais na França, em contraste com o velho parlamento *nacional* inglês. Em seu esforço em prol da centralização, a Coroa francesa comprou a

---

[12] Para uma crítica das interpretações "totalitárias" errôneas de Rousseau, ver o meu *Rousseau and Weber: Two Studies in the Theory of Legitimacy*. London/Boston, Routledge e Kegan Paul, 1980, p. 35-37; ed. bras.: *Rousseau e Weber: Dois Estudos sobre a Teoria da Legitimidade*. Trad. Margarida Salomão. Rio de Janeiro, Editora Guanabara, 1990. Para uma recente interpretação do democratismo de Rousseau, ver James Miller, *Rousseau, Dreamer of Democracy*. New Haven, Yale University Press, 1984.

aristocracia com uma venda notoriamente maciça de cargos públicos, e o resultado foi uma estrutura inteira de interesses particularistas e de posições desiguais.[13]

O pensamento político monarquista que surgiu primeiro na França, tal como o da *République* de Jean Bodin, de 1576, tentou utilizar o conceito de soberania para combater a anarquia feudal. Mas os inimigos do poder monárquico, como os huguenotes no século XVI, sonhavam com fortalecer os parlamentos, como instituições públicas capazes de refrear a Coroa. A contribuição estratégica de Rousseau para a história do discurso político consistiu em usar o fruto do pensamento de Bodin – soberania não dividida e indivisível – para eliminar o poder dos governantes como fonte de opressão particularista, em vez de fortalecê-lo. Nas palavras inteligentes de Ellen Meiksins Woods: "Onde Bodin subordinou a particularidade do povo à (pretensa) universalidade do governante (monárquico), Rousseau subordinou a particularidade do governante à universalidade do povo".[14]

Rousseau armou uma poderosa retórica em defesa da liberdade política ou democrática contra o caráter odioso do privilégio – algo que os primeiros liberais como Montesquieu não estiveram acima de sustentar. Mas Rousseau preocupava-se tanto com a necessidade de despatrimonializar o poder que perdeu de vista a outra questão-chave: a do *alcance* do poder. Pois, como observou Constant, "a legitimidade do governo depende tanto do seu objeto

---

[13] Ellen Meiksins Woods, "The State and Popular Sovereignty in French Polical Thought: A Genealogy of Rousseau's General Will", *History of Political Thought 4,* verão de 1983, p. 287. O problema do geral *versus* o particular em Rousseau e antes dele foi convincentemente examinado por Patrick Riley em *The General before Rousseau: The Transformation of the Divine into the Civic*, Princeton, Princeton University Press, 1986, especialmente o cap. 5. Para uma boa análise do pensamento político francês de Bodin a Rousseau, ver Nannerl O. Keohane, *Philosophy and the State in France: The Renaissance to the Enlightenment.* Princeton, Princeton University Press, 1980.

[14] Woods, "The State and Popular Sovereignty..." (ver nota 13), p. 305 (parênteses acrescidos e tempos verbais mudados).

quanto da sua fonte".[15] Constant compreendeu que, ao focalizar quase exclusivamente a fonte da autoridade (soberania popular), o contrato social de Rousseau poderia ser usado como arma contra a liberdade como independência, pondo em risco a autonomia pessoal e a vida da individualidade. A liberdade política era coisa boa, se mais não fosse porque garantia a independência individual. John Locke, uma geração depois de Hobbes, entendera isso. Mas, desde que se quisesse uma liberdade total, ela também teria de florescer além da esfera cívica, no silêncio da autoridade, por assim dizer. Montesquieu ensinou que a autoridade deveria ser dividida para não ser tirânica; Constant advertiu que a soberania tinha de ser limitada para não ser despótica. Rousseau colocara a democracia no lugar da autocracia. O próximo passo consistia em atalhar o despotismo democrático.

Alemanha

Bem no início do século XIX, um ilustre humanista e diplomata alemão, barão Wilhelm von Humboldt (irmão mais velho do grande naturalista Alexandre von Humboldt e fundador da Universidade de Berlim), apelou para limitar em vez de simplesmente controlar a autoridade central. No livro *Sobre os Limites da Ação do Estado*, Humboldt exprimiu um tema liberal profundamente significativo: a preocupação humanista de formação da personalidade e aperfeiçoamento pessoal. Educar para a liberdade, e libertar para educar – esta era a ideia da *Bildung*, a contribuição goethiana de Humboldt à filosofia moral.[16]

O ideal da *Bildung* é incrivelmente importante na história do liberalismo. Além de exercer forte influência em pensadores liberais que deixaram sua marca, como

---

[15] Benjamin Constant, *Cours de Politique Constitutionelle*. E. Laboulaye (ed.). Paris, Guillaumin, 1872, vol. 1, p. 279-80; citado em Stephen Holmes, *Benjamin Constant and the Making of Modern Liberalism*. New Haven, Yale University Press, 1984, p. 98.

[16] Quanto à teoria da *Bildung*, ver: W. H. Brudord, *The German Tradition of Self-Cultivation*. Cambridge, Cambridge University Press, 1957.

Constant e John Stuart Mill, ele é a estrutura lógica por trás de um conceito alemão de liberdade que tem por muito tempo prevalecido.[17] O conceito está estreitamente ligado à liberdade política porque também salienta a autonomia; contudo, não gira em torno da participação política, mas em torno do desdobramento do potencial humano.

Immanuel Kant, o sábio de Königsberg em cujos aposentos austeros encontrava-se um retrato de Rousseau, afirmou que o homem, não como animal, mas como pessoa, devia "ser considerado um fim em si mesmo".[18] Isso era outra dimensão-chave dos conceitos alemães de liberdade: *autotelia* ou realização pessoal. Kant colocou a autotelia no centro da moralidade. Embora nunca tenha confundido política com moral, Kant defendeu o republicanismo como uma ordem social-liberal em que a independência pessoal pelo menos alimentaria uma ordem legal mais próxima da moralidade do que as egoísticas monarquias beligerantes de seu tempo.

Quando G. W. F. Hegel (1770-1831), o maior dos filósofos pós-kantianos, escreveu sua *Filosofia do Direito* em 1821, transferiu a autotelia de Kant do campo da ética para o campo da política, e da pessoa para o Estado. Idealizou então o Estado como uma materialização mundana do Espírito, um progresso da razão no curso da história. Há liberdade no Estado concebido por Hegel, mas é liberdade racional – não apenas independência da coerção, mas liberdade como um poder em desenvolvimento de realização pessoal, a própria essência da *Bildung* numa elevada versão política. Pois o mesmo ocorre na moralidade de Kant e na *Bildung* de Humboldt, e também na política de Hegel: nos três casos há uma direção comum, a autotelia. Essa era a alma do conceito alemão

---

[17] Cf. Leonard Krieger, *The German Idea of Freedom*. Chicago, The University of Chicago Press, 1957.

[18] Immanuel Kant, *Metaphysical Principles of Virtue*. Trad. J. W. Ellington. (1797) Indianapolis, Bobbs-Merrill, 1964, p. 97; ed. bras.: *Fundamentos da Metafísica dos Costumes*. Trad. Lourival de Queiroz Henkel, pref. Afonso Bertagnoli. Rio de Janeiro, Tecnoprint, 1987.

de liberdade. Não há dúvida de que era liberdade positiva, uma vez que constituía da forma mais conspícua um exemplo de "liberdade para"; mas tratava-se de liberdade positiva com uma ênfase cultural.

Resumindo: a teoria inglesa dizia que a liberdade significava independência. O conceito francês (de Rousseau) consistia em que liberdade é autonomia. A escola alemã replicou a isso que a liberdade é realização pessoal. O ambiente político da teoria francesa residia no princípio democrático; e o da teoria alemã era o Estado "orgânico", uma mistura de elementos tradicionais e modernizados.

O indivíduo e o Estado

Para nos aproximarmos da história concreta, precisamos esboçar uma tipologia diferente da primeira. Pois é possível distinguir dois padrões liberais principais no interior da evolução política ocidental; especificamente, dois padrões básicos no relacionamento entre Estado e indivíduo.

Há neste ponto um paradigma inglês e um francês. A distinção entre os dois liberalismos com um matiz nacional, um inglês e outro francês, foi traçada com vigor na *História do Liberalismo Europeu* de Guido de Ruggiero, que foi a obra padrão sobre o assunto no período de entre guerras. De Ruggiero observou que, enquanto a espécie inglesa de liberalismo favorecia por inteiro a limitação do poder estatal, a variante francesa procurava fortalecer a autoridade estatal para garantir a igualdade diante da lei. A versão francesa procurava também a demolição da ordem "feudal" bem sustentada pelo privilégio social e pelo poder da Igreja.

Essa diferença tem raízes sociais. Embora a estrutura social inglesa conservasse uma forte base de classe, a hierarquia dos Estados característica da sociedade tradicional fora logo corroída pela emergência de agricultores livres e pela igualmente precoce conversão da nobreza ao capitalismo agrário.[19] Isso, juntamente com a realização precoce de um Estado unitário, estabeleceu um modelo no qual o Estado se apoiava em indivíduos independentes, cujo relacionamento com o Estado era mais *associativo* do que subordinado. As classes superiores inglesas eram senhoras do Estado.

A sociedade francesa, em contraste, manteve uma estrutura hierárquica fechada por muito tempo. Quando a Revolução privou essa estrutura de sua legitimidade política, a lógica da situação tornou necessário o *uso do Estado para libertar o indivíduo*, garantindo-lhe os direitos. O novo Estado, que, ao que se pretendia, incorporava a vontade geral, mantinha-se alto e poderoso como única fonte de autoridade legítima, em grande parte inacessível à mediação de instituições associativas que pertenciam à sociedade civil. Como consequência, enquanto na Inglaterra o relacionamento Estado-indivíduo era basicamente descontraído, na França tornou-se muitas vezes tenso e dramático, fazendo com que os cidadãos entrassem em choque com o poder estatal em solidão heroica e rebelde, como um personagem numa tragédia clássica. Nesse meio-tempo, o Estado, que se transformara numa sede zelosa da vontade geral mediante as ficções de representação onipotente (*assembléisme*) e de governo plebiscitário (bonapartismo), oscilou entre democracia e despotismo.[20] Disso resultou a preocupação de liberais franceses, como Tocqueville, de aclimatar na França uma trama associativa do modelo americano que pudesse frear o poder estatal. Voltaremos a encontrar esses dois modelos, especialmente o francês, quando seguirmos a sorte do liberalismo nos dois últimos séculos, tanto na Europa como alhures.

---

[19] Cf. Alan Macfarlane, *The Origins of English Idivualilism*. Oxford/New York, Oxford University Press, 1978.

[20] Cf. Jacques Juliard, *La Faute à Rousseau – Essai sur les Conséquences Historiques de l'Idée de Souveraineté Populaire*. Paris, Seuil, 1985.

Capítulo II

AS RAÍZES DO LIBERALISMO

Este capítulo e os três seguintes serão os capítulos de caráter mais histórico neste livro de perspectiva histórica. Devotarei aqui duas seções para assinalar algumas raízes do liberalismo da Reforma ao Iluminismo e o começo do século XIX; os capítulos 3, 4 e 5 proporcionam uma visão generalizada da teoria liberal desde os *whigs* de peruca até os neoliberais de dias ulteriores. No decurso de três séculos, o liberalismo enriqueceu-se verdadeiramente em temas e em tópicos, mas o enriquecimento da doutrina liberal raramente foi um processo linear. Muitas vezes, progressos numa direção foram contrabalançados por retrocessos. Qualquer impressão de triunfalismo deve ser evitada, porque o liberalismo teve de aprender coisas importantes com o desafio de ideologias rivais.

Primeiras fontes modernas

O liberalismo clássico, ou liberalismo em sua forma histórica original, pode ser toscamente caracterizado como um corpo de formulações teóricas que defende um Estado constitucional (ou seja, uma autoridade nacional central com poderes bem definidos e limitados e um bom grau de controle pelos governados) e uma ampla margem de liberdade civil (ou liberdade no sentido hobbesiano, individualista, examinado no capítulo 1). A doutrina liberal clássica consiste em três elementos: a teoria dos direitos humanos; constitucionalismo e "economia clássica" (*grosso modo*, o modo de conhecimento inaugurado por Adam Smith, sistematizado por David Ricardo e ilustrado, entre outros escritores, por Mill). Tratarei dos direitos e constitucionalismo nesta seção, e da economia clássica na próxima.

Direitos e modernidade

A luta formativa do liberalismo foi a reivindicação de direitos – religiosos, políticos e econômicos – e a tentativa de controlar o poder político. A cultura moderna é normalmente associada a uma profusão de direitos *individuais*; historicamente, podemos dizer que a liberdade se relaciona com o advento da civilização moderna, primeiro no Ocidente e, depois, em outras partes do mundo. Parece seguir-se a fórmula de que liberdade é igual a modernidade que é igual a individualismo. Sem medo de errar, podemos procurar as raízes do liberalismo na experiência histórica da modernidade. Mas onde começar? Uma vez admitido que a escala e o crescimento são a marca distintiva da modernidade, onde se encontra o ponto em que isso se passou, o divisor de águas histórico?

Foi dada uma resposta a essa questão pela assim chamada escola reacionária da teoria social – os publicistas franceses como Maistre e Bonald que escreviam em reação hostil à Grande Revolução. A opinião deles consistia em que os males da Revolução remontavam – através do Iluminismo – à *Reforma Protestante* do século XVI. O grande culpado original fora Lutero, que soltara o demônio do individualismo. Desde então, argumentaram eles, a crítica e a anarquia entraram a solapar a ordem social e os seus alicerces, os princípios de autoridade e hierarquia. Esses reacionários concordariam com a nossa equação de modernidade e liberdade, mas a julgavam em termos fortemente pejorativos.

Mas outros, até mesmo protestantes fiéis, viram a Reforma não como iniciadora da modernidade, porém, no máximo, como um importante antepassado dela. Hegel foi um exemplo típico e de grande influência. Para Hegel, o cristianismo, com a sua metafísica da alma, foi o berço histórico do princípio da individualidade. A liberdade grega fora uma conquista gloriosa, mas não desenvolveu a individualidade humana. A Reforma trouxe consigo uma forte afirmação da consciência individual, disse Hegel, mas mesmo no Ocidente cristão a liberdade como individualidade não alcançou uma forma ativa até a Revolução e Napoleão. Foi então que a "sociedade civil" composta por indivíduos mundanamente independentes recebeu sua legitimação apropriada, mais visivelmente no Código de Napoleão, o direito civil da Europa pós-revolucionária. Antes daquele momento, a individualidade, a força motora na cultura da modernidade, vivera por muito tempo como uma crisálida. Portanto, o divisor de águas moderno não fora tanto 1500 quanto 1800 – um deslocamento considerável.

O tema protestante da inviolabilidade da consciência foi uma contribuição poderosa e seminal para o credo liberal. Mas será que na história das instituições liberais o vínculo entre consciência e liberdade era tão reto e direto? As seitas protestantes que sustentavam a liberdade de consciência diante da intransigência católica recaíam muitas vezes, elas próprias, na intolerância e na repressão. A morte na fogueira do médico Miguel Servet na Genebra calvinista (1553) tornou-se uma *cause célèbre* do furor protestante contra a heresia; de pronto, a perseguição entrou em prática, como Erasmo tristemente previra, em ambos os campos, a Reforma e a Contra-Reforma. Compreensivelmente, o pensamento político de vanguarda respeitou por um tempo a liberdade religiosa, embora temesse tanto o fanatismo como temia o poder – o tempo que se alongou de Richard Hooker (1554-1600), o principal defensor da solução elisabetana, até Hobbes e Espinosa em meados do século XVII.

Pouco antes da Primeira Guerra Mundial, o proeminente teólogo protestante liberal Ernst Troeltsch (1865-1923) advogou com vigor que a moderna cultura religiosa se apartasse da Reforma. Desafiando as devoções das classes médias alemãs, que adoravam a luta de Lutero contra Roma como uma prelibação da liberdade moderna, a Troeltsch a Reforma pareceu fundamentalmente não moderna. Longe de anunciar o pluralismo moderno, disse Troeltsch, seus líderes tinham sustentado fortes crenças teocráticas dignas da Idade Média. Assim, ele estava deliberadamente contradizendo seu professor em Göttingen, Albrecht Ritschl (1822-1889). Para Ritschl, Lutero libertara o cristianismo do retraimento místico ao redirecionar as energias religiosas no sentido do serviço no mundo e no sentido da estrita observância das obrigações de cada um para com a família, o trabalho e o Estado.

Mas, segundo Ritschl, o indivíduo levava uma vida religiosa principalmente por meio de sua participação na Igreja estabelecida. Tal não se dava, replicou Troeltsch: a verdadeira fé tem origem na experiência pessoal. Na Inglaterra, em contraste com a Alemanha luterana, a dissidência calvinista logrou criar um ambiente de reforma ousada. Mas, no todo, o individualismo protestante vingou apenas nos movimentos místicos espontâneos do século XVIII, como o pietismo. Na revisão de Troeltsch, o protestantismo moderno, portanto, muito pouco devia à fidelidade autoritária à escritura da Reforma.[1]

Alguns ramos da Reforma prefiguraram o pluralismo liberal moderno e o seu respeito ao indivíduo heterodoxo. Poucas seitas como os socinianos, uma corrente ítalo-polonesa dos primórdios do século XVII, e pensadores como Milton, o poeta-profeta do puritanismo inglês, pregavam a tolerância muito acima de sua época. Na "Areopagitica" (1644), subtitulada "Discurso pela liberdade de imprensa ao Parlamento", a defesa da liberdade de consciência desdobrou-se num argumento a favor da liberdade de opinião.

A tolerância religiosa tornou-se também a pedra angular do sistema protoliberal de Locke. Sua *Carta acerca da Tolerância* (1689), cheia de simpatia pelos dissidentes arminianos, declarou que a perseguição é contrária à caridade e, portanto, não cristã. Locke sublinhou que o cuidado da alma cristã requer "persuasão interna" e, assim, livre consenso, ao invés de coerção.

Na "teologia natural" de William Paley (*The Principles of Moral and Political Philosophy*, 1785), a argumentação a favor da tolerância tornou-se utilitária, afirmando que "a própria verdade resulta da discussão e da controvérsia". Nesse meio-tempo, o mais destacado *philosophe*, o deísta Voltaire, salientou em seu próprio

---

[1] Ernst Troeltsch, *Die Bedeutung des Protestantismus für die Entstehung der modernen Welt*. München, Oldenburg, 1906. Para um excelente exame das opiniões de Troeltsch, ver Harry Liebersohn, *Fate and Utopia in German Sociology 1870-1923*. Cambridge, Massachusetts, MIT Press, 1988, cap. 3.

Traité sur la Tolérance (1763) que, enquanto a tolerância nunca provocara uma convulsão social, a intolerância causara muitos banhos de sangue. Desse modo, a tolerância, tão ardentemente advogada pelo puritano de formação, John Locke, tornou-se o objeto de justificações seculares. A luta pelos direitos religiosos alimentou a ideia de direitos individuais gerais, uma das próprias fontes do liberalismo.

Direitos: direito natural e consenso

A principal força na legitimação conceitual da moderna ideia de direitos foi a modernização da teoria de direito natural. A noção de um direito natural era muito antiga. Poderia ser encontrada na filosofia estoica, nas obras de Cícero (notadamente *De Republica* e *De Officiis*), na jurisprudência imperial romana (notadamente Gaio e Ulpiano), e nos padres da Igreja. A contenção básica da teoria do direito natural é a de que existe uma lei mais alta, "uma razão reta (*recta ratio*) segundo a natureza", como disse Cícero (em *De Republica*, livro 3, cap. 22). Essa razão tão imutável, aplicada ao comando e proibição, é "direito" porque permite às pessoas diferenciar o bem do mal consultando não mais do que suas cabeças e seus corações, seu senso moral interno. O próprio Cícero sugerira que havia um parentesco entre tal direito natural e o direito das gentes – na realidade, um direito consuetudinário da humanidade (*jus commune*).

Há diferenças significativas entre a teoria do direito natural dos antigos (jusnaturalismo clássico) e elaborações ulteriores, medievais e dos primórdios da era moderna. Antes do Principado (que se iniciou com Augusto no século I a. C.), os romanos tinham tido a liberdade na conta de um direito cívico conquistado, em vez de considerá-la um atributo inato dos seres humanos.[2] Mas,

---

[2] Ch. Wirszubski, *"Libertas" as a Political Idea at Rome during the Late Republic and the Early Principate*. Cambridge, Cambridge University Press, 1950.

poucos séculos depois, ocorreu uma mudança conceitual no *Digesta*, o conjunto de precedentes que integrava o *Corpus Juris Civilis* de Justiniano, do século VI. Incluía uma definição da liberdade como "a faculdade natural que nos assiste de fazermos aquilo que queremos". Essa definição era uma prefiguração da liberdade negativa formulada em linguagem patentemente jusnaturalista.

O conceito de direito sofreu modificações ainda mais profundas durante a transição da Antiguidade para a Idade Média. Nossa noção de direito denota uma reivindicação caracterizada, muitas vezes relativa a coisas (como o direito de propriedade), e tem um forte lado subjetivo. O conceito romano de *ius*, em contraposição, era bem objetivista.[3] Ulpiano, no século III A.D., e os *Instituta* diziam "que a justiça é a determinação contínua e duradoura de atribuir a cada um seu *ius*" (o famoso princípio *suum cuique tribuere*). Isso significava simplesmente que um juiz devia sempre buscar a solução justa de uma disputa. Os comentaristas medievais das *Intituta*, como Azo de Bolonha (cerca de 1200), entenderam que o dito de Ulpiano significava que as pessoas deviam respeitar as respectivas *reivindicações*. Levados pelo emaranhado de relações feudais, juristas medievais terminaram por mesclar dois conceitos que originalmente eram distintos no direito romano: *ius* e *dominium*, ou propriedade. Inicialmente, o *dominium* referia-se apenas a possessões e não a relações interpessoais. Mas no século XIII o grande glosador Acúrsio concebeu o *dominium* como qualquer *ius in re*. Qualquer direito que podia ser defendido *erga omnes* – isto é, contra qualquer outra pessoa – e que poderia ser alienado por seu próprio proprietário veio a ser considerado um direito de *propriedade*.

Na baixa Idade Média, essa fusão criativa de *ius* e *dominium* foi aprofundada. Por sua vez, pensadores nominalistas como Gerson em Paris misturaram o conceito de *ius* com a faculdade natural de *libertas*. De acordo com

---

[3] Michel Villey, *La Formation de la Pensée Juridique Moderne*. Paris, Montchrétian, 1975.

Richard Tuck, um luminar na história da teoria do direito natural, o resultado final da resistência ao evangelismo franciscano residiu na conclusão de que os indivíduos têm direitos de *dominium* sobre suas vidas e bens. Esse direito decorre não do direito civil ou do intercurso social, *mas da própria natureza das pessoas* como seres humanos.[4]

No início da Idade Moderna, os conceitos de direito natural influenciaram primariamente o direito *público*.[5] Mas o robusto novo conceito de direitos naturais como reivindicações subjetivas de largo alcance logo invadiu a teoria da ordem social, e o modelo do "contrato social" emergiu como a versão política da teoria do direito natural. O modelo do contrato social, que era uma peça central no primeiro pensamento político moderno de Hobbes a Rousseau, serviu à ideia de direitos naturais com vigor. Suas premissas individualistas, como coisa distinta de suas conclusões políticas, revelaram-se ingredientes cruciais na ascensão do pensamento liberal.

O contratualismo não nasceu automaticamente do conceito medieval de direitos subjetivos e de sua moldura jusnaturalista. Em vez disso, ocorreu um novo fenômeno. O jesuíta Francisco Suárez (1548-1617), o principal publicista da Contrarreforma, também reconhecia que Lutero e Maquiavel haviam posto de lado o direito natural. A visão sombria de Lutero sobre a pecaminosidade humana dificilmente era compatível com o pressuposto jusnaturalista de que as pessoas, embora caídas, podiam aprender a vontade de Deus e dessa forma refletir a justiça divina ao ordenar a sociedade. Nem a razão do Estado, de Maquiavel, dava lugar a critérios de uma justiça preternatural.[6] Consequentemente, Suárez e outros acreditavam que o contra-ataque

---

[4] Richard Tuck, *Natural Rights Theories: Their Origins and Development*. Cambridge, Cambridge University Press, 1979, p. 24.

[5] Otto Gierke, *Natural Law and the Theory of Society, 1500 to 1800*. Trad. Ernest Barker. (1913) Cambridge, Cambridge University Press, 1934, p. 36.

[6] Quentin Skinner, *The Foundations of Modern Political Thought*, vol. 2, *The Age of Reformation*. Cambridge, Cambridge University Press, 1978, cap. 5, especialmente p. 143.

católico contra o protestantismo e o secularismo exigia um retorno à perspectiva do direito natural.

Suárez não esqueceu as formas que assumira a teoria legal na baixa Idade Média. Iniciou seu tratado de *De Legibus ac Deo Legislatore* ("Sobre as Leis e Deus Legislador", 1612) observando que *ius* não significava apenas "o que é direito", mas também denota "uma certa capacidade moral que todos possuem". Ilustrou essa capacidade mencionando o apego do proprietário a suas posses. Além disso, compreendendo quão funcionais eram tais direitos na convivência, Suárez viu que também os católicos necessitavam desses direitos para resistir ao poder protestante nos países reformados.

Suárez teve dificuldades em conceber que os direitos subjetivos estavam subordinados a um conjunto holístico, um todo moral-social definido por uma visão tradicional de direito natural. Essa síntese do tomismo e nominalismo de Occam deu ao mundo ibérico um cunho político duradouro.

Contemporâneo de Suárez, o holandês Hugo Grotius (1583-1645) era de outra opinião. Na sua grande obra de 1625, *De Iure Belli ac Pacis* ("Sobre o Direito da Guerra e da Paz"), ele definiu o Estado ou a sociedade política como "uma comunidade de direitos e soberania" (II. IX. VIII. 2). O Estado era um grupo separado do resto da humanidade por direitos particulares. Grotius propôs-se salvar padrões morais universais do ceticismo renascentista. Postulou uma ética *minimalista*, composta apenas de dois princípios: a legitimidade de autopreservação e a ilegalidade do dano arbitrário feito aos outros. Isso deu origem a uma nova visão da teoria de direito natural. Exatamente como Maquiavel separara a análise política da ética, Grotius redefiniu o direito natural à parte da teologia.

Grotius, como auxiliar e conselheiro do grande estadista Jan van Oldenbarnevelt, passara muitos anos tentando prevenir um choque entre os calvinistas ortodoxos e a minoria arminiana na Holanda. Em 1612, Oldenbarnevelt tornou Grotius, que mal atingira os trinta anos de idade, conselheiro pensionista (primeiro executivo) de Rotterdam.

Infelizmente, sete anos mais tarde Oldenbarnevelt fracassou miseravelmente em conter o ambicioso príncipe de Nassau, um herói dos calvinistas, e foi executado. Grotius (depois de trair o seu chefe) foi condenado à prisão perpétua e escapou numa grande cesta que a sua devotada esposa enviara à prisão cheia de livros. Terminou sua existência num naufrágio, como embaixador de Cristina da Suécia à França, mas foi reverenciado em toda a Europa como fundador do direito internacional. Na ousada reformulação do jusnaturalismo feita por Grotius, o direito natural não mais se apoiava na natureza das coisas, mas na natureza do homem. Acima de tudo, Grotius recorreu ao jusnaturalismo para dar uma explicação individualista da sociedade – o contrário mesmo da visão holística de Suárez.

Essa abordagem puramente individualista fora, não há dúvida, o cerne do contratualismo. A autoridade legítima passou a ser encarada como coisa fundada em pactos voluntários feitos pelos súditos do Estado. Como Hobbes escreveu no *De Cive* (cap. 14, p. 2), as obrigações decorrem de promessas – isto é, de opções claras praticadas pela vontade individual. Grotius ainda acreditava (como não ocorreu no caso de Hobbes) na sociabilidade natural, mas, como Grotius, Hobbes rompeu com a velha visão da sociedade e da ordem política. Rejeitando a ideia de ordem natural, Hobbes partiu do indivíduo e viu a sociedade como uma coleção de indivíduos.[7] Essa forma racionalista e individualista de modernizar o direito natural[8] tornou o jusnaturalismo, nas palavras agora veneráveis de Otto Gierke, "a força intelectual que finalmente dissolveu a visão medieval de natureza dos grupos humanos".[9]

Ora, o pensamento protoliberal era uma mistura do contratualismo de Locke e do constitucionalismo de

---

[7] Paul E. Sigmund, *Natural Law in Political Thought*. Cambridge, Massachusetts, Winthrop, 1971, p. 80.

[8] Alessandro Passerin d'Entrèves, *Natural Law*. London, Hutchinson, 1951, cap. 3.

[9] Otto Gierke, *Natural Law and the Theory of Society* (ver nota 5 anterior), p. 35.

Montesquieu. John Locke (1632-1704), o primeiro pensador liberal de grande influência, teorizou um contrato social que estabeleceu um governo legal em termos individualistas, como o fizera Hobbes, embora o *Leviatã* (1651) propusesse a monarquia absoluta enquanto Locke defendia um governo limitado. Apesar de todo o individualismo que partilhavam, no entanto, há todo um mundo de diferença conceitual entre Hobbes e Locke – um, absolutista, o outro, um protoliberal –, e o ponto crucial da questão consiste na reelaboração frutífera por parte de Locke da noção de consenso.

Sua necessidade de consenso como base para a legitimidade viera à tona em teoria política bem antes de Locke, primeiro no livro de Marsílio de Pádua, *Defensor Pacis* (1324), e depois no movimento conciliar antipapista no interior da Igreja, no século XV. Marsílio sustentara que, igualmente no Estado e na Igreja, as pessoas – ou sua maioria – possuem o direito de eleger, "corrigir" e, se necessário, depor os governantes, fossem seculares ou eclesiásticos. A Occam (cerca de 1300-1349) é geralmente atribuído o mérito da primeira derivação da legitimidade governamental do consenso baseado no direito natural. Mais tarde, vários grandes teóricos como Hooker, Suárez, e o alemão Johann Althusius (morto em 1638), um dos pais do federalismo, também julgaram o consenso como a fonte da obrigação política.

A reconsideração do direito natural por Grotius e Hobbes fora acompanhada por uma forte ênfase na vontade. Esse velho conceito agostiniano[10] fora muito realçado pela importância dada pelo nominalismo de Occam à ideia de direitos subjetivos. Nominalistas, inclusive Occam, haviam celebrado o livre-arbítrio humano juntamente com o de Deus. Suárez buscara atenuar o papel da vontade no mito do direito natural, mas os occamistas estimavam que o direito natural era obrigatório por ser tido como a vontade de Deus.

---

[10] Albrecht Dihle, *The Theory of the Will in Classical Antiquity*. Berkeley, University of California Press, 1982.

A ideia de consenso como origem da autoridade legítima implica vontade politicamente expressa. Contudo, ele pode variar em torno de dois eixos. Em primeiro lugar, o consenso pode ser concebido tanto numa base individual como corporativa. Em segundo lugar, o consenso em relação a um governo pode ser dado seja de uma vez por todas, seja periódica e condicionalmente, caso em que pode ser retirado (ou não) segundo a opinião dos cidadãos quanto à qualidade do desempenho governamental.

No caso da maioria dos primeiros pensadores do consenso, este era um ato corporativo da comunidade que fora efetuado no passado.[11] A originalidade de Hobbes e Locke consistia em sublinhá-lo *a partir do indivíduo*. A inovação por parte de Locke (no seu *Segundo Tratado sobre o Governo*, publicado em 1689) consistiu em tornar o consenso (mesmo tácito) periódico e condicional. A obra de Locke, para citar um dos seus mais capazes intérpretes modernos,[12] inaugurou "a política de confiança". Locke encarou os governantes como curadores da cidadania e, de forma memorável, imaginou um direito à resistência e mesmo à revolução. Dessa maneira, o consenso tornou-se a base do controle do governo.

O contratualismo de Locke representou a apoteose do direito natural no sentimento individualista moderno. Hobbes antes dele e Rousseau depois imaginaram contratos sociais em que os indivíduos alienariam por inteiro seu poder em favor do rei ou da assembleia. Por contraposição, em Locke os direitos pessoais provêm da natureza, como dádiva de Deus, e estão longe de dissolver-se no pacto social. Enquanto os membros do pacto, no caso de Hobbes, abandonam todos os seus direitos exceto um – suas vidas –, os indivíduos de Locke só abandonam um direito – o direito de fazer justiça com as próprias mãos – e conservam todos

---

[11] Sigmund, *Natural Law in Political Thought* (ver nota 7 anterior), p. 76, 84.

[12] John Dunn, *Locke*. Oxford, Oxford University Press, 1984, cap. 2.

os outros.¹³ Ao sacralizar a propriedade como direito natural anterior à associação civil e política, Locke realçou uma tendência que já tinha quinhentos anos de idade: a fusão pós-clássica de *ius* e *dominium*, de direito e propriedade. Entronizando o direito de resistência, ele ampliou o princípio individualista de vontade e consenso. E este, em lugar de tradição, é a principal característica da legitimidade em política liberal.

Constitucionalismo

É o bastante, no que diz respeito ao elemento de direitos, o primeiro e mais importante dos três componentes do liberalismo clássico. Quanto ao segundo componente, constitucionalismo, pode ser consideravelmente mais breve. Uma constituição, escrita ou não, consiste nas normas que regem o governo.¹⁴ É a mesma coisa que o governo da lei, que sustenta a exclusão tanto do exercício do poder arbitrário quanto do exercício arbitrário do poder legal.

Diversas teorias quanto às raízes ocidentais da doutrina constitucionalista e de sua legitimidade foram apresentadas. No século XIX, o grande historiador William Stubbs (1829-1901), de Oxford, alimentou devotadamente a ideia de que o parlamento gótico fora uma assembleia política. Refutando Stubbs, o professor de Cambridge, Frederick William Maitland (1850-1906), demoliu a lenda e estabeleceu que o parlamento medieval inglês fora, em vez disso, essencialmente uma corte de justiça. O estudo clássico de A. V. Dicey, *The Law of the Constitution* (1885), mostrou que o governo da lei era a essência do constitucionalismo.

---

[13] Norberto Bobbio, "Il Modello Giusnaturalistico", in: N. Bobbio e M. Bovero, *Società e Stato nella Filosofia Politica Moderna*. Milano, Il Saggiatore, 1979, p. 88; ed. bras.: "O Modelo Jusnaturalista", in: *Sociedade e Estado na Filosofia Política Moderna*, trad. Carlos Nelson Coutinho. São Paulo, Editora Brasiliense, 1987.

[14] Kenneth Wheare, *Modern Constitutions*. Oxford, Oxford University Press, 1966.

Stubbs, em sua monumental *Constitutional History of Medieval England* (1873-1878), também deu crédito a outra e mais rude lenda: a ideia de que a liberdade inglesa provinha de um tronco de liberdade teutônica e, portanto, anglo-saxã. "A liberdade estava no sangue", escreveu muito antes dos normandos e da Magna Carta.

O pupilo de Maitland em Cambridge, J. H. Figgis, respondeu com uma teoria mais séria. Ele seguiu o constitucionalismo, a lei da liberdade, até os laços contratuais do feudalismo. Que mais, argumentava Figgis, poderia ter dado à sociedade medieval, com a sua economia rudimentar, o privilégio (especialmente na Inglaterra) de um Estado centralizado circunscrito por garantias fundamentais para seus súditos? A erudição moderna discordou da opinião de Figgis. Tudo bem contado, o Japão também tivera estruturas feudais, mas não desenvolveu qualquer coisa como o constitucionalismo ocidental. O historiador constitucional americano Charles MacIlwain reagiu à teoria feudal ao realçar o papel do direito romano no pensamento político medieval.[15]

Mais recentemente, Brian Tierney escolheu uma explicação alternativa. Na sua opinião, as raízes do constitucionalismo no Ocidente foram amplamente eclesiásticas. Figgis sublinhara a linha de pensamento de Gerson a Grotius, do conciliarismo no século XV ao jusnaturalismo moderno do século XVII.[16] Tierney, no entanto, mostrou que as doutrinas conciliares como o consenso se tornaram conhecidas muito antes da era de Gerson, nas glosas sobre o direito canônico desde 1200. Naquela época, um debate acirrado opôs partidários da teocracia papal e defensores do poder eclesiástico e até mesmo autoridades seculares independentes. Em Platão, Aristóteles e Cícero, o problema da origem da obrigação foi posto à sombra pela

---

[15] C. H. McIlwain, *Constitutionalism Ancient and Modern*. New York, Cornell University Press, 1940.

[16] J. N. Figgis, *Studies of Political Thought from Gerson to Crotius*. Cambridge, Cambridge University Press, 1907; Brian Tierney, *Religion, Law and the Growth of Constitutional Thought, 1150-1650*. Cambridge, Cambridge University Press, 1982, p. 40.

questão do melhor regime. Mas pelo menos desde João de Paris (1255-1306), um dos primeiros tomistas, o problema jusnaturalista de *legitimidade* vinha preocupando a filosofia política. O primeiro pensamento político moderno, de Hobbes e Locke a Rousseau, devotou-se a isso. Tais pensadores aproximavam-se do problema da legitimidade (em sua resposta, a doutrina do consenso), num espírito individualista, enquanto seus predecessores medievais estavam sob o encanto da hierarquia e do todo.

Conclusão

Nossa busca das raízes dos conceitos de direitos e constitucionalismo deu num quadro de certa forma irônico. Iniciamos nosso inquérito seguros no conhecimento de que a liberdade moderna, o fenômeno histórico que é, a um tempo, fundamento e resultado do movimento liberal, está ligado ao crescimento do individualismo. Como o individualismo não floresceu em larga escala antes da Idade Moderna, voltamo-nos para a modernidade como o divisor de águas da liberdade no seu sentido plenamente contemporâneo. Dado o papel essencial da Reforma no progresso da liberdade de consciência, era lógico que a estudássemos. Mas o tempo de Lutero e de Calvino revelou-se no máximo um prólogo à cultura do individualismo, já que o teocratismo da Reforma era fundamentalmente autoritário, seja no conformismo luterano, seja no dinamismo social das seitas puritanas. Seguimos então Hegel e Troeltsch e situamos a liberdade moderna na nova religiosidade do misticismo do século XVII e na sociedade civil da Europa pós-revolucionária (e, não é preciso dizê-lo, dos Estados Unidos).

Contudo, quanto mais fundo penetrávamos nas raízes dos direitos e do constitucionalismo, mais achamos que decisivos desvios conceituais haviam sido realizados naquele prolongado e ainda sombrio laboratório da cultura ocidental: a Idade Média. Azo de Bolonha, Acúrsio, Occam e Gerson mostraram-se quase tão importantes quanto os primeiros contratualistas e jusnaturalistas modernos

– Grotius, Hobbes, Pufendorf, Locke e Rousseau. Não obstante, no pensamento político moderno, assim como na cultura política moderna, não se tratou apenas de combinar a ideia de direitos e consenso, ambas já presentes nos juristas e filósofos medievais. Tal combinação, por mais valiosa que fosse, tinha uma dimensão adicional, distintamente pós-medieval: uma visão da sociedade individualista, não holística e não hierárquica. Em última instância, é isso que separa o mundo de Locke do mundo de São Tomás de Aquino, de Occam e de Gerson – e traz o contrato social dos primeiros pensadores modernos para perto do nosso próprio universo liberal democrático.

O legado do Iluminismo

Muitas vezes se diz que o liberalismo decorre em grande parte do Iluminismo. Isto é, em grande parte, verdade, mas, para compreendê-lo, devemos rememorar a natureza daquela era intelectual. Um de seus mais importantes intérpretes, Paul Hazard, argumentou que o Iluminismo foi basicamente uma tentativa de substituir a religião, a ordem e o classicismo pela razão, pelo progresso e pela ciência.[17] Apoiou-se no novo senso de expansão do domínio sobre a natureza e a sociedade que tomou conta da Europa por volta de meados do século XVIII, na esteira de um notável crescimento de população, comércio e prosperidade que se seguiu a uma era de depressão econômica. Como tal, o Iluminismo significou acima de tudo uma "recuperação de um alento", na formulação de Peter Gay.[18] Ao mesmo tempo que se desdobrava na obra de Voltaire e Diderot, Hume e Adam Smith, Lessing

---

[17] Paul Hazard, *European Thought in Eighteenth Century*. (1946) reimpressão, London, Hollis & Cartes, 1954; *O Pensamento Europeu no Século XVIII (de Montesquieu a Lessing)*, trad. Carlos Grifo Babo. Lisboa, Presença, 1974.

[18] Peter Gay, *The Enlightenment: An Interpretation*. New York, Knopf, 1966.

e Kant, o Iluminismo juntou uma complexa coleção de ideias que abrangiam direitos humanos, governo constitucional e *liberismo*, ou liberdade econômica. O pensamento do Iluminismo veio a coincidir com a maior parte dos ingredientes do credo liberal clássico, sem ser sempre liberal em termos estritamente políticos.

"*Nous cherchons dans ce siècle à tout perfectionner*": o comentário de Voltaire a respeito das reformas penais humanitárias advogadas por Cesare Beccaria – um dos pontos altos do pensamento reformista naquele século – capta a essência da época. Na maioria dos casos, os *philosophes* eram autores voltados para a prática. Com a exceção de Kant, não alcançaram a estatura intelectual de Descartes ou Leibniz, de Grotius ou Hobbes, mas tinham objetivos bem diferentes. O jogo que jogavam se chamava melhoria mediante reforma. A primeira coisa em que acreditavam era a perfectibilidade do homem e, por isso, do mundo. Mesmo Rousseau, de quem não se pode dizer que acreditasse no progresso, era relativamente esperançoso no que diz respeito ao homem, desde que fosse adotado o contrato social certo ou conseguida a educação certa (como estipulou no *Émile*, seu tratado pedagógico de 1762, publicado no mesmo ano em que o foi o seu catecismo republicano). Na medida em que procuravam pôr em prática a perfectibilidade, os *philosophes* aproximaram-se da essência da famosa identificação kantiana do Iluminismo com a emancipação da humanidade em relação à tirania e à superstição.[19]

PENSAMENTO POLÍTICO

Locke reforçou sua teologia dos direitos naturais com uma preocupação clara pelo governo da lei. Nenhuma outra estratégia se ajustaria à sua incorporação do consenso corporativo no grande tema liberal de consenso (revogável) como controle (periódico). Nessa medida,

---

[19] Immanuel Kant, "What Is Enlightenment?", in: Hans Reiss (ed.), *Kant's Political Writings* (1784). Cambridge, Cambridge University Press, 1970.

Locke, o paladino dos direitos, também se inclinou para o constitucionalismo. Mas só com Montesquieu veio uma explicação inteiramente desenvolvida do constitucionalismo, pois *Do Espírito das Leis* ofereceu o que o *Segundo Tratado* de Locke não fez: uma ampla consideração de como distribuir a autoridade e de como lhe regular o exercício, desde que se quisesse aumentar ou apenas preservar a liberdade. Em resumo, Montesquieu deu ao protoliberalismo aquela profundidade institucional que lhe faltava na tradição contratualista. Por causa disso, e também por causa de seu poderoso esboço de uma justificação sociológica da lei e da política, Montesquieu, o segundo grande antepassado do liberalismo clássico depois de Locke, é corretamente tido na conta de um dos iniciadores do Iluminismo.

O bloco histórico formado pela Renascença e o Barroco, o inteiro florescimento da "civilização da corte" na "Europa das capitais",[20] testemunhara uma grande mudança no conceito da lei. O acolhimento muito difundido da jurisprudência romana contribuiu para a emergência de uma nova relação entre governo e normas legais. Enquanto antes havia encarado principalmente como uma simples estrutura da ação governamental, o direito passou então a ser visto sob nova luz, como um *instrumento* de poder.[21] A ideologia política mais característica do Iluminismo, o despotismo esclarecido, lançou largamente mão dessa nova perspectiva – a visão "maquiavélica", por assim dizer – das normas como instrumentos do poder. Mas as formulações clássicas da teoria do despotismo esclarecido submetiam o poder monárquico e a nova

---

[20] Para o conceito de civilização cortesã, ver Norbert Elias, *The Court Society*, (1969) Oxford, Blackwell, 1983; em português: *A Sociedade da Corte*, trad. Ana Maria Alves, Lisboa, Estampa, Imprensa Universitária, 1987; Giulio Carlo Argan, *The Europe of the Capitals 1600-1700*, Genève, Skira, 1964.

[21] Gianfranco Poggi, *The Development of the Modern State: A Sociological Introduction*. London, Hutchinson, 1978, p. 73; em português: *A Evolução do Estado Moderno: Uma Introdução Sociológica*, trad. Álvaro Cabral, Rio de Janeiro, Zahar Editores, 1981.

abordagem instrumental da lei ao clima de opinião gerado pela ideologia da liberdade e do aperfeiçoamento.[22]

Assim, o *locus classicus* do conceito de despotismo esclarecido, o *Ensaio sobre a Forma do Governo e os Deveres dos Soberanos* (1771) (que Frederico o Grande escreveu em francês para que Voltaire o lesse), proporcionou uma base contratualista implícita em sua ênfase nos deveres monárquicos. Representava o rei como o primeiro funcionário do Estado, moral senão legalmente responsável perante os seus súditos, que ele chegou a chamar de "cidadãos". Os proponentes principais do absolutismo progressista na Europa Ocidental, os economistas franceses conhecidos como fisiocratas (embora não endossassem o conceito de contrato social), fizeram uma distinção entre o "despotismo legal" e o simples despotismo, falando em uma monarquia funcional como uma autocracia, identificada com a proteção da liberdade e da propriedade, abstendo-se inteligentemente de meter-se no jogo livre do mercado. No discurso do despotismo esclarecido, o que Frederico sublinhou foi "esclarecido" e não "despotismo". Graças ao impacto do Iluminismo, o absolutismo sofreu uma curiosa metamorfose num paradoxo: autocracia responsável – no nível de legitimidade, senão no nível do exercício real do poder.[23]

As teorias políticas dos *philosophes* dividem-se em três posições principais. Voltaire (e por um tempo Diderot) esteve perto da monarquia esclarecida, como os fisiocratas e o amigo deles, Turgot. Uma ideia protoliberal, uma espécie de modelo parlamentar anglófilo foi sustentado, com muita influência, por Montesquieu, com a sua tese constitucionalista da necessidade de uma separação de poderes. Por fim, uma posição republicana, fortemente democrática em espírito, encontrou em Rousseau seu

---

[22] A. Goodwin, uma vista de olhos introdutória a *The New Cambridge Modern History*, vol. 8, 1763-93. Cambridge, Cambridge University Press, 1971.

[23] Leonard Krieger, *An Essay on the Theory of Enlightenment Despotism*. Chicago, The University of Chicago Press, 1975, p. 18.

pregador.[24] A utopia de Holbach, *Ethocracia* (1776), combinou o *pathos* moralista e anticomercialista de Rousseau com a defesa de corpos representativos (como parlamento) que partilhariam da soberania, como uma maneira de prevenir o despotismo monárquico – que não difere muito de Montesquieu. O que mais importa é que lições extraídas de Locke (direitos naturais), Montesquieu (divisão de poderes) e Rousseau (o elemento democrático) combinaram-se num novo sistema republicano erigido na época na América independente – e então ajudaram a moldar as opiniões constitucionais da Revolução Francesa.

Ainda assim, falando de modo geral, o Iluminismo não foi em essência um movimento político. Era de orientação prática, mas seu zelo reformista dirigia-se mais a códigos penais, sistemas de educação e instituições econômicas do que à mudança política. Isso era verdade também fora da França. Gibbon realizou-se principalmente em "história filosófica", Beccaria em reforma penal, Lessing em crítica teatral, estética e filosofia da história, e Kant em teoria do conhecimento e ética. Hume deixou uns poucos ensaios meditados além de sua *History of England* e sua obra crucial em filosofia, mas escreveu como um *tory*, conservador utilitário, e não como um modernizador político. Como veremos, havia mesmo um Iluminismo *conservador*. Por fim, se quisermos identificar as principais contribuições do Iluminismo à cosmovisão liberal, temos de voltar-nos para outra área – a teoria da história. Nesse ponto, em que pesem algumas intuições de Voltaire que desbravaram terreno, de longe a obra principal foi dada pelo Iluminismo escocês.

Pensamento histórico e econômico

O Iluminismo chamou a sua maneira de encarar os acontecimentos, ou a sucessão das épocas, em busca de

---

[24] Maurice Cranston, *Philosophers and Pamphleteers: Political Theory of the Enlightenment*. Oxford, Oxford University Press, 1986, introdução.

significações mais profundas, de "história filosófica". Seu conteúdo primordial era a história da civilização, mas isso, por sua vez, tinha um foco mais específico, a "história da sociedade civil", parafraseando o título do livro de 1767 de Adam Ferguson. Influenciados pelo interesse de Montesquieu por causas subjacentes das formas sociais, os historiadores filosóficos escoceses como Ferguson, Adam Smith e John Millar construíram entre eles uma teoria de desenvolvimento da humanidade em estágios. Alguns esquemas de estágios sublinharam modos de subsistência, como os quatro sistemas de manutenção de Millar (e de seu mestre Smith), da caça e do pastoreio até a agricultura, e então a "sociedade comercial". A sequência do próprio Ferguson concentrou-se antes na condição dos costumes e distinguiu três estágios: selvagem, bárbaro e polido. Os teóricos sociais escoceses insistiram num progresso da vida bruta à vida refinada. Foi com Ferguson e com o famoso discurso de Rousseau, *Discurso sobre a Origem e os Fundamentos da Desigualdade entre os Homens* (1754), que a expressão "sociedade civil" entrou em uma nova carreira semântica. Onde a palavra *civil* em *sociedade civil* correspondera antes a *civitas* e possuía tradicionalmente um significado "político", em Rousseau e Ferguson *civil* relacionava-se com *civilitas*, significando "civilidade" ou "civilização". Como tal, referia-se à condição da moral e dos modos sem qualquer necessária conexão com a política. (Hegel e Marx, subsequentemente, firmaram "sociedade civil" nesse sentido não político.)

O caminho da vida bruta ao refinamento descrito nos esquemas dos escoceses era também um caminho da pobreza à prosperidade. Uma passagem brilhante ao fim do Livro I de *A Riqueza das Nações* de Adam Smith (1723-1790) declara que mesmo o "camponês frugal e trabalhador" numa sociedade comercial vivia muito melhor do que "um rei africano, senhor absoluto das vidas e liberdades de dez mil selvagens nus". O segredo da superioridade, mesmo das camadas mais baixas da "sociedade civilizada", disse Smith, devia-se à produtividade muito mais elevada de sua divisão do trabalho. Vários autores na época partilhavam essa compreensão de que a força econômica significava novos e melhores padrões de vida mesmo para as massas trabalhadoras. Locke, por exemplo, observou que, embora controlassem grandes extensões de terra, os chefes índios alimentavam-se, vestiam-se e habitavam pior do que um diarista inglês, simplesmente porque este pertencia a uma economia em que a produção da terra, mediante a indústria e a propriedade, era tão mais adiantada.

Podemos ver que o Iluminismo estava descobrindo ou inventando a economia. Mas o grande texto básico da economia clássica, *A Riqueza das Nações* (1776), não era inteiramente original em sua análise e receita de mecanismos de mercado. Isso fora descoberto por liberistas convictos como os fisiocratas. Smith dedicou sua *magnum opus* ao líder fisiocrata François Quesnay (1694-1774), o médico de Madame de Pompadour. A contribuição do próprio Smith consistia no seu exame cuidadoso da divisão do trabalho como fator subjacente da prosperidade moderna.

A criação da economia clássica foi acompanhada por uma considerável mudança de valores. Na época em que Smith, um professor de filosofia moral em Glasgow, se dedicou à economia, ocorria um debate entre os *philosophes* a respeito do bom ou mau luxo. Voltaire e Hume justificavam o luxo apoiando-se em motivos utilitários (porque produzia empregos), mas Diderot e Rousseau o achavam pior do que inútil – julgavam-no prejudicial. Uma velha sabedoria histórica atribuía ao luxo a culpa pela debilitação e, portanto, pelo declínio de grandes impérios, sendo Roma o caso mais conspícuo. Contra esse humanismo moralista, outros escritores afirmavam uma nova visão que legitimava a riqueza. A defesa da opulência punha muitas vezes a magnânima laboriosidade de comerciantes e artesãos diligentes no lugar da ética frugal da virtude cívica sustentada pelos moralistas como Rousseau, apoiando uma ética do trabalho fundada no princípio do ideal cívico. Mas os partidários da riqueza afirmavam algumas vezes que o bem-estar social não era tanto o resultado de qualquer virtude, privada ou cívica, quanto uma consequência não intencional de muitos atos egoístas. Argumentavam que a própria busca de interesse pessoal levava à prosperidade geral e, em última instância, à harmonia social.

Essa linha de argumentação, bem conhecida desde a obra de Bernard Mandeville *The Fable of the Bees*, de 1714, e seu lema perverso, "vícios privados, benefícios públicos", foi retomada por Hume e Smith. Corrigindo Rousseau, Smith assinalou que, embora os ricos procurassem satisfazer seus desejos infinitos por pura vaidade, seus estômagos não eram maiores que os estômagos dos pobres, e eles não podiam, através do seu consumo, esfomear o resto, como Rousseau sugerira em seu *Discurso sobre a Desigualdade*. Ao contrário: o gosto pelo luxo, por tolo que fosse, dava energia à economia, e assim fazendo criava uma riqueza muito difundida, embora desigual. Além disso, economias em expansão, que tanto Montesquieu quanto Gibbon reconheciam, não eram suscetíveis de colapso como tinham sido os antigos impérios: as artes do comércio logravam êxito onde havia fracassado o gênio da guerra.[25]

Pouco a pouco, tirando proveito do crescente descrédito da ideia de glória marcial, os *interesses* passaram à frente como um novo paradigma ético, como "domadores de paixões". O penetrante estudo de Albert O. Hirschman, *As Paixões e os Interesses: Argumentos Políticos a favor do Capitalismo antes de seu Triunfo*, faz Smith sobressair proeminentemente. Mas, num sentido, Smith é o bandido da história, pois ele não partilhava da opinião de Montesquieu (também abraçada pelo principal economista escocês anterior a Smith, o mercantilista *sir* James Steuart) de que o surto da sociedade comercial traria mais ordem política controlando paixões mais selvagens

---

[25] Cf. apêndice a Gibbon, publicado em 1781, ao capítulo 38 de seu *Decline and Fall of the Roman Empire*. Gibbon acrescentou que, mesmo se (contra todas as possibilidades) a sociedade mercantilista da Europa caísse em mãos de novos bárbaros, restaria a América, que já estava cheia de instituições europeias.

e turbulentas da espécie "feudal". Ao contrário, Smith pensava que os impulsos não econômicos estavam atrelados à tarefa de alimentar "o desejo de melhorar sua condição" de cada homem. A vaidade e o anseio de estima instigaram a maior parte da humanidade a buscar riquezas por meio de trabalho árduo ("*the toil and bustle of this world*", nas palavras de Smith). Portanto, para Smith o próprio "interesse" tornou-se uma paixão tão ardente quanto a velha aspiração de glória, e, ao mesmo tempo, a motivação econômica deixa de ser um sustentáculo automático da estabilidade social como nos outros casos estudados por Hirschman.[26]

Deve-se tomar cuidado de não sugerir de forma excessivamente sombria uma imagem faustiana ou demoníaca da opinião de Smith quanto ao capitalismo emergente. A despeito de toda a sua aguda consciência de algumas sérias "desvantagens do espírito comercial", tais como os efeitos entorpecentes de tarefas simples na crescente divisão do trabalho (suas observações prenunciam a crítica da alienação de Marx), Smith apegou-se à ideia iluminista de que o comércio era um caminho aberto para o aperfeiçoamento. Como escreveu em *A Riqueza das Nações*:

> O comércio e as manufaturas introduziram gradualmente a ordem e o bom governo, e com eles a liberdade e a segurança dos indivíduos, entre os habitantes do campo, que haviam antes vivido numa condição quase contínua de guerra com seus vizinhos, e de dependência servil em relação aos seus superiores. (Livro 3, cap. 4.)

Se Smith estava longe de apresentar um quadro otimista do capitalismo nascente na sua psicologia da economia, sua sociologia da economia defendia a superioridade do "espírito comercial".

---

[26] Albert O. Hirschman, *The Passions and the Interests: Political Arguments for Capitalism before Its Triumph*. Princeton, Princeton University Press, 1977, p. 100-13; em português: *As Paixões e os Interesses: Argumentos Políticos a favor do Capitalismo antes de seu Triunfo*. Trad. Lúcia Campello. Rio de Janeiro, Paz e Terra, 1979.

Neste ponto, temos de salientar pelo menos dois aspectos: liberdade e justiça. Quanto à liberdade, Smith não deixa dúvida de que julgava que o quarto estágio na marcha da civilização, a sociedade comercial, significava um aumento em independência, uma vez que reduzia drasticamente o grau de dependência pessoal característico da maior parte das relações sociais na sociedade agrária. Como Hume, Smith atribuiu pouca importância à saudade humanista de um mundo de cidadania de elite, um reino de virtude cívica sustentado pelo trabalho escravo ou, no mínimo, por relações de clientela. Smith nunca esqueceu que o ardor de conquista das legiões romanas não fora resultado de opção, mas uma saída para o endividamento constante das sociedades agrárias que se apoiavam no trabalho escravo e foram forçadas a apreender a terra e o labor de seus vizinhos. A sociedade antiga, a despeito de todo o requinte de sua flor – a democracia da cidade –, fora uma planta estéril, incapaz de crescimento sustentado ou de uma liberdade duradoura.

Na cosmovisão clássica da ideologia cívica, a *práxis*, a ação de homens livres, foi colocada muito acima da *poiesis*, a produção ou trabalho manual. Por que motivo? Porque enquanto o objetivo da *poiesis* reside no produto e, portanto, em algo que ultrapassa a atividade que o produz, a *práxis* ou ação é um fim em si mesmo. Smith foi o primeiro teórico social de importância a inverter essa valorização: em *A Riqueza das Nações*, a *práxis* de políticos, juristas e soldados é redondamente depreciada, enquanto a produção passa por cima. O comércio e a manufatura, e não a prática da política ou a atividade guerreira, proporcionam o modelo da atividade meritória. E essa mudança de valores implicava o abandono da propensão elitista incorporada à sociedade cívica.

Os ideólogos cívicos, aos quais voltaremos na próxima seção, eram acima de tudo adoradores da virtude. Smith, no entanto, optou pela justiça acima da virtude. Ao fazê-lo, seguia a maior preocupação de outra tradição de discurso que rivalizava com a do humanismo cívico: a tradição de jurisprudência do direito natural, que foi crucial, como vimos, na formação do conceito de direitos. Foi fundamental no empreendimento analítico de Smith a elucidação do crescimento econômico. Conforme declara abertamente no título do seu grande livro, *Uma Investigação sobre a Natureza e as Causas da Riqueza das Nações*, ele estava fundando a teoria do desenvolvimento. Mas uma das principais coisas que ele comprova é que, uma vez que a sociedade comercial leva da pobreza à prosperidade, sem necessidade seja de conquista seja da sombria perspectiva de declínio, o mesmo estágio mais elevado de civilização, embora certamente desigual no que diz respeito à estrutura da sociedade e, em grande parte, não virtuoso em sua moral, era bem menos injusto do que fora o seu predecessor agrário. Pois todos os seus membros pelo menos podiam gozar de igual acesso aos meios de subsistência, devido à difusão geral da prosperidade. Juntamente consideradas, as passagens tão famosas sobre a "mão invisível" na *Teoria dos Sentimentos Morais* (1759) de Smith e em *A Riqueza das Nações* significam uma percepção de que o indivíduo que procura os seus próprios interesses pode não intencionalmente, a um tempo, levar a um ponto máximo a riqueza da sociedade e ajudar em sua distribuição de forma mais ampla.[27]

O avanço de Smith consistiu em enfrentar com êxito o problema do direito natural – justiça – em termos de uma espécie de economia política – a teoria do crescimento – e em mostrar que, pelo menos em perspectiva histórica, a responsabilidade pela justiça distributiva – ou seja, o equilíbrio entre direitos e necessidades – poderia caber àquilo que ele chamou "o sistema de liberdade natural" e a sua evolução espontânea em direção

---

[27] D. D. Raphael, *Adam Smith*. Oxford, Oxford University Press, 1985, p. 71. Para um excelente exame das opiniões de Smith sobre a sociedade mercantilista como "desigual e não virtuosa, mas não injusta", ver o capítulo introdutório em Istvan Hunt e Michael Ignatieff, *Wealth and Virtue: The Shaping of Political Economy in the Scottish Enlightenment*. Cambridge, Cambridge University Press, 1983.

à prosperidade e ao bem-estar. Verdadeiro iluminista, Adam Smith conferiu ao tema do progresso sua profundidade socioeconômica. Promotor do pensamento liberal, Smith introduziu a ideia do progresso na defesa do liberismo. Não espanta que ele tenha sido um crítico persistente do privilégio e da proteção. Como pilares encadeados da sociedade pré-moderna, o privilégio e a proteção não foram muito atingidos pelos porta-vozes da virtude cívica. Mas tornaram-se alvos naturais do liberalismo enquanto a voz da modernidade.

Progresso e liberismo

Os temas de progresso e liberismo, tão proeminentes em Smith, foram substanciais acréscimos aos dois elementos formativos do credo liberal, direitos e constitucionalismo. Politicamente, o liberalismo podia restringir-se aos dois últimos. Mas o liberalismo, além de ser uma doutrina política, era também uma cosmovisão, identificada com a crença no progresso. O Iluminismo presenteou o liberalismo com o tema do progresso, principalmente teorizado pela economia clássica. Entre Hume e Smith, o Iluminismo escocês acrescentou à teoria de direitos de Locke e à crítica do despotismo por Montesquieu uma poderosa estrutura: uma nova explicação da história ocidental. Seu significado consistia no progresso mediante o comércio que prosperava na liberdade – na liberdade civil, individual, *moderna*.

O progresso era sem dúvida uma crença iluminista, mas será que era também uma crença liberal? O grupo ideológico de direitos/constitucionalismo/progresso/liberismo sugere que sim. Contudo, alguns críticos argumentaram que a ideologia do progresso era, de fato, tudo menos libertária. Faz muitos anos, num estudo que deu o que pensar, *The Liberal Mind*, Kenneth Minogue distinguiu "dois liberalismos". Um é uma rejeição libertária de tradições informativas, mas é difícil distinguir o outro do utopismo autoritário ou do despotismo das receitas progressistas. Este tende a ser uma busca intolerante de eficácia, ordem e harmonia.[28] O "espírito liberal" tende com frequência para o feio pecado estigmatizado por Michael Oakeshott como *construtivismo* racionalista, ou planejamento social em grande escala de uma espécie abstrata, salvacionista *a priori*.[29]

O difundido reformismo do Iluminismo chegou perto de um liberalismo empreendedor, mas não, creio eu, perto de sua caricatura neoconservadora. Pois uma abordagem histórica mostra que a verdadeira experiência das reformas esclarecidas tinha um sabor distintamente libertário. A luta de Voltaire contra a tortura e a censura, a humanização das práticas penais por Beccaria, a retirada de apoio estatal à perseguição ou discriminação religiosa, a eliminação de privilégios de castas e guildas, a liberalização do comércio e a abolição da servidão na Áustria de José não foram vistas como medidas despóticas, a não ser pelos interesses obviamente prejudicados no processo, mas, na verdade, como avanços libertadores. O imperador José II da Áustria, inquieto e pronto a sacrificar-se, era certamente um autocrata, mas sua revolução pelo alto (embora de nenhuma forma liberal em seus métodos), seriamente tentada (e que falhou em grande parte), continha uma perspectiva genuína de emancipação para camponeses e protestantes, judeus e o homem do povo. Via de regra, mesmo quando não era liberal, o Iluminismo terminava por desbravar terreno para instituições mais livres e (no conjunto) uma sociedade menos desigual. Se o ousado reformismo dos déspotas esclarecidos não era libertário em sua intenção, a maior parte de seus resultados ajudou a aumentar a liberdade e a igualdade.

Politicamente falando, o que causou uma reação contra o Iluminismo não foi nem progresso nem reforma, mas revolução, e isso na forma de violência jacobina. A verdadeira materialização histórica – e histérica – do

---

[28] Kenneth Minogue, *The Liberal Mind*. London, Methuen, 1963, p. 61-68.

[29] Michael Oakeshott, *Rationalism in Politics and other Essays*. London, Methuen, 1962.

salvacionismo autoritário não foi o reformismo esclarecido, mas o voluntarismo jacobino: a teimosa tirania da virtude administrada por Robespierre e Saint-Just.[30] Ideologicamente, os fanáticos jacobinos eram mais próximos do discurso da virtude do humanismo cívico do que do hedonismo muito pouco virtuoso dos que, como Hume e Smith, legitimavam costumes mercantis. Em contrastes, o pregador quintessencial do progresso, Condorcet (1743-1794), era filosoficamente um seguidor de Hume. Ele pouco se importava com a virtude, e em sua política tentou realçar dois elementos – conhecimento e consenso – que eram inteiramente estranhos ao voluntarismo jacobino. Condorcet pode ser considerado o próprio oposto de Robespierre. A antítese que punha em contraste os seus republicanismos simbolizava o abismo entre o jacobinismo e a principal corrente do Iluminismo.

Quanto mais se mede a distância que separa o Iluminismo do jacobinismo, mais se valoriza o chão comum que pisavam o Iluminismo e o liberalismo. Compreensivelmente, na Restauração e na França de Orléans (1815-1848) alguns dos liberais mais avançados como Constant estavam plenos da herança iluminista. A mesma feliz combinação de Iluminismo e liberalismo pode ser encontrada na mais pura arte da época, de Goya a Beethoven.

Romantismo

Goya, Beethoven e Stendhal não foram românticos, mas todos construíram forças principais na cunhagem do romantismo. Na França, a escola romântica nasceu atada à política *légitimiste* ou de Restauração. O grande crítico Sainte-Beuve escreveu que o romantismo é o monarquismo em política. Contudo, de um ponto de vista europeu, Victor Hugo acertou mais quando declarou que o romantismo era o liberalismo em literatura. Pois o próprio

---

[30] Ghita Ionescu, *Politics and the Pursuit of Happiness: An Inquiry into the Involvement of Human Beings in the Politics of Industrial Society*. London, Longman, 1984, cap. 4.

Hugo liderou a transformação do romantismo francês de monarquismo a liberalismo de vanguarda.

O que fez com que o liberalismo e o romantismo se misturassem? Um estudo recente de Nancy Rosenblum prontamente respondeu que foi a experiência e a apreciação do individualismo moderno. Os dois movimentos coincidiam no fato de que ambos acalentavam a intimidade. A imaginação romântica só podia florescer dentro de um profundo respeito pelas fantasias pessoais; por isso o romantismo *era* liberalismo em literatura, na sua desconsideração do decoro clássico e na sua subversão de regras clássicas. Igualmente o liberalismo sustentava que o domínio pessoal era algo de inestimável em si mesmo e não apenas um meio para outro objetivo.[31]

Não espanta, portanto, que um moralista liberal importante como John Stuart Mill fosse buscar a origem de sua preocupação com a individualidade espontânea em raízes românticas. O individualismo podia revestir-se seja de uma máscara de cálculo (Bentham), seja de uma aparência *expressivista* (seu lado romântico), mas havia lugar no liberalismo para ambas as coisas. (Na verdade, cada uma dessas imagens, a racionalista-utilitarista e a expressivista-romântica, corresponde a uma escola "nacional" do pensamento liberal. Enquanto o liberalismo utilitarista pertence ao conceito inglês de liberdade como independência social, o liberalismo de expressão relembra o conceito germânico de liberdade como autotelia psicológica e cultural.)

As origens românticas ou protorromânticas do individualismo moderno foram convincentemente descobertas pelo livro de Colin Campbell, *The Romantic Ethic and the Spirit of Modern Consumerism*.[32] Campbell começa por dizer que a história literária tinha por muito

---

[31] Nancy Rosenblum, *Another Liberalism: Romanticism and Reconstruction of Liberal Thought*. Cambridge, Harvard University Press, 1988.

[32] Colin Campbell, *The Romantic Ethics and the Spirit of Modern Consumerism*. Oxford, Blackwell, 1987, p. 203-05.

tempo mostrado que, por volta de meados do século XVIII, as classes médias inglesas estavam reinterpretando o protestantismo de uma maneira que era antes sentimental do que calvinista. Contrariamente ao ascetismo austero do espírito puritano, essa nova devoção viu o prazer como um companheiro natural da virtude e alimentou sentimentos de simpatia, benevolência e melancolia. Instalou-se o sentimentalismo, que logo seria reforçado pelo movimento evangélico. John Wesley (1703-1791), o fundador do metodismo, era um arminiano – isto é, um opositor da doutrina calvinista da predestinação, na qual não se podia desentranhar o pecado do destino. Wesley realçou a paixão e a profecia, transformando o drama da conversão pessoal num protótipo da experiência romântica. Tipicamente, tornou-se um admirador de Rousseau, o pregador da religiosidade interna.

A teoria da ética romântica, portanto, parte do reconhecimento de que o protestantismo foi humanizado (e modernizado) pelo misticismo – um processo que moldou a cultura moderna tanto quanto a racionalização do mundo acarretada pelo capitalismo ascético. A ética do trabalho construiu a economia e a tecnologia modernas, mas a ética romântica faz com que concordem por força de uma demanda perpétua, proteica, ditada pelo hedonismo moderno.

A fase romântica do individualismo não se limitou a doces hedonismos e a devaneios. Também veio de uma forma mais escura, ligada a uma visão um tanto severa da economia. O protestantismo evangélico, fundado por Wesley, num espírito otimista, arminiano, chegou ao final do século XVIII com um ânimo mais sombrio. Pouco mais tarde, o credo evangélico, embora mantivesse seu apego à fé em vez de apegar-se ao ritual, chocou-se com o deísmo do teólogo William Paley, tão importante na secularização da posição de Locke a favor da tolerância. A *Natural Theology* (1802) de Paley foi o ponto mais alto que o otimismo religioso da época atingiu. Em oposição a essas alegres perspectivas, o protestantismo evangélico proclamou uma época de expiação, uma visão do erro redimido por vicissitudes apocalípticas. Nessas sinistras circunstâncias, a bancarrota passou a ser interpretada como um sinal de punição, e os crentes evangélicos eram todos liberistas, uma vez que encaravam o mercado como arma potencial contra o pecado. Como observa o seu qualificado estudioso, Boyd Hilton, o catastrofismo evangélico era mais difundido entre os rendeiros fundamentalistas protestantes do que entre os primeiros industriais, que eram muitas vezes de ânimo mais secular e tendiam a esposar a economia ricardiana no lugar do sentimento trágico da vida inspirado pelo drama do pecado e da salvação.[33] Na medida em que o evangelismo protestante maduro era um romantismo religioso, sua singular justificação teológica do liberismo proporcionou ao liberalismo mais de um poderoso laço com a cultura romântica. Somente na segunda metade do século XIX, com o surto de uma mentalidade meliorista, a Época da Expiação começou a retroceder. Mas, antes que isso ocorresse, ela havia tornado romântico o espírito de parte substancial das classes médias vitorianas. E porque tal romantização era um impulso fortemente individualista, ela contribuiu de forma significativa para que se alçasse a uma cultura liberal.

---

[33] Boyd Hilton, *The Age of Atonement: The Influence of Evangelicanism on Social and Economic Thought, 1785-1865*. Oxford, Clarendon, 1988.

Capítulo III

LIBERALISMO CLÁSSICO
(1780-1860)

"Senhor, o primeiro whig *foi o diabo."*
– Do Doutor Johnson a James Boswell,
28 de abril de 1778

Seguindo a pista de elementos-chave no credo liberal, tais como o conceito de direitos individuais, o governo da lei e o constitucionalismo, chegamos a uma representação bastante abrangente do *protoliberalismo* – um conjunto ideológico de valores e instituições que historicamente desbravou o caminho para a ordem social-liberal inteiramente desenvolvida que se tornou a forma avançada do governo no Ocidente no século XIX. No nível do pensamento político propriamente dito, esses elementos seriam incorporados, com graus diferentes de ênfase, nos escritos dos principais pensadores clássicos liberais – de Locke e Montesquieu aos federalistas americanos, e de Benjamin Constant a Tocqueville e John Stuart Mill.

Os liberais clássicos, tomados em conjunto, deram duas contribuições decisivas ao desenvolvimento do pensamento liberal. Em primeiro lugar, fundiram traços liberais numa advocacia coerente da ordem social-liberal secular que estava então tomando forma nos governos representativos da época. Em segundo lugar, introduziram e desenvolveram dois outros temas no pensamento liberal: democracia e libertarianismo.[1] Juntos, esses temas essenciais constituíram uma defesa do indivíduo não apenas contra o governo opressivo, mas também contra intromissões de constrangimento social.

LOCKE: DIREITOS, CONSENSO E CONFIANÇA

O *De Cive* de Hobbes divide-se em três partes, cada uma das quais nomeada segundo um conceito-chave no cenário ideológico em que se desenvolveu o liberalismo: *libertas*, *potestas* e *religio*. O objetivo de Hobbes consistia em definir as relações entre poder estatal (*potestas*), por um lado, e liberdade (autonomia como independência) e religião (poder ideológico), por outro. Hobbes distinguiu

---

[1] Libertarianismo: Princípio ou doutrina do libertário (em inglês, *libertarian*), ou seja, pessoa que sustenta a ideia da liberdade de vontade. (N. T.)

duas causas ideológicas da guerra civil inglesa. Os intelectuais acadêmicos ensinavam aos magnatas do reino modelos antigos de liberdade cívica. Num nível social mais baixo, os "santos" puritanos disseminaram o direito de dogmatizar em nome de uma inspiração divina. Os intelectuais cívicos voltaram a dar vida à ideia aristotélica de que a cidade é natural – o que quer dizer que os homens são naturalmente animais sociais. Mas, nas circunstâncias da Inglaterra de 1640, o resultado foi pura desordem. Os puritanos também tornaram sua fé um motivo de subversão e regicídio. Como o bispo Samuel Butler disse em seu *Hudibras*, seu "teimoso grupo de santos errantes" estava destinado a "provar sua doutrina ortodoxa, por meio de golpes e pancadas apostólicos".

Vendo tudo isso, Hobbes deduziu que o princípio da ordem política não podia decorrer seja da natureza seja da Graça.[2] Tinha de ser uma arte, com a técnica da lei e de um contrato social possibilitando ao Estado humilhar os grandes do reino, rebeldes, e os fanáticos religiosos, evitando que a sociedade caísse no caos. No frontispício do *Leviatã*, o soberano gigante, "rei de todos os filhos do orgulho", leva uma espada e um báculo: maneja tanto o poder espiritual quanto o temporal, já que tem de refrear a um só tempo uma aristocracia guerreira e as seitas carismáticas. Para proteger *libertas*, *potestas* devia controlar a farisaica *religio*.[3]

Os sucessores protoliberais de Hobbes mantiveram seu princípio teórico – contratualismo –, mas

---

[2] Pierre Manent, *Histoire Intellectuelle du Libéralisme*. Paris, Calmann-Lévy, 1987, p. 55-56; em português: *História Intelectual do Liberalismo*. Rio de Janeiro, Editora Imago, 1990.

[3] Segundo J. G. A. Pocock ("Conservative Enlightenment and Democratic Revolutions: The American and French Cases in British Perspective", in *Government and Opposition 24*, inverno de 1989, p. 83), o nominalista Hobbes opôs-se à filosofia grega e à escolástica porque, encorajando a crença na realidade das essências, eles alimentavam afirmações essencialistas contra a autoridade do soberano. Ainda assim, na época de Occam, o nominalismo fora usado para solapar a causa do absolutismo papal.

abandonaram sua receita política, absolutismo. Na mocidade de Locke, bem afastado o risco de uma guerra civil, sentiram que os ameaçava outro problema. O que agora preocupava os amigos da liberdade era que o rei, atuando como autocrata, viesse a usar o Estado não como um árbitro, mas como uma *monocracia* – uma concentração de poder político e ideológico. Era isso que significavam as inclinações católicas da sucessão dos Stuart, na pessoa de Jaime II. Já a *libertas* não se encontrava protegida pela *potestas*; ao contrário, *potestas* ameaçava recorrer à *religio* para esmagar *libertas*.

A luta contra a autocracia dos Stuart tornou-se crítica por causas da crise da Exclusão, por volta de 1680. (Estava em jogo a possível exclusão, pelo Parlamento, da ascensão ao trono do duque de York, que cinco anos mais tarde se tornaria Jaime II.) Iniciou-se nesse momento a brecha entre *tories* e *whigs*. Eram *tories* os partidários do rei; eram *whigs* aqueles que resistiam às políticas da coroa. Em 1680 foi impresso um tratado escrito muito antes por um contemporâneo de Hobbes, *sir* Robert Filmer. Seu título era cristalino: *Patriarca: Uma Defesa do Poder Natural dos Reis contra a Liberdade Inatural do Povo*. Filmer afirmou que a sociedade não passava de uma família ampliada. Portanto, toda autoridade era de natureza paternal, o que, naqueles dias de predomínio masculino não questionado, significava natureza *paterna*. Para Locke, um erudito profundamente envolvido com a oposição *whig* por meio da associação de toda a sua vida com o primeiro conde de Shafstebury, no entanto, esta analogia entre autoridade política e paterna era completamente falsa.

Locke devotou o primeiro de seus *Dois Tratados sobre o Governo* a uma rematada refutação da tese patriarcal. Para Locke, a liberdade do povo era bem "natural" – na realidade, era um dom de Deus ao homem. O poder monárquico era mais necessário do que natural, e existia preeminentemente para a proteção das liberdades naturais dos cidadãos. O capítulo 15 do *Segundo Tratado* separa enfaticamente "poder civil" dos dois outros tipos de domínio: poder paternal e poder despótico. Uma velha tipologia, endossada por Grotius (em *De Iuri Belli ac Pacis*, livro 2, cap. 5), dissera que o poder sobre o povo pode provir de três fontes: nascimento, consenso e crime. O poder natural resulta do nascimento, o poder despótico, igualado com o domínio sobre os escravos, provém alegadamente da conquista em guerras justas; daí ser a escravatura uma punição por agressão injusta. Com que se parece o poder "civil" (isto é, político), com o tipo paternal ou com o tipo despótico? Foi adamantina a resposta de Locke: com nenhum dos dois, pois o poder político brota inteiramente do consenso. Ora, como Norberto Bobbio sagazmente observou, enquanto a singularidade do patriarcalismo de Filmer era a fusão falaz de poder político e poder paternal, o obscurecimento da distinção entre poder político e dominação despótica foi a contribuição de Hobbes. O *De Cive* de Hobbes não fez distinção entre o soberano e o senhor dos escravos, porque ambos os tipos de poder apoiavam-se, no fundo, num compromisso, fosse num compromisso entre indivíduos jurando obediência em troca de paz, ou de pessoas vencidas que prometiam servir desde que lhes fossem poupadas as vidas.[4]

Os *Dois Tratados* desenvolveram, ao mesmo tempo, uma teoria do consenso e uma teoria da confiança. A teoria do consenso respondia pela legitimidade do governo (e comparava o absolutismo à guerra social). A teoria da confiança mostrava como os governantes e súditos deviam compreender o seu relacionamento recíproco. Nenhuma das duas teorias jamais foi abandonada pelas tradições liberais subsequentes, apesar de sua diversidade. Também inauguraram um novo, verdadeiramente seminal tipo de *telos*, ou fim, em teoria política. Pois, enquanto os pensadores antigos e medievais escreveram com um objetivo platônico de idealizar uma boa sociedade, e enquanto Hobbes se preocupava com a conquista da ordem, a filosofia política de Locke foi a primeira altamente influente que objetivou o estabelecimento das condições de *liberdade*.

---

[4] Bobbio, *Da Hobbes e Marx* (ver nota 7 do capítulo 1), p. 88-90.

De Locke a Madison: humanismo cívico e republicanismo moderno

O fundamento das teorias de Locke, de confiança e consenso, consistiu em sua teologia dos direitos naturais. Mas a teoria dos direitos em linguagem do direito natural não foi a única espécie de discurso que os *whigs* praticaram; inimigos do absolutismo e defensores da tolerância, eles foram os primeiros liberais na história moderna. Uma espécie de idioma antiabsolutista, diverso e vastamente apreciado, foi a ideologia do humanismo cívico ou republicanismo clássico. Também ela deixou uma profunda marca no liberalismo clássico.

O pensamento político anglo-saxão entre a Revolução Gloriosa e a publicação da constituição americana já foi encarado como um caminho direto de Locke a Bentham – isto é, do liberalismo dos direitos naturais à democracia utilitária. Essa visão tradicional foi formulada pelo inglês Harold Laski e pelo americano Louis Hartz.[5] Este entendeu que os pais fundadores norte-americanos eram fervorosos seguidores de Locke. Tanto os liberais como os marxistas passaram a contar uma típica narrativa *whig* na qual a liberdade era impulsionada pelos ventos da história; sublinharam a natureza progressiva da sociedade comercial e das instituições parlamentares, ambas ajudadas por modernos conceitos de direitos.

Mas recentemente John Pocock, da Universidade Johns Hopkins, propôs uma magistral revisão desse entendimento. O principal livro de Pocock, *The Machiavellian Moment* (1975), criou toda uma escola na história do primeiro pensamento político moderno.[6] Pocock

---

[5] Harold Laski, *Political Thought in England: From Locke to Bentham*. New York, Holt, 1920; Louis Hart, *The Liberal Tradition in America: An Interpretation of American Political Thought since the Revolution*. New York, Harcourt, Brace, 1955.

[6] J. G. A. Pocock, *The Machiavellian Moment: Florentine Political Thought and the Atlantic Republican Tradition*. Princeton, Princeton University Press, 1975.

compreendeu que Locke era um teórico do consenso demasiado radical para ser o pensador oficial da Revolução Gloriosa. Também questionou a representação lockiana do republicanismo da Independência. Pocock descobriu uma pequena nobreza angustiada, cheia de dúvidas quanto à ascensão do capitalismo. Sua refinada cidadania apegou-se ao humanismo cívico como um refúgio contra o comércio e a corrupção.

A pequena nobreza republicana, muito conhecedora de Cícero, Plutarco e Políbio, falava fluentemente o vocabulário cívico da liberdade e cidadania. Iniciando-se com o "partido do campo" dirigido por Polingbroke (1678-1757), o líder *tory* no reinado da rainha Ana (que mais tarde orientou a oposição a Walpole e acolheu os nomes eminentes da literatura clássica, Swift e Pope), aquelas bocas republicanas estavam repletas de ideais de autogoverno virtuoso. Elas injuriaram o compadrio governamental e a corrupção ministerial. Seus evangelhos como textos modernos foram os *Discursos sobre Tito Lívio* de Maquiavel (obra póstuma, 1531) e o livro *Oceana* de Harrington (1656), a voz republicana no puritanismo inglês.

É central na análise de Pocock a ideia de que o momento crítico maquiavélico inaugurou um "novo paradigma" na conceitualização da política. O paradigma maquiavélico atribuiu primazia ao *tempo*. Antes de Maquiavel, a visão ocidental de política girava em torno de valores intemporais. Mesmo em Florença as opiniões rivais de Guicciardini, o elitista, e Giannotti, o populista, procuravam ainda uma constituição imutável, equilibrada, um dique de ordem contra o mar da história. Maquiavel foi o primeiro a voltar-se ousadamente *para* a história, e não dela se afastar. Consciente do imprevisível inter-relacionamento da fortuna e da coragem, *fortuna* e *virtù*, favoreceu a inovação política. Nada menos podia salvar Florença da dupla ameaça de conquistas estrangeiras e do despotismo dos Médici. Os velhos valores da monarquia universal, como sonhados por Dante, tinham de acabar. A república ou se tornaria heroica ou pereceria.

Para Pocock essa ética cívica um tanto tensa permeou toda a tradição atlântica de discurso. Longe de ser individualista e capitalista, afirmou, a primeira ideologia americana foi humanista-republicana na esteira da apropriação inglesa dos temas maquiavélicos. Durante o interregno puritano, James Harrington começara a preocupar-se com o futuro dos proprietários independentes, a pequena nobreza cujo *status* crescera com o fim do feudalismo. Harrington queria prosseguir (contra Cromwell) com milícias da pequena nobreza (uma ideia favorita no pensamento de Maquiavel) e suspeitava que a propriedade comercial acarretava dependência. Durante a Restauração dos Stuart, muitos neo-harringtonianos imaginavam que houvera no passado uma "antiga constituição", um passado gótico de liberdade povoado por guerreiros proprietários de terras. (O próprio Harrington nunca acreditou no mito da antiga constituição.) Mas, de outra forma, eles concordavam com os republicanos da pequena nobreza puritana: os neo-harringtonianos opuseram-se a um exército permanente, criticaram a corrupção ministerial e mais tarde resistiram às duas principais "instituições comerciais" que haviam sido criadas na virada do século, o Banco da Inglaterra e a dívida nacional. O "partido do campo" republicano, já velho *whig* por volta de 1680, tornou-se *tory* quando Bolingbroke, derrotado na sucessão da rainha Ana por *whigs* hanoverianos, saiu do poder como antagonista de Robert Walpole.

Pocock argumentou que essa ideologia do partido do campo sobreviveu até tardios republicanos e radicais do século XVIII. Observou que Thomas Paine iniciou seu *Os Direitos do Homem* (1791) denunciando o crédito, aquele pesadelo dos humanistas cívicos. E Pocock interpretou o antifederalismo e antigoverno forte de Jefferson e Madison como uma nova versão da doutrina do partido do campo. Em oposição ao comercialismo georgiano, sua jovem América nasceu "com pavor da modernidade".

Não faltaram críticas à tese de Pocock. O perito de Oxford em assuntos do século XVII, Keith Thomas, respondeu que, antes da Revolução Gloriosa, as questões centrais em argumentação política haviam sido soberania, obrigação e o direito de resistência – um léxico hobbesiano e lockiano, dificilmente um léxico humanista-republicano.[7] Isaac Kramnick, um dos principais críticos de Pocock nos anos 1980, afirmou que o republicanismo clássico, com sua ênfase nas elites agrárias e seu estado de espírito nostálgico, pouco tinha a oferecer à baixa classe média urbana cuja propriedade era reduzida e móvel (isto é, comercial) e cujo espantalho era o privilégio político e social – o monopólio da pequena nobreza. De forma não surpreendente, essas camadas mais baixas apoiaram radicais igualitários como Wilkes e Paine. Kramnick insistiu que, a despeito de todo o seu ataque à corrupção, radicais como Paine deviam mais a Locke do que à ideologia cívica.[8]

Em sua obra mais recente, o professor Pocock mudou de foco. Em vez de investigar a sobrevivência do republicanismo clássico, passou a aplicar seus notáveis poderes analíticos ao "whiguismo"[9] moderno. Os velhos *whigs*, podemos relembrar, haviam inventado o mito da antiga constituição. Responderam os *tories* da Restauração que nunca houvera tal coisa, o que implicava que o poder monárquico podia crescer, como o fizera no continente, desembaraçado das liberdades ancestrais. Agora, num passo inteligente, os *whigs* modernos da época de Walpole adotaram sem alarde a velha exoneração *tory* da antiga constituição – e lançaram ao mar a ética cívica. Autores *whigs* modernos, como Joseph Addison, uma das leituras favoritas de Adam Smith, opuseram a educação e as boas maneiras à virtude "primitiva". Daniel Defoe (famoso por causa de *Robinson Crusoe*) trocou a milícia cívica pelo culto das maneiras; e os iluministas escoceses

---

[7] Keith Thomas sobre Pocock, *New York Review of Books*, 27/02/1986.

[8] Isaac Kramnik, "Republican Revisionism Revisited", in: *American Historical Review* 87, 1982.

[9] J. G. A. Pocock, *Virtue, Commerce and History: Essays on Political Thought and History, Chiefly in the Eighteenth Century*. Cambridge, Cambridge University Press, 1985.

completaram o processo edificando sua explicação por estágios da evolução humana.

Em 1988, numa brilhante conferência, realizada na The London School of Economics and Political Science, Pocock retratou um "Iluminismo conservador inglês".[10] Com Hume, Gibbon e Smith como figuras centrais, esse Iluminismo conservador tentou defender a administração hanoveriana dos ataques das contraelites, tanto religiosas como radicais-republicanas. Mas sua ideologia era uma espécie definitivamente liberal-modernizadora. Num sentido, tinha alicerces hobbesianos, pois insistia em ordem política e paz social sob a inteira proteção do poder soberano. Nesse meio-tempo, por contraste, as colônias americanas, feridas pela afirmação britânica de poder imperial, retornaram a um discurso lockiano. Jefferson recorreu a uma linguagem de direito natural *e* à tese da antiga constituição para asseverar que, estabelecendo-se na América, os colonos ingleses haviam ingressado no estado da natureza e, portanto, gozavam de liberdade para celebrar um contrato social; a autoridade britânica prevalecia sobre suas capacidades federativas, mas não sobre suas capacidades legislativas (ou seja, taxação). Pocock reconheceu explicitamente que o populismo lockiano, contornado na Inglaterra em 1688, foi adotado pelos insurretos americanos nas décadas de 1760 e 1770.

Como David Epstein demonstrou em *The Political Theory of "The Federalist"* (1984), os autores de *The Federalist Papers* (James Madison, Alexander Hamilton e John Jay) enquadraram-se muito na tradição do populismo lockiano. Epstein penou para mostrar que eles haviam proposto uma forma de governo "estritamente republicana" ou "inteiramente popular"; que a república americana, em tamanho e sistema, não podia deixar de ser muito diferente de uma antiga democracia (do que decorreram os ataques do *The Federalist* ao antiquarianismo de Rousseau); que a argumentação republicana do *The Federalist* funda-se numa psicologia realista que compreende os

---

[10] Pocock, "Conservative Enlightenment" (ver nota 3 anterior).

impulsos políticos de pessoas e não apenas seus impulsos econômicos; e que, enquanto a antiga democracia em pequenas repúblicas passou por cima do problema da justiça em favor do bem comum, as "sociedades civilizadas" não podiam evitar uma grande porção de diversidade e, em consequência, tinham de resolver o problema de garantir o bem de cada parte – a saber, justiça.[11]

Equiparando governo popular com uma ampla república federalista, o *The Federalist Papers* tentou lidar com a tarefa de equilibrar interesses e facções, liberdade e justiça. Como escreveu Madison, "aumentando a esfera", "inclui-se uma maior variedade de partes e interesses", tornando assim menos provável uma usurpação majoritária dos direitos dos outros. Mas Hamilton e Madison tinham consciência de que essa solução federalista *significava despedir-se do republicanismo clássico*. Compreenderam que uma república grande e heterogênea diminuiria a necessidade de virtude cívica, enfraquecendo as "facções" no interior de um vasto conjunto nacional. Além disso, Hamilton contava com uma paixão específica – o amor ao poder e à fama – para atrair os ricos e virtuosos à vida pública, mesmo que numa sociedade comercial a virtude pudesse constituir no máximo "apenas um gracioso acessório da riqueza". Enquanto Jefferson sonhava com a virtude agrária no interior de uma autarquia na Arcádia de Rousseau, Hamilton aprofundava a apreensão psicológica do liberalismo, e Madison tratava de inventar uma maquinaria republicana que se adaptava à moral múltipla de uma sociedade comercial. Jefferson permaneceu escravo da democracia local direta, mas os republicanos federalistas apegaram-se ao governo representativo. Queriam empregar a liberdade política para proteger e fortalecer ao máximo a autonomia civil. Em outras palavras, preocupavam-se em recorrer ao conceito "francês" de liberdade como um meio de fomentar a experiência da liberdade "inglesa".

---

[11] David Epstein, *The Political Theory of "The Federalist"*. Chicago, The University of Chicago Press, 1984, p. 5, 6, 79 e 92.

Em termos políticos, havia bastante lugar no liberalismo clássico para elementos da ideologia cívica, como também para princípios liberalistas-progressistas de origem iluminística, para não falar em crenças em direitos naturais que partiam de Locke e Paine. No caso americano (o único exemplo maior da implementação republicana na época), um novo elemento conceitual mostrou-se não menos importante: a preocupação constitucionalista. Tal preocupação ultrapassava a velha ideia polibiana de equilíbrio social refletido na constituição (com a aristocracia representada no Senado e o povo nos comícios), além de seguir o conselho de Montesquieu de separar e equilibrar os *poderes* ou ramos da autoridade soberana. O tema constitucional flui de Montesquieu a Madison. Mas no caso de Montesquieu (como no de Locke) o espectro que assombrava a liberdade ainda era o despotismo latente do poder monárquico. Em *The Federalist* emergiu a preocupação com um novo perigo: o poder majoritário desenfreado. A mesma preocupação reapareceu na crítica de Benjamin Constant a Rousseau: não basta transferir o poder – impõe-se também claramente *delimitá-lo*.

Delimitar o poder era, é claro, o fundamento lógico do jogo de Locke de confiança e consenso. E, nestes últimos anos, parece que assistimos à vingança de Locke das interpretações que o deslocaram do cânone dos primórdios do republicanismo americano. Assim, como diz Thomas Pangle, a renovação americana do ideal republicano significava uma obrigação sem precedentes de assegurar liberdade privada e econômica, num ousado abandono tanto da tradição protestante quanto da tradição clássica. Mas esse abandono nutria-se na equivalência sutil de Locke do Deus bíblico com a lei racional da natureza. A busca da felicidade e a proteção da propriedade eram os motivos lockianos que figuravam no centro da visão moral do republicanismo moderno.[12]

---

[12] Thomas L. Pangle, *The Spirit of Modern Republicanism*. Chicago, The University of Chicago Press, 1988.

Whigs E RADICAIS: O NASCIMENTO DA IDEIA LIBERAL DEMOCRÁTICA

O republicanismo liberal na América dos pais fundadores ampliou a ideia lockiana do Estado sob o aspecto de que, diferentemente de Locke, ele estipulou que todos os postos seriam eletivos. Também acenou com um substantivo potencial democrático no interior de instituições liberais. Por último na ordem, mas não em importância, contemplou uma economia liberista. Foi corretamente que se percebeu que a federação americana era a forma mais livre já assumida por um Estado *whig* e, como tal, a um tempo atraiu e repugnou o conservador Simón Bolívar (1783-1830), o unificador e principal libertador no sul do Hemisfério.

Este é um bom ponto em nossa história para dar uma vista de olhos no nascimento, no crescimento e na transformação do whiguismo como o ancestral histórico do liberalismo. Vimos que o partidarismo *whig* nasceu da afirmação de direitos contra o poder monárquico e tinha, pelo menos, dois objetivos: liberdade religiosa e governo constitucional. Depois de lutarem com êxito contra os Stuarts, os *whigs* nesse sentido governaram a Inglaterra de Walpole ao mais velho Pitt, ou, em termos dinásticos, sob os dois primeiros Jorges (1714-1760). Fomentaram o comercialismo e a expansão e consolidação do primeiro Império britânico. Impelidos para a oposição no longo reinado de Jorge III, conseguiram retornar brevemente ao comando em 1806, dirigidos pelo adiantado liberal Charles James Fox (1749-1806), o grande opositor parlamentar do jovem Pitt.

Àquela altura já havia um elenco reconhecível de posições *whigs*. Em primeiro lugar, figurava um latitudinarismo moral, uma relutância em aceitar que há uma melhor maneira de viver ou um bem comum suscetível de definição por qualquer monismo ético. Em segundo, figurava o individualismo, com a consequente rejeição de visões "orgânicas" da sociedade. Em terceiro, havia o governo responsável – a saber, aquele que se podia chamar a prestar contas. Em quarto lugar, figurava um apelo iluminista em favor do progresso e do liberismo (ou uma preferência pelo liberismo justificada pela crença no progresso). A primeira posição *whig*, o latidudinarismo moral, era estranha ao código de valores dos republicanos "cívicos" harringtonianos. Nem foram a segunda e a quarta dessas posições sustentadas por republicanos cívicos; eram apenas individualistas pela metade e basicamente não compartilhavam da crença dogmática no progresso, inclinando-se antes a contemplar a história como uma promessa ominosa de decadência moral e de declínio político. Mas no contexto inglês da Revolução Gloriosa, tão singular no conjunto da Europa, a terceira posição *whig* – a saber, governo responsável – logo tornou-se um princípio partilhado e foi a bandeira dos *tories* de Bolingbroke depois de 1714, exatamente como fora um programa *whig* contra a coroa dos Stuart.

Durante década de 1830, os *whigs* voltaram ao poder, dirigidos por dois lordes, Grey e Melbourne. Adotaram a primeira Lei da Reforma (*Reform Bill*), em 1832, alargando a franquia em favor das classes médias superiores. Foi nessa época que se entrou a chamar os *whigs* de "liberais". A despeito da escala modesta da reforma eleitoral, a mudança de *whigs* para liberais estava vinculada a uma mudança *na direção da democracia*, já que as velhas batalhas *whigs* em favor da liberdade de religião e do governo constitucional haviam conhecido um sólido triunfo. Mas algumas outras conotações estão contidas na substituição do rótulo liberal pelo rótulo *whig*. No nível da elite política, a liderança liberal escorregou gradualmente das mãos de aristocratas como Russell e Palmerston e foi assumida por um arquiburguês, William Gladstone (1809-1898), que provinha realmente do torismo liberista "herético" de Peel. No nível ideológico, a mudança do tipo de Palmerston para o tipo de Gladstone significava uma mudança de despreocupação do Iluminismo (tingida de descrença) pela alta seriedade da virtude vitoriana.

O liberalismo tornou-se em grande parte uma espécie de evangelismo leigo, cheio de campanhas reformistas, empreendidas como causas morais.

O secularismo olímpico dos *whigs* como pessoas distintas dos liberais e também seu gosto por compromissos elitistas sobreviveram um pouco mais do outro lado do Atlântico. Na América de antes da guerra, havia um partido *whig* antes que a questão do fim da escravidão o dissolvesse. Seu principal líder, Henry Clay, encabeçou a oposição ao partido democrático de Andrew Jackson, um movimento jacksoniano que representava os direitos dos Estados e o povoamento da fronteira. Contudo, exatamente como na Inglaterra de meados do século os *whigs* patrícios do *Reform Club* ingressaram na grande corrente do liberalismo burguês de Gladstone, na década de 1850 os *whigs* americanos, com seu grito de combate ("Liberdade e União", de Daniel Webster), ingressaram no partido republicano de Lincoln. Ambas as evoluções do whiguismo para o liberalismo foram feitas no interior de um horizonte democrático.

Inicialmente, a proposta democrática não foi obra seja dos *whigs* seja dos liberais. Além da fórmula americana do federalismo republicano, a ideia de democracia representativa tinha pelo menos três fontes. Uma era à esquerda de Locke, tal como incorporada na teoria de direitos naturais de Tom Paine (1737-1809), o militante de duas revoluções, a americana e a francesa. Criado como um *quaker* de Norfolk, Paine acreditava, como Locke, que os homens formam sociedades para assegurar seus direitos naturais, e não para deles se despirem. Outra fonte era a democracia plebiscitária recomendada por Condorcet, o *philosophe* girondino que morreu vítima do terror jacobino. Em terceiro lugar, a democracia também foi promovida pela escola utilitarista fundada em Londres por Jeremy Bentham (1748-1832). Paine e Bentham são, com frequência, apelidados de pensadores "radicais", e, na verdade, os utilitaristas passaram a ser conhecidos como "radicais filosóficos". Quando o partido liberal britânico se formou depois da *Reform Bill* e da rejeição às "Leis do milho" (1846), ele tinha três principais componentes: *whigs* como Russell (o primeiro-ministro da Reforma), ex-*tories* liberistas como Gladstone e radicais benthamistas. Assim, o registro empírico histórico justifica encarar os utilitaristas como membros da grande família liberal.

O primeiro golpe ideológico de Bentham foi sua crítica do grande jurista William Blackstone (1723-1780). As conferências de Blackstone em Oxford haviam proporcionado uma exposição lúcida e humana da lei consuetudinária. Mas seus pressupostos jusnaturalistas (grotianos) e seu constitucionalismo conservador irritaram o jovem Bentham (*A Fragment on Government*, 1776), mergulhado como estava no reformismo esclarecido de Helvécio e Beccaria. Bentham rejeitou a ênfase de Locke nos direitos *naturais*, dos quais zombou como "tolices com base em nada". De Locke, disse ele, a lei devia receber os seus princípios, de Helvécio, o seu conteúdo. Tal conteúdo era uma regra de utilidade, sempre correspondendo à razão e logo igualada "à maior felicidade do maior número".

As contribuições de Bentham ao liberalismo incluem um entusiasmo pela administração inteligente e pela reforma judiciária e, ainda mais importante, uma visão mais ampla das finalidades do Estado, o qual para ele devia promover o bem-estar e a igualdade e também fazer vigorarem a liberdade e a segurança. Sua defesa da democracia foi caracteristicamente animada por um espírito firme. Ele não teve dificuldades em admitir que as maiorias podem estar completamente erradas. A longo prazo, no entanto, o consenso geral é o sinal mais seguro de utilidade geral porque a maioria, tendo um interesse natural em sua maior felicidade, também tem interesse em descobrir e corrigir erros. Além disso, como o governo democrático frustra "interesses sinistros", é mais provável que se descubram erros.[13]

---

[13] Ross Harrison, *Bentham*. London, Routleg & Kegan Paul, 1983, cap. 8.

O que ocorreu com o individualismo liberal nesse contexto? Bentham nunca parou de argumentar que o ônus da prova cabia aos que desejavam limitar a busca privada da felicidade. Julgou absurdo raciocinar sobre a felicidade de outras pessoas sem referência aos seus sentimentos. Nisso, ele se afastava discretamente da visão de Helvécio, pois este, em seus tratados *Sobre o Espírito* (1758) e *Sobre o Homem* (obra póstuma, 1772), mostrara o igualitarismo menos ambíguo e mais uniformizador. Bentham partilhou o estado de espírito antiaristocrático de Helvécio sem esquecer a diversidade individual. Diferentemente dos românticos, que seriam críticos constantes do utilitarismo, Bentham apegou-se a um sentido cosmopolita da fraternidade do homem e era um pensador tão universalista que cunhou a palavra *internacional*. Como nunca esqueceu que o individualismo é a alma da liberdade, Bentham, o grande excêntrico de Westminster, insistiu toda a sua vida na reforma e codificação – e ainda assim em última instância absteve-se do construtivismo utópico a que se entregaram os primeiros socialistas. Como Shirley Letwin percebeu, o seu utopismo era "mais para o modesto", livre da ilusão de que a política ou receitas políticas podem dirigir toda a vida da sociedade ou alterar por inteiro a estrutura da natureza humana.[14] Se, como se observou com tanta frequência, falando em termos éticos, o utilitarismo parecia muitas vezes superficial, sociologicamente significava liberação: liberação de magnânimos definidores do "bem comum", impingido asceticamente ao indivíduo anônimo por elites que se tinham autonomeado, com a consequência inevitável da hipocrisia e repressão. Em profundidade, portanto, a ligação entre utilitarismo e democracia parece longe de contingente.

Em nome do progresso, os utilitaristas patrocinaram, na Inglaterra, várias reformas produtivas tanto no período final do rei Jorge quanto na época vitoriana

---

[14] Shirley Robin Letwin, *The Pursuit of Certainty (Hume, Bentham, Mill e Beatrice Webb)*. Cambridge, Cambridge University Press, 1965.

na Inglaterra – por exemplo, nas escolas, fábricas e no saneamento público. Edwin Chadwick, que vivia com Bentham na época em que o mestre morreu, participou de inúmeros comitês para legislar segundo essas linhas. A jurisprudência inglesa moderna começou com o benthamita John Austin (1790-1859). Outros discípulos, como James Mill e o classicista George Grote (um parlamentar da *Reform Bill*), figuraram entre os principais fundadores da Universidade de Londres. O benthamitas foram os primeiros reformadores na jovem Inglaterra industrial, principais provedores de mudança institucional e racional numa sociedade que se modernizava e que ansiava por mudança.[15]

Clamando por uma democracia genuinamente inclusiva (até mesmo mediante o voto secreto) e promovendo amplas reformas, os utilitaristas ultrapassaram o que quer que restasse do elitismo *whig* nos arranjos originais do republicanismo americano. Outro princípio liberal – o liberismo – foi rapidamente implementado. James Mill, que escreveu o primeiro compêndio inglês de economia, trabalhou como um autêntico elo de ligação entre Bentham e Ricardo, cujos *Princípios de Economia Política* (1817) proporcionaram à economia política clássica sua formulação definitiva. Contudo, o liberismo não significou o *laissez-faire* dogmático. Longe de ser um artigo de fé nos clássicos da economia, o *laissez-faire* rígido foi pregado muito mais tarde por não economistas, tais como Herbert Spencer.

A política estatal britânica, depois de 1830, tornou-se crescentemente intervencionista, e em grande parte a responsabilidade disso pode ser atribuída à influência benthamita até a década de 1870. A questão consiste em saber se os utilitaristas eram antiliberistas ou apenas liberistas não dogmáticos. Como foi muito bem dito, Bentham e seus seguidores eram favoráveis a um governo mais eficiente, porém criticavam a ampliação

---

[15] Elie Halévy, *The Growth of Philosophical Radicalism, 1901-1904*. New York, Macmillan, 1928.

do governo.¹⁶ O zelo reformador de Bentham procurou consistentemente remover as leis que restringiam a liberdade, e isso logo o tornou amigo do liberismo. O mesmo ocorreu com reformadores benthamitas como Chadwick. Além disso, o primeiro coletivismo vitoriano, por mais real que fosse, era muito mais social do que econômico. A conclusão meditada dos melhores historiadores ainda consiste em que o século como um todo foi de fato "uma idade do *laissez-faire*"¹⁷ – e isso tanto na prática como na teoria. Sua reflexibilidade nesse ponto não torna, de qualquer maneira, os utilitaristas, ou economistas clássicos, menos liberistas.

OS PRIMEIROS LIBERAIS FRANCESES: DE CONSTANT A GUIZOT

Voltemo-nos agora para a sorte do liberalismo fora do mundo anglo-saxão. Na Alemanha do início do século XIX, existiam pelo menos dois ramos principais de pensamento liberal: o republicanismo cosmopolita dos panfletos pós-revolucionários de Kant, notadamente sua *Paz Perpétua* (1795), e o liberalismo inspirado na noção de *Bildung* (brevemente examinada no capítulo 1) do grande humanista Wilhelm von Humboldt (embora o ensaio juvenil de Humboldt sobre os limites do Estado somente tenha sido publicado muito mais tarde). Mas, na Alemanha, até a Revolução de 1848, a filosofia política dominante era hegeliana, e Hegel não era um liberal. Antes, sua *Filosofia do Direito* (1821) representou uma grande tentativa de inserir a "sociedade civil" moderna, com seu vigoroso

---

¹⁶ Arthur Taylor, *Laissez-faire and State Intervention in Nineteenth Century Britain*. London, The Economic History Society, 1972, p. 36.

¹⁷ Eric Hobsbawn, *Industry and Empire*. London, Weidenfeld & Nicolson, 1968, cap. 12; em português: *Da Revolução Industrial Inglesa ao Imperialismo*, trad. Donaldson M. Garschagen, sel. e coord. Fernando Lopes de Almeida e Francisco Rego Chaves Fernandes. Rio de Janeiro, Forense-Universitária, 1979.

individualismo burguês, na estrutura de um Estado holista que acomodaria as hierarquias tradicionais do antigo regime. Como Suárez dois séculos antes, Hegel tentou cavalgar duas épocas. Sua síntese aceitou inteiramente a obra da Revolução legitimando a sociedade burguesa. Contudo, ele se distanciou das consequências políticas de 1789 e rejeitou enfaticamente a ideia do contrato social – o próprio ponto essencial do liberalismo e da democracia, de Locke a Rousseau. Sua deificação do Estado não foi de qualquer forma socialmente reacionária (e, de fato, o pôs em conflito com os conservadores prussianos), mas também não era compatível com o conceito liberal de liberdade política.[18]

A mais forte alternativa para o hegelianismo – nacionalismo germânico, que começou, no esforço de guerra contra Napoleão, nos discursos apaixonados de Johann Gottlieb Fichte (1762-1814) – correspondia ainda menos às preocupações liberais. Em 1793, Fichte escreveu elogiando a Revolução Francesa e o extremo contratualismo. Mas, poucos anos mais tarde, ele redefiniu a liberdade como o desenvolvimento do "mais alto" ser de uma pessoa, louvou o Estado ético, atacou a modernidade como a "idade da pecaminosidade absoluta", e pôs a razão de Estado a serviço de um ostensivo nacionalismo autoritário, que funcionava por meio da educação compulsória até o sentimento de nacionalidade. Nesse processo, também encontrou tempo para fabricar um opúsculo antiliberista,

---

[18] Quanto ao pensamento político de Hegel, ver Joachim Ritter, *Hegel and the French Revolution*, trad. R. Winfield, (1957) Boston, MIT, 1982; Manfred Riedel, *Between Tradition and Revolution: The Hegelian Transformation of Political Philosophy*, (1969) Cambridge, Cambridge University Press, 1984; George Armstrong Kelly, *Idealism, Politics and History: Sources of Hegelian Thought*, Cambridge, Cambridge University Press, 1969; duas seletas editadas por Z. A. Pelczynki, *Hegel's Political Philosophy: Problems and Perspectives* (1971) e *The State and Civil Society: Studies in Hegel's Political Philosophy* (1984), ambos publicados pela Cambridge University Press; Norberto Bobbio, *Studi Hegeliani*, Torino, Einaudi, 1981; Michelangelo Boyero, *Hegel e il Problema Politico Moderno*, Milano, Angeli, 1985.

O Estado Comercial Fechado (1800). Assim, a eloquência de Fichte empenhou o narcisismo alemão numa longa animosidade contra o liberalismo.

Enquanto o liberalismo enfrentava sérios obstáculos na Alemanha, na França pós-napoleônica a doutrina liberal floresceu até mais do que ocorrera do outro lado do canal. De Constant a Guizot e Tocqueville, os liberais de maior prestígio da época foram franceses, como continuaram a ser até o apogeu político de John Mill, por volta de 1860. Mesmo antes da Restauração, a França já contava com contribuições liberais originais, à parte do protoliberalismo aristocrático de Montesquieu e de sua difundida influência internacional. (Montesquieu era leitura obrigatória para Madison, Constant, Hegel, Bolívar e Tocqueville, para só falar em alguns.) Tomemos, por exemplo, o caso muito interessante do padre Sieyès (1748-1836). Ele foi o principal responsável, no início da Revolução, pela elaboração de um novo conceito de legitimidade, definindo a autoridade legítima na nova França em termos de soberania nacional. Isso não era nem remotamente igual à "antiga constituição" – precedente e prescrição (as próprias coisas que Edmund Burke censuraria a Revolução de ter abandonado) não significavam mais do que uma longa opressão usurpatória na França. A representação foi redirigida contra a hierarquia: o voto e a elegibilidade foram predicados à propriedade, e não mais ao *status*. Inimigo jurado do privilégio, Sieyès misturou a nebulosa vontade geral de Rousseau com alguma coisa bem antirrousseauniana: a representação. Todo poder para o Terceiro Estado! Assim, o grande problema em Rousseau – o poder soberano não dividido, mesmo quando transferido do rei ao povo – permanecia intacto. Mas Sieyès era um admirador da liberdade moderna. Ele colocou brilhantemente Adam Smith contra Rousseau. Se a democracia direta é um anacronismo, afirmou, deve-se isso a que, numa sociedade civilizada, a divisão do trabalho também se aplica à política. Sendo representado, o povo pode dedicar-se a outra coisa. A política não é um dever – é um ofício, uma função confiada por muitos a uns poucos governantes.[19]

Outro grande padrinho do liberalismo francês é uma madrinha, Germaine, Madame de Staël (1766-1817), a cintilante filha do banqueiro suíço Necker, o último, mais inteligente e mais popular dos ministros de Luís XVI. Sua mãe quase casou-se com Gibbon em Lausanne; ela casou-se com um diplomata sueco e tornou-se depois amante, primeiro, de Benjamin Constant (liberalismo) e, depois, de August Schlegel (romantismo). Exilada por Napoleão, Madame de Staël converteu seu amor filial em uma influente avaliação da Revolução. Suas *Considérations sur la Revolution Française* (obra póstuma, 1818) contavam uma história simples. Ocorreu uma boa revolução em 1789, que acarretou igualdade civil e governo constitucional, alinhando por isso a França com a Inglaterra (Staël juntou-se assim à ilustre companhia dos liberais anglófilos franceses que inclui Voltaire, Montesquieu e Guizot). Adveio então uma revolução má, suja, em 1793, que trouxe consigo o Terror e um igualitarismo violento. Sua história era muito nova porque rompeu ao mesmo tempo com a condenação por atacado, tradicionalista, da Revolução e com a defesa, esquerdista, do jacobinismo.[20]

Como liberal, Germaine era uma *whig*, não uma democrata. Sua anglofilia política era uma maneira de evitar o republicanismo. E sob o encanto dos românticos alemães (que ela introduziu na Europa num livro notável, *De l'Allemagne*, em 1800), valorizou a religião. Pois a liberdade exige moralidade e a moralidade alimenta-se da fé, embora, é claro, tal fé fosse um princípio protestante e não uma intolerância papista. Não espanta que os *idéologues*, a progênie de Condorcet, zombassem da religião – pois eram republicanos. Os liberais amadurecidos são de

---

[19] Quanto a Sieyès, ver Bronislaw Baczko, "Le Contrat Social des Français: Sieyès et Rousseau", in: K. M. Baker (ed.), *The French Revolution and the Creation of Modern Political Culture*, vol. 1. New York, Pergamon, 1987, p. 493-513.

[20] A esse respeito, ver Adolfo Omodeo, *Studi sull'Età della Restaurazione*. Turim, Einaudi, 1970, p. 3, 2 e especialmente p. 230.

melhor alvitre. Tocqueville relembraria esse laço entre a liberdade e o cristianismo.

Benjamin Constant, como foi indicado (capítulo 1), popularizou a ideia da liberdade moderna como um fenômeno individualista. Suíço protestante como sua amiga Germaine, ele também salientou as fontes religiosas da liberdade. Mas seu liberalismo era menos patrício, mais praticamente democrático do que o dela. Tudo bem considerado, sua teorização rica e pensada marcou dois pontos decisivos. Primeiro, a vindicação da liberdade moderna, e, segundo, a limitação institucional da autoridade. Essa foi sua solução à moda de Montesquieu, sombreada por Sieyès na sua fase tardia, do Diretório, para o problema rousseauniano da soberania não dividida. Insistamos ainda uma vez nesse ponto. Rousseau, advertiu Constant, está certo quanto à *fonte* da autoridade, que é o contrato social como um símbolo de soberania popular. Mas esqueceu de limitar a *extensão* da mesma autoridade; e isso deixou indeterminado o assunto crucial das relações entre governantes e governados.[21]

Escrevendo após os surtos ditatoriais na Revolução Francesa, Constant percebeu, em particular, que o ideal republicano de Rousseau da apropriação coletiva da soberania absoluta, e mesmo o próprio governo da lei, tão elogiado desde Montesquieu, podiam por sua vez ser apropriados por minorias tirânicas que governassem em nome de todos por causa da justiça; e nessa medida ele estava preparado a romper não só com o republicanismo, mas também com o pensamento liberal prévio.

Entre Constant, seu grande constitucionalismo após Sieyès, e a ascensão de Tocqueville, o liberalismo francês prosperou entre os assim chamados "doutrinários". Seu líder foi Royer-Collard (1763-1845), que, como Constant, encarou a soberania como um perigo potencial.

---

[21] Sobre Constant, ver a introdução por Marcel Gauchet à sua edição dos escritos escolhidos de Benjamin Constant, *De la Liberté chez les Modernes*, Paris, Livre de Poche, 1980; S. Holmes, *Benjamin Constant and the Making of Modern Liberalism* (ver nota 15, cap. 1); e Paul Bastid, *Benjamin Constant et sa Doctrine*, Paris, A. Collin, 1966.

Orador cativante, Royer-Collard era constitucional, mas não devoto do poder parlamentar; para ele, a Câmara, diferentemente da assembleia de Sieyès, não tinha autoridade sobre os ministros. Como liberal da Restauração, Royer-Collard julgou a Revolução com menos benevolência do que Constant e do que Madame de Staël. Ele apreciou a conquista da igualdade civil, mas achou que o desaparecimento do antigo regime dissolvera a sociedade, desbravando o terreno para a centralização administrativa. O controle do poder na sociedade atomista amedrontava-o – mesmo fantasma que assombraria Tocqueville.

Do círculo "doutrinário" proveio o principal ministro de Luís Filipe (1830-1848), François Guizot (1787-1874).[22] Protestante e historiador acadêmico oriundo da burguesia provincial, Guizot explicou a história ocidental em termos de ascensão da sua própria classe. A revolução de 1789 nada mais fizera do que declarar o seu advento, tal como ocorrera em 1688 na Inglaterra. A civilização moderna refletia a força de dois impulsos distintos, um nacional e o outro liberal. A construção da nação apontava para a unidade, enquanto a luta pela emancipação humana fazia com que a liberdade crescesse.

Guizot justificou o absolutismo francês com fundamentos históricos, porque este ajudou e muito o impulso nacional. Contudo, lamentou que o absolutismo paralisara o impulso liberal cerceando a Reforma na França. Em 1789, a adoção do princípio da representação nacional prometeu liberalizar o país, mas os jacobinos e Napoleão estragaram tudo. Consequentemente, 1789 estabelecera uma sociedade mas não um Estado. Coube à Revolução de 1830 a tarefa de completar a Grande Revolução, implantando a monarquia constitucional e um governo responsável. Mas, como ministro de Luís Filipe, Guizot foi perseguido pela perspectiva de outros levantes revolucionários e, portanto, recusou-se teimosamente a ampliar a inclusão social. Com o dobro da população da

---

[22] Sobre Guizot, ver Pierre Rosanvallon. *Le Moment Guizot*. Paris, Gallimard, 1985.

Inglaterra, a França tinha muito menos eleitores do que esta última depois da *Reform Bill*.

O calvinista que havia em Guizot levou-o a abandonar a velha glorificação liberal da soberania popular, com seus fundamentos de pressupostos otimistas quanto à natureza humana. Ele substituiu a soberania popular por uma meritocrática "soberania da razão". A política devia ser deixada às "capacidades" das elites burguesas, enquanto um programa nacional de educação básica elevaria gradualmente o resto da nação a padrões morais e intelectuais dignos da cidadania como um todo.

De forma bastante estranha, enquanto em teoria o seu parlamentarismo era mais avançado do que os doutrinários da Restauração, a prática política de Guizot era bastante reacionária, resultando em linha direta na Revolução de 1848. O liberalismo francês nasceu, no salão da Madame de Staël, como uma ruptura moderada com o exorcismo reacionário de 1789. Guizot conferiu-lhe um aspecto demasiado conservador – tão conservador que muito parecia, na prática senão no espírito, com o reacionarismo sob nova forma. Não foi sem razão que ele tentou fazer surgir uma aristocracia endinheirada como uma nova e legítima classe governante. Sob sua dieta oligárquica e autoritária, podou-se o liberalismo de seus germes democráticos. Como jovem historiador sob a Restauração, Guizot saudara os efeitos niveladores da ascensão burguesa. Mas, como estadista, opôs firmemente a liberdade à dinâmica da igualdade. No fim, deixou o liberalismo francês muito atrás de Constant.

O LIBERALISMO ANALISA A DEMOCRACIA: TOCQUEVILLE

Outra figura de destaque entre os liberais franceses, ao lado de Constant, foi Alexis de Tocqueville (1805-1859). Ele odiava Guizot e tornou a igualdade e a democracia as principais preocupações de sua obra.

Tocqueville descreveu-se como "um liberal de nova espécie". E, na verdade, ele diferiu significativamente de seus predecessores franceses. Ele foi, se tanto, tão fervoroso e apaixonado quanto qualquer deles quando se tratou da vida da liberdade, salientando que "uma nação que nada pede de seu governo além de preservação da ordem já está escravizada em seu coração". Além disso, manteve uma preocupação sincera com a base moral das instituições liberais e especialmente por sua fundamentação religiosa. Se Benjamin Constant, protestante, fez da religião uma preocupação de toda uma vida, Tocqueville provavelmente foi ainda mais devoto; seus documentos íntimos mostram que a sua formação jansenista moldou sua visão do homem e da moral. Nem foi menos anglófilo, em seu amor à autoridade parlamentar, do que qualquer dos liberais constitucionais que o precederam.

Em outros aspectos importantes, no entanto, Tocqueville entrou por um caminho um tanto diferente dos seus antecessores. Ele não hesitou, por exemplo, em elogiar o passado feudal. Aos olhos desse nobre normando, a aristocracia nada tinha de mal em si mesma. E seu desprezo pelas classes médias constituiu um traço aristocrático persistente nesse estranho liberal-democrata. A avaliação nostálgica por Tocqueville da liberdade feudal fez com que ele pintasse o antigo regime não apenas como a condição, mas como a própria causa da Revolução Francesa. Uma tradição centralista despótica alimentada pelo absolutismo, tendo emasculado a aristocracia, reafirmou-se com os jacobinos e Napoleão, apenas para novamente engolir a liberdade francesa no Segundo Império. Tal foi a tese de seu estudo *O Antigo Regime e a Revolução*, de 1856. É desnecessário dizer que, nessa interpretação, 1789, como 1848, não passou de um episódio; a longo prazo, a França sofria de uma propensão crônica para o governo autoritário. A razão para tanto consistia, na opinião de Tocqueville, na atomização da sociedade acarretada pelo centralismo administrativo (o qual cuidou de distinguir da centralização funcional do governo, necessária à unidade nacional). Como se pode ver, Tocqueville endossou o lamento, caro aos doutrinários, de uma *société en poussière*, com a exceção de que situou sua causa não no choque da Revolução, mas num prolongado crescimento da tirania administrativa sob o absolutismo. Além disso, enquanto Royer-Collard preocupava-se com o Estado, Tocqueville focalizou o estado da sociedade e tornou-se o sociólogo do liberalismo clássico.

Uma segunda discrepância crucial entre Tocqueville e os liberais anteriores ligava-se ao problema do individualismo. Vale a pena relembrar que a palavra *individualismo* fez um de seus primeiros aparecimentos em língua inglesa na tradução, por Henry Reeves, de *A Democracia na América* de Tocqueville (originalmente publicada em duas partes, em 1835 e 1840).[23] Em francês, o termo surgiu muito mais cedo, nos escritos reacionários de Joseph de Maistre. A partir de 1825, o termo foi frequentemente ouvido entre os discípulos de Saint-Simon, fundadores do socialismo tecnocrático.

Tocqueville estabeleceu uma distinção entre egoísmo e individualismo. Egoísmo, disse ele, é uma categoria moral, é um vício. Individualismo é um conceito sociológico que denota uma falta, não de virtude *per se*, mas de virtude pública ou cívica. É uma disposição pacífica que separa uma pessoa de seus concidadãos, trocando a sociedade pelo pequeno grupo da família e de amigos. Enquanto o egoísmo se encontra em todas as épocas históricas, o individualismo é uma característica da sociedade *democrática*. Em sua viagem à América, Tocqueville admirou o vigor cívico das reuniões municipais na Nova Inglaterra. Mas nelas divisou antes um corretivo do que um reflexo de democracia. A questão pode ser facilmente resolvida se tivermos em mente o significado da palavra *democracia* em Tocqueville. Algumas vezes, ele empregou o termo em seu sentido político normal, de um sistema representativo fundado num amplo

---

[23] James T. Schleifer, *The Making of Tocqueville's "Democracie in America"*. Chapel Hill, University of North Carolina Press, 1980, cap. 18; mas ver Koenraad Stwart, "Individualism in the Mid-Nineteenth Century", *Journal of the History of Ideas*, jan./mar. 1962, p. 77-90.

sufrágio. Mas, com mais frequência, o empregou como um sinônimo para sociedade igualitária, coisa com que ele não designava uma sociedade de iguais, mas uma sociedade em que a hierarquia já não era a regra do princípio aceito da estrutura social.

Nesse contexto democrático, Tocqueville divisou o individualismo como uma patologia social, um autocentralismo difundido, oriundo de uma sociedade igualitária dominada por materialismo, competição e ressentimento. Em seu *O Antigo Regime* ele já havia encontrado o individualismo na sociedade privilegiada, anterior à Revolução. Num capítulo inteiro (livro 2, cap. 8) discorreu sobre a maneira pela qual os franceses se tinham tornado a um tempo mais semelhantes e mais isolados, fragmentando a nação em pequenos grupos de interesse que tinham inveja uns dos outros, o que preparou o terreno para "o verdadeiro individualismo" da sociedade democrática moderna.

Não se podia discernir tal antipatia pelo individualismo seja em Constant ou Guizot. Para eles, o individualismo era uma coisa boa, o coração da "liberdade moderna", no sentido de Constant. Tocqueville não ignorou de qualquer forma o valor da independência pessoal, mas suas dúvidas quanto ao crescimento do individualismo em sociedade democrática – ou seja, moderna – mostram que ele manteve distância com relação à alta estima que os burgueses tinham pela liberdade negativa e por seu modelo de *homo oeconomicus*. Uma ótima interpretação recente de Jean-Claude Lamberti[24] focaliza a originalidade da abordagem de Tocqueville do problema do individualismo. Diferentemente de reacionários como Maistre e Bonald, que censuravam a revolução por ter desencadeado o individualismo, Tocqueville apontou uma fonte social para ele – o nivelamento das "condições" ou, em sua linguagem, a tendência democrática.

---

[24] Jean-Claude Lamberti, *Tocqueville and the Two Democracies*. Trad. A. Goldhammer. (1983) Cambridge, Harvard University Press, 1989.

Também por isso, Tocqueville sentiu forte desconfiança pelas classes médias (que haviam sido sagradas para Guizot) pois eram as portadoras naturais do individualismo reforçado. A isso se opunha uma tradição de pensamento que louvava os efeitos civilizadores da ascensão da burguesia. Montesquieu, a principal referência de Tocqueville, pensou no espírito comercial como um criador de ordem, paz e moderação ("a domesticação das paixões", um tema analisado por Hirschman).[25] Constant, em sua juventude em Edimburgo, sucumbira ao encanto da teoria dos estágios evolutivos, proposta pelo Iluminismo escocês, e celebrou o contraste entre o "espírito de conquista" e o "espírito de comércio".[26] Para Tocqueville, no entanto, é a democracia, não o comércio, que adoça as maneiras – mas ao preço de um individualismo isolacionista. Tocqueville não aceitou a crença iluminista na força civilizadora do comércio, mas também não seguiu a idealização conservadora (tão proeminente em Burke) da Igreja e da cavalaria na Idade Média como fatores de refinamento, pilares idos de um mundo nobre desfigurado pela ascensão do comercialismo vulgar.

Tocqueville transformou o estado de espírito antiburguês num poderoso motivo cultural. Durante toda a sua vida, ele deu de ombros diante da exaltação liberista do *homo oeconomicus*, professada por economistas como Say e Bastiat. Como Lamberti sugere, seu gosto pela independência parecia muito mais com o heroísmo romântico celebrado por seu primo distante Chateaubriand, um monarquista legitimista que se tornou liberal depois de 1830, do que com o *éthos* burguês de Guizot. O liberalismo de Tocqueville, como o do economista suíço Simonde de Sismondi (1773-1842), era de natureza política, não econômica.

---

[25] Montesquieu, *Do Espírito das Leis* (ver nota 2 do capítulo 1), livro 5, cap. 7.
[26] Ver Constant, "De l'Esprit de Conquête et de l'Usurpation dans leurs Rapports avec la Civilization Européene", in Gauchet, *De la Liberté chez les Modernes* (ver nota 21 anterior).

Com 36 anos de idade, Tocqueville, famoso pela publicação de *A Democracia na América*, ingressou na Academia como o "novo Montesquieu". Como viu Raymond Aron, Tocqueville tirou de *Do Espírito das Leis* uma perspectiva crítica da interpretação da igualdade. Nas monarquias de Montesquieu, a liberdade estava atada às distinções entre classes sociais do reino e o sentimento feudal da honra. Os despotismos de Montesquieu, por outro lado, eram sistemas dominados pela igualdade no interior da servidão geral. Tocqueville definiu a democracia pelo impulso para a igualdade, e demonstrou que a igualdade não resulta (necessariamente) em liberdade. A democracia gera o individualismo, e individualismo significa aspirações materialistas e falta de virtudes cívicas. No entender de Lamberti, Tocqueville escreveu o que seria o último arroubo do humanismo cívico.

O que mais receava o liberalismo francês que precedeu Tocqueville era o despotismo, a tirania do Estado. Nisso Constant pouco diferia de Locke, Montesquieu e Jefferson. Mas Tocqueville descobriu uma nova ameaça à liberdade: o conformismo de opinião. O "instinto democrático", usando o centralismo como alavanca, parecia próximo a nivelar espíritos, assim como classes e condições. A segunda parte de *A Democracia na América* falou de "uma nova espécie de despotismo": a "tirania da maioria". Uma doce servidão podia durar, sob a tutela bem-intencionada de um Estado paternalista – mas nem por isso deixaria de ter por consequência a privação da liberdade.

Ao salientar excessivamente os perigos da igualdade, Tocqueville pode parecer um tanto próximo de seu detestado Guizot, o liberal autoritário antidemocrático. Como observou John Plamenatz, era um tanto falacioso dizer que o passado feudal fora mais desigual, mas também mais livre do que a sociedade francesa depois da centralização absolutista. Pois se o passado feudal era certamente menos igual do que a sociedade moderna, não era ele de qualquer forma mais livre, a menos que se limite a liberdade aos escalões superiores da estrutura social.[27] O quanto Tocqueville se tinha afastado, em sua nostalgia aristocrática, da lealdade à visão do Iluminismo, tal como entendido por liberais franceses anteriores! Constant, em 1805, escreveu todo um ensaio sobre a perfectibilidade da humanidade. Perfectibilidade, afirmou ele, não era mais do que a tendência para a igualdade.[28] Estes eram precisamente valores que Tocqueville não partilhava, ou sobre os quais era muito ambivalente.

Por outro lado, Tocqueville era mais otimista que Guizot no que diz respeito ao poder institucional da liberdade. Ele encarava alegremente antídotos contra o impulso centralista. Daí suas prescrições esperançosas de autogoverno local e de associação voluntária – as duas coisas, juntamente com os efeitos tônicos da religião, que ele elogiou como garantias americanas de liberdade na democracia social. O "novo liberal", em suma, era um pessimista, mas não um fatalista. Tocqueville confiou mesmo em que a ordem social correta geraria a liberdade. Na América, pensou, costumes liberais tinham tornado livres as instituições políticas; na França, livres instituições podiam criar costumes liberais. Isso também se parecia muito com Montesquieu, pois este tinha, como se sabe, perguntado como podiam as leis ajudar a formar o caráter de uma nação (*Do Espírito das Leis*, livro 19, cap. 27). A causalidade social é uma via de mão dupla.

Tocqueville pouca atenção dispensou ao industrialismo emergente de seu tempo. Viajou para Pittsburgh, mas ignorou suas usinas de aço (outros visitantes franceses da época, como Michel Chevalier, foram muito mais curiosos); consternou-o a vida fabril de Manchester, mas seu pensamento não ultrapassou a repugnância moral. Mesmo suas observações mais perceptivas sobre a industrialização revelaram-se estranhas à sua principal contenção, a

---

[27] John Plamenatz, "Liberalism", in: Philip Wiener (ed.), *Dictionary of the History of Ideas*. New York, Scribner's, 1973, vol. 3. p. 50.

[28] Constant, "De la perfectibilité de l'Espéce Humaine", in: Gaughet, *De la Liberté chez les Modernes* (ver nota 74, cap. 3), p. 580-95.

marcha para maior igualdade e a necessidade de escolher entre a liberdade e o despotismo benigno como forma de sociedade democrática. Tocqueville compreendeu que o industrialismo tende a fortalecer os efeitos não liberais da centralização administrativa, enfraquecendo a posição do operário. Quanto mais avança a divisão do trabalho, tanto mais dependente ela torna o servo da maquinaria. (Não estamos longe das teses de alienação de Marx.) A longo prazo, no entanto, os trabalhadores, nada mais do que pela pura força de seu número, tornar-se-ão crescentemente assertivos e inquietos, e pressionarão o Estado a apressar o passo do nivelamento. Estabelecer-se-á, assim, um Leviatã tutelar, fechando um acordo entre um princípio amplamente formal de soberania popular e o progresso ulterior do centralismo burocrático. Como se pode ver, o valor profético desse cenário só pode reforçar a teoria democrática no sentido de Tocqueville. Por contraste, outras variáveis foram por ele ignoradas.[29]

A partir de 1840, a obra de Tocqueville afastou-se da democracia para focalizar cada vez mais a revolução.[30] Poder-se-ia dizer que seus sofisticados devaneios sociológicos acabaram partilhando a obsessão de Guizot com ameaças revolucionárias. Isso é um tanto irônico, porque o liberalismo francês começara descartando a demonização reacionária da Revolução. Sente-se aqui a peculiaridade do liberalismo clássico francês: uma referência constante à Revolução, suas origens, sua infindável sequela. Diferentemente dos liberais ingleses entre Locke e Mill, os franceses não estavam justificando uma ordem social, mas tateavam em busca de uma, no curso cheio de altos e baixos da política francesa de Waterloo a Sedan. Em geral, os conservadores franceses eram reacionários que queriam extirpar completamente a obra da Revolução. Os liberais, por outro lado, queriam pôr termo à Revolução sem acabar *com* ela – isto é, sem prejudicar suas

---

[29] Hugh Brogan, *Tocqueville*. Londres, Fontana, 1973, p. 75.

[30] Schleifer, *The Making of Tocqueville's "Democracie in America"* (ver nota 23 anterior), cap. 18.

conquistas sociais. Nisso, pelo menos, Constant, Guizot e Tocqueville concordavam, mas ainda havia muito desacordo quanto aos métodos de normalizar a liberdade política no mundo da igualdade civil criado pela Revolução (ou, nas palavras de Tocqueville, por ela ratificado). Tocqueville foi capaz de relacionar alguns "instintos liberais" na evolução democrática da sociedade moderna. Mas basicamente deixou-os à sombra, e sobretudo deixou a impressão de que como amigo sincero da liberdade ele estava apenas resignado à democracia como igualdade.

É oportuno dizer ainda algo antes de nos despedirmos dos liberais clássicos franceses. A pouca afeição de Guizot pelo *laissez-faire* e a atitude morna de Tocqueville para com a sociedade comercial parecem sustentar aqueles que afirmam que o primeiro liberalismo *não* foi uma ideologia da burguesia mercantil e industrial, mas o instrumento de uma aristocracia decadente ou de uma camada culta mais interessada na razão e no debate livre do que no lucro, mercado e progresso. A descrição lambertiana de Tocqueville como um humanista cívico tardio concorda com tal interpretação revisionista, à qual um erudito italiano, Ettore Cuomo, devotou todo um livro.[31] Nenhum deles cita Pocock, mas ambas as obras parecem sugerir temas pocockianos que persistem muito além de seu período, que vai de Harrington a Jefferson.

O SANTO LIBERTÁRIO: JOHN STUART MILL

Os textos que coroaram o liberalismo clássico, os de John Stuart Mill (1806-1873), manifestam uma influência conspícua de Tocqueville. Mill foi um francófilo que amava dois aspectos do pensamento francês de que ele tristemente sentia falta na Inglaterra – teoria e política progressista de um tipo radical. Cedo na vida ele

---

[31] Ettore Cuomo, *Profilo del Liberalismo Europeo*. Napoli, Edizioni Scientifiche Italiane, 1981.

namorava ideias saint-simonianas ou, melhor dizendo, o *éthos* saint-simoniano. Em sua *Autobiography*, o clássico do gênero no século, Mill escreveu de forma comovente a respeito de sua crise mental de 1826, quando sofreu uma depressão nervosa por passar a duvidar do valor de sua formação arqui-intelectualista e empobrecedora dirigida com zelo por seu pai James, um fervoroso benthamita.

A busca de sentimento por parte de Mill, em lugar de pura análise, levou-o a descobrir Coleridge, Carlyle e Saint-Simon. Coleridge, o fundador do romantismo inglês, era, como tal, o próprio contrário de Bentham. Carlyle, o futuro sábio de Chelsea, atacou o mamonismo, o "elo argentário" (capitalismo), e a "Era Mecânica" (industrialismo). Sua prosa flamejante (em *Sartor Resartus*, 1833, e *Past and Present*, 1843) não poupou o utilitarismo de Bentham e James Mill; satirizou o "cálculo gerador de felicidade", a aferição benthamita do prazer e da dor como um horrível "moinho triturador" (em inglês, *grinding-mill*). O trocadilho não deixou de ter efeito no jovem Mill, que estava em completa, embora tardia, rebelião edípica. O saint-simonismo oferecia-lhe um tipo muito diferente de crença no progresso, com uma mística do altruísmo e sacrifício em lugar da fria satisfação objetivada pela ética utilitária.[32]

Mill, tendo esgotado sua veia romântica, entrou na idade madura como o autor de duas obras-primas racionalistas, o *Sistema de Lógica* (1843) e os *Princípios de Economia Política* (1848), os quais, a despeito de seu agnosticismo, tornaram-se compêndios na ainda clerical Oxbridge. E manteve-se fiel ao individualismo liberal em sua rejeição firme da tecnocracia autoritária recomendada pelo maior dos saint-simonianos, Auguste Comte (1798-1857). Cerca do início da década de 1850, no entanto, ele se engajou em questões práticas, de que se aproximou com um espírito de liberalismo de esquerda militante. A mudança de sentimentos em Mill decorreu de sua

---

[32] R. J. Halliday, *John Stuart Mill*. London, Allen & Unwin, 1976, cap. 1.

reação entusiástica às revoluções de 1848 – uma sublevação que apavorou extremamente Comte, mas que Mill esperava que tornasse republicana toda a Europa. Também estava muito sob a influência de sua mulher, Harriet Taylor, uma devota libertária. À sua memória está dedicado o mais famoso ensaio de Mill: *On Liberty* (1859).

On Liberty deve a Tocqueville seu permanente cuidado com a tirania da opinião. Temendo a perspectiva da uniformidade "chinesa", Mill chamou a atenção para a necessidade de preservar "os antagonismos de opiniões". Em seu tratado mais político, *Considerations on Representative Government* (1861), ele defendeu a representação proporcional como sistema eleitoral com o objetivo de garantir o respeito à diversidade ideológica. Mill também partilhava com Tocqueville um respeito pela moral cívica e uma fé no valor educativo da participação democrática. Mas aqui termina a principal concordância entre os dois pensadores liberais clássicos tardios. As respectivas visões do mundo estavam muito longe de serem idênticas. Mill endossou tanto o alarme de Tocqueville diante do despotismo social em vez de político, quanto o antídoto de Tocqueville, a saber, democracia participatória; mas nada tinha da nostalgia aristocrática do francês, nem de sua inclinação religiosa. Filho de um funcionário público, que vencera por seus próprios esforços, e ele próprio um burocrata no mesmo departamento (o Ministério da Índia), Mill tinha uma experiência e uma visão muito diferentes; e como economista ele também salientou o liberismo, um tema liberal muito ignorado pelos teóricos políticos franceses (distintamente de teóricos econômicos). Significativamente, Mill não alterou em seus *Princípios* a defesa do *laissez-faire* como uma prática geral nas sete edições da obra, lançadas durante a sua vida. Quaisquer que fossem as simpatias socialistas sentidas nos seus anos maduros, estas nunca implicaram qualquer deslocamento para o dirigismo.

Representative Government é um curioso abandono do breviário de James Mill para a democracia, o *Essay on Government* de 1820. O jovem Mill manteve o sufrágio universal, mas não o valor igual do voto, tampouco o voto secreto. Para conferir maior peso aos educados – um propósito elitista –, recorreu a um sistema de votação plural que fazia com que os mais bem qualificados pudessem dar mais de um voto e receber votos de mais de um distrito eleitoral. Essa tentativa de equilibrar a participação e a competência, o acesso democrático e o governo esclarecido,[33] decorria na realidade de um objetivo liberal que estava muito distante do objetivo de James. Pois James Mill prescrevia a democracia para minimizar a opressão, enquanto John Mill a prescrevia para maximizar a responsabilidade.[34] Pela mesma razão, John Mill descartou os votos secretos.

Ainda assim, a distância entre a democracia qualificada de John Mill e o apelo de seu pai em favor do sufrágio universal muito nos revela quanto à evolução da inclinação liberal. Como assinalou John Burrow, nos cautelosos arranjos de Mill em favor do autogoverno representativo protegido contra a tirania majoritária, resta pouco da aposta utilitarista na racionalidade da humanidade, em última instância.[35] Oficialmente, ele podia falar como um herdeiro fiel da crença no progresso e na perfectibilidade, típicas do Iluminismo e de seus mestres utilitaristas, mas, no fundo, Mill, como Tocqueville, era um liberal pessimista. Resenhando o segundo volume de *A Democracia na América*, na *Edinburgh Review* (1840), Mill objetou que Tocqueville havia exagerado o impacto da igualdade e subestimado o dinamismo do comércio. Afinal de contas, disse Mill com sarcasmo, o Canadá francês era uma sociedade tão igualitária quanto os Estados Unidos, embora lhe faltasse o empresariado móvel, aquela sede impaciente de progresso, que também era

---

[33] Como explicado por Dennis F. Thompson, *John Stuart Mill and Representative Government*. Princeton, Princeton University Press, 1976, p. 195.

[34] William Thomas, *Mill*. Oxford, Oxford University Press, 1985, p. 111.

[35] J. W. Burrow, *Whigs and Liberals: Continuity and Change in English Political Thought*. Oxford, Clarendon, 1988, p. 106.

tão conspícua na Inglaterra marcada pela desigualdade social. Na aparência, isso parece um cordial regresso ao louvor do Iluminismo ao progresso. Mas Mill já não via a sociedade comercial como uma idade de melhoria. Em seu ensaio "Civilization" (1836), afirmou que seu efeito era um aumento na dependência de cada um da sociedade e um geral "afrouxamento da energia individual". Não é necessário dizer que tal visão entrópica da história opunha-se fortemente ao primeiro utilitarismo. A angústia histórica não era o forte de Bentham.

O pessimismo subjacente de Mill não o impediu de formular reivindicações progressistas. Ele propôs a reforma agrária como uma solução para a questão irlandesa, e cooperativas de produtores como uma maneira de democratizar a propriedade. Escreveu um opúsculo feminista apaixonado, *The Subjection of Women* (1869). Desde o dia em que foi preso na adolescência por distribuir propaganda em favor do controle da natalidade, seu zelo reformista nunca se abateu; e na década de 1860 ele era o deputado progressista em Westminster. Assim, o que resulta difere consideravelmente da síndrome de Tocqueville, já que, a despeito de todo o seu elitismo, a personalidade política de Mill era muito mais adiantada do que a de Tocqueville. É por essa razão que tantos ainda o julgam, como nunca seria possível julgar Tocqueville, uma ponte intelectual entre o liberalismo clássico e o socialismo liberal.

On Liberty foi interpretado como um manifesto do individualismo. Proibiu a interferência do Estado no comportamento que só interessa à própria pessoa, e exaltou a liberdade de "procurar o seu próprio bem à sua própria maneira". Mill viu a liberdade como coisa essencial ao autodesenvolvimento, um tema que tomou de empréstimo a Humboldt. Uma individualidade desimpedida e uma esfera abrangente de privacidade são necessárias à cultura da personalidade. Além disso, ele demonstrou que a liberdade é amplamente instrumental no fomento do progresso. Seu objetivo, como um liberal utilitarista, ou seja, como alguém que não argumentava a partir de qualquer posição de "direito natural", consistia em proporcionar à liberdade um lugar central em utilidade, demonstrando seu papel-chave na felicidade e na formação do caráter.[36] Depois que Mill abandonou o conceito passivo do espírito sustentado por Bentham e por seu pai, sua própria ideia de felicidade tornou-se inseparável da atividade, e da atividade de escolha em particular.[37]

Esse traço alemão de liberalismo autotélico combinou-se com uma preocupação por autonomia (liberdade política) e com um gosto pela experiência e pelo experimento. A liberdade era, entre outras coisas, uma abertura à experiência no sentido de que esta significava uma disposição a ser crítico, ser livre de preconceito e de dogma. O conservadorismo era para Mill, acima de tudo, uma má epistemologia, fundada na intuição, em vez de o ser na indução; em sabedoria acolhida e crença não examinada, em vez de o ser num tipo inquisitivo de espírito. Mill prescreveu, ao mesmo tempo, experimentação moral e força de caráter, apelando assim para os dois lados da alma vitoriana, o ascético e o estético, ou, em termos de Heinrich Heine e Matthew Arnold, o hebraico e o helênico.

Harmonizando o liberalismo dos *Princípios* com o indutivismo da *Lógica*, *On Liberty* tornou-se logo uma Bíblia libertária. Mill entrelaçara vários ramos do pensamento liberal. Liberdade política, autonomia negativa, autodesenvolvimento, liberdade como intitulamento, liberdade de opinião, liberdade como autogoverno, liberdade como privacidade e independência. O velho apelo protestante para a consciência, numa forma secularizada, nele estava presente, e o mesmo ocorria com a abordagem iluminística da liberdade como o instrumento de progresso. Na verdade, *On Liberty* foi admiravelmente complementado pela obra sobre *Representative Government*, já que o primeiro foi um

---

[36] Alan Ryan, *J. S. Mill*. London, Routledge & Kegan Paul, 1974, cap. 5.

[37] John Gray, *Mill on Liberty: A Defense*. London, Routledge & Kegan Paul, 1983, p. 45.

protesto contra a tirania de opinião, e o segundo, uma receita contra a tirania da maioria.

Eruditos, no entanto, discutem calorosamente a autenticidade da mensagem de Mill. Gertrude Himmelfarb, nos Estados Unidos, e Maurice Cowling, na Inglaterra, retrataram Mill como um radical intermitente, mesmerizado pela insuportável sabichona e pretensiosa Harriet Taylor para repudiar sua própria rejeição juvenil da superficialidade utilitarista.[38] F. A. Hayek e, mais recentemente, John Gray censuraram Mill por ter separado irrealisticamente a individualidade dos contextos sociais e da tradição cultural. Outros, firmados numa leitura mais cuidadosa do grande ensaio de 1859, rejeitam essa acusação. Mill pode ter alimentado ideais elitistas utópicos, mas em *On Liberty* ele compensou seus receios de uma tirania de opinião majoritária com uma insistência explícita na necessidade do autodesenvolvimento geral e evitando inculcações de qualquer espécie.[39]

Na década de 1860, Mill voltou a dissociar-se da posição de Comte por causa das tendências "liberticidas" deste. Assim, o cientificismo de Comte – um sonho de despotismo esclarecido do século XIX – serviu para realçar por contraste as intenções do próprio Mill. A Igreja positivista teria significado paternalismo, e paternalismo era precisamente aquilo que Mill mais queria rejeitar, em nome da liberdade individual. A crítica de Macaulay – de que ele exagerara em sua representação do conformismo em uma idade de caracteres fortes e um tanto excêntricos – é muito mais adequada.

---

[38] Maurice Cowling, *Mill and Liberalism*, Cambridge, Cambridge University Press, 1963; Gertrude Himmelfarb, *On Liberty and Liberalism: the Case of John Stuart Mill*, New York, 1974. Ver J. B. Schneewind (ed.), *Mill – A Collection of Critical Essays*, New York, Macmillan, 1968, para o exame, por R. J. Halliday, da crítica de Cowling, p. 354-78; ver C. L. Ten, *Mill on Liberty*, Oxford, Clarendon, 1980, p. 145-66, para um exame tanto de Cowling como de Himmelfarb. *On Liberty* é o assunto da seleta editada por A. Philips Griffiths, Cambridge, Cambridge University Press, 1983.

[39] C. L. Ten, *Mill on Liberty* (ver nota 38 anterior), p. 173.

O erudito de Oxford Larry Siedentop estabeleceu uma distinção instrutiva entre os ramos francês e inglês do liberalismo clássico sumariados por Tocqueville e Mill. Os ingleses eram principalmente filósofos do espírito, como os dois Mills, e sua própria abertura à evolução pacífica da sociedade inglesa fez com que seu liberalismo fosse mais pobre em conteúdo sociológico e histórico. Por contraste, a escola francesa era constituída por historiadores e juristas, e seus liberais tendiam a tratar as instituições políticas em função das condições sociais. De igual modo, dedicaram uma atenção especial à mudança histórica e adotaram geralmente uma perspectiva comparatista.[40]

A antítese de Siedentop opõe um liberalismo psicológico a um liberalismo histórico-sociológico, justificando-se apesar do grande interesse de Mill pela história francesa (Michelet) ou pela sociologia política (Tocqueville). Mas, se nos voltarmos para a história interna do liberalismo inglês, não se pode negar que o programa liberal de Mill, apesar de toda a sua inegável reticência diante da democracia, ultrapassava amplamente em espírito social e escala moral a fórmula *whig*, pela qual nada mais sentia do que o maior desprezo. Nisso, como em muitas outras coisas, Mill permaneceu fiel ao impulso progressista do círculo benthamita. Muito respeitado por Gladstone, cujo biógrafo, John Morley, era discípulo de Mill, John Stuart Mill simbolizou a despedida final do liberalismo de seu longo passado patrício.

Em direção ao liberalismo social: Mazzini e Herzen

É apropriado rematar nossa vista de olhos do liberalismo clássico mencionando outras partes da Europa. Por volta dos anos 1850, duas figuras, ambas emigradas em

---

[40] Larry Siedentop, "Two Liberal Traditions", in: A. Ryan (ed.), *The Idea of Freedom* (ver nota 8, cap. 1), p. 153-74.

Londres, destacaram-se como grandes e influentes paladinos da liberdade. Um era o italiano Giuseppe Mazzini (1805-1872), quase exatamente contemporâneo de Mill. O outro era o russo Alexander Herzen (1812-1870).

Mazzini contribuiu com duas coisas para o catecismo liberal: nacionalismo e juventude. Em seu tempo de estudante, ele se uniu à seita dos carbonários, que travava uma luta secreta para unificar a Itália e libertá-la da Áustria. Mas, em 1831, fundou a Jovem Itália, uma organização que rapidamente se difundiu fazendo campanha por um Estado republicano unitário em toda a península. Por volta do fim da década, Mazzini teve de exilar-se e, em Londres, escreveu ensaios mais tarde coligidos como *The Duties of Man* (1860). Seu tom moral era claro, e o livro dirigia-se aos trabalhadores, a despeito da ênfase de Mazzini na luta entre gerações em vez da luta de classes.

Porque a seus olhos o liberalismo não significava mais do que um vulgar liberismo materialista, Mazzini considerava-se um opositor da escola liberal. Sua visão socioeconômica decorria de Sismondi e dos socialistas comunitários na indústria, conduzidos por Robert Owen (1771-1857). E seu democratismo estava tingido de social-cristianismo, à moda de Charles Kingsley (1819-1875) e Lamennais (1782-1854). Em sua *História do Liberalismo Europeu*, De Ruggiero censurou-o por esposar um anti-individualismo místico inteiramente inadequado à Itália atrasada na época.[41] Mas como social-cristão que era, Mazzini foi intransigente na rejeição do socialismo, que ele julgava iliberal e também amoral por causa de seu materialismo.

A Revolução de 1848-1849 – a "Primavera do Povo" – tornou Mazzini um triúnviro numa república romana de curta duração. Mas a unificação seria finalmente controlada pelo liberal-conservador Camillo Benso, conde de Cavour (1810-1861) em benefício do reino piemontês,

---

[41] Guido de Ruggiero, *History of European Liberalism*. Trad. R. G. Collingwood. (1925) Oxford, Oxford University Press, 1927, vol. 1, cap. 4, seção 2.

pondo de lado o generoso republicanismo de Mazzini e Garibaldi (1807-1882). No liberalismo altamente idealista de Mazzini, a causa nacional do *Risorgimento* era perfeitamente compatível com um humanitarismo universalista e uma federação europeia. Mazzini gozava de imenso prestígio e, no apogeu do vitorianismo, constituía uma verdadeira consciência do republicanismo liberal. Nele Gandhi divisou, juntamente com Tolstoi, uma de suas inspirações ocidentais.

Depois do fracasso da Revolução de 1848 veio a *Carta de um Russo a Mazzini* (1849), de Herzen, que havia deixado a Rússia pelo exílio dois anos antes. Ele, que estivera sob o encanto do hegelianismo em seu país, decretara, como hegeliano de esquerda radical, que a burguesia não tinha "grande passado e nenhum futuro". Era uma classe sem tradição, incapaz de substituir a economia política pela honra aristocrática. Quando o socialismo foi miseravelmente derrotado, em 1848, ele viu a Europa burguesa como uma nova Roma decadente, os socialistas como os primeiros cristãos perseguidos, e os eslavos como os novos bárbaros. Desesperançado de seu antigo historicismo, Herzen escreveu em *Da Outra Margem* que a história não tem finalidade – e tanto melhor para a liberdade individual, que podia dizer "bons ventos a levem" a qualquer utopia que exigisse grandes sacrifícios em benefício do futuro.

Tendo perdido toda esperança de uma revolução propriamente dita na Europa, Herzen não se tornou apolítico ou reformista. Tornou-se apenas eslavófilo (antes de seu exílio ele fora um proeminente ocidentalista). Escrevendo a Michelet, Mazzini e Proudhon e ao socialista alemão Georg Herwegh (até que descobriu que Herwegh e a bela senhora Herzen gostavam demasiado um do outro), Herzen difundiu sua concepção, e começo, de um socialismo russo.[42] Como os prévios eslavófilos, Herzen saudou o fato de que os "bárbaros" russos não haviam

---

[42] Martin Malia, *Alexander Herzen and the Birth of Revolutionary Socialism, 1812-1815.* (1925) Oxford, Oxford University Press, 1961.

sido contagiados pelo direito romano e pelo direito de propriedade. A Rússia, prometeu, nunca seria nem protestante nem burguesa. Ao mesmo tempo, afastou-se da ortodoxia eslavófila, achando que a comuna aldeã era uma instituição demasiado tediosa, estúpida e conservadora, e ousou mesmo celebrar a selvagem modernização de Pedro o Grande, o jacobino coroado.

Na altura da década de 1860, Herzen demonstrou uma incompreensão notável da evolução social do Ocidente. Numa série de artigos polêmicos dirigidos ao romancista Turgueniev, *Fins e Começos*, considerou a era da burguesia, como tinham feito Mill e Tocqueville, como o reino da mediocridade. Mas salientou que a ascensão das classes médias estabilizara o capitalismo e promovera o avanço social e material das massas; e foi até prever o emburguesamento dos trabalhadores numa era de prosperidade difundida. Pregou ao czar reformas sem violência. Contudo, no espectro político russo da época, ele estava definitivamente na extrema esquerda. Quando foi fundada em 1861, a primeira organização revolucionária, Terra e Liberdade, tomou emprestado seu título da amplamente lida revista de Herzen, *O Sino*.

Herzen deixou um testamento político em suas *Cartas a um Velho Camarada* (1869). Dirigidas a Bakunin, foram na realidade escritas como autocrítica, principalmente de suas atitudes desalentadas depois de 1848. Retomando, em boa medida, sua fé no historicismo, Herzen passou a encarar o Estado e a propriedade como algo historicamente funcional, espécies de degraus para o desenvolvimento humano. Ele censurou nas vanguardas revolucionárias a sua tentativa "petrograndista" de impor sua vontade às massas. Condenou redondamente o comunismo por sua ideia de igualdade de "escravo de galera", e dispensou sua bênção – para a fúria de Bakunin – à moderação da Primeira Internacional. Herzen, não sendo nem constitucionalista nem uma pessoa versada em economia, nunca foi um liberal no sentido ocidental pleno, mas isso não o impediu de contribuir poderosamente para a visão libertária no credo liberal.

Nossos quatro liberais clássicos tardios, apesar de toda a diferença que os separava, partilhavam algumas ideias comuns. O liberal conservador Tocqueville ensinou ao elitista Mill o valor cívico do autogoverno e os perigos do poder majoritário. Mazzini gostava de Mill o bastante para convidá-lo (em vão) a seu lar de emigrado em Blackheath. E Herzen julgava Mazzini digno de receber uma de suas principais avaliações da situação pós-1848. O próprio ano de 1848 encontrou todos os quatro do lado republicano, embora com esperanças e atitudes diferentes. Havia uma longa distância entre o tímido constitucionalismo monárquico e o censo oligárquico de Royer-Collard e Guizot – embora não tão afastados da política dos primeiros utilitaristas.

Os discursos do liberalismo clássico

Muito depois do auge do liberalismo clássico tardio – o florescimento de Tocqueville, Mill, Mazzini e Herzen na metade do século XIX – William Butler Yeats perguntou num poema chamado "O Sábio":

O que é whiguismo?[43]
Uma espécie de espírito nivelador, rancoroso, racional,
Que nunca espia pelo olho do santo,
Ou pelo olho de um bêbado.[44]

Yeats, é claro, não era liberal, *whig* ou de qualquer outra forma; e talvez fosse por isso que criticou como "whiguismo" algo que era realmente mais parecido com benthamismo, na opinião de seus opositores. Quanto ao liberalismo clássico de meados da era vitoriana, este tinha certamente pelo menos dois santos – Mazzini e Mill.

---

[43] Do original *whiggery*. (N. T.)
[44] W. B. Yeats, "The Seven Sages", in: *The Winding Stair and Other Poems* (1933). In: *The Collected Poems of W. B. Yeats*. London, Macmillan, 1977.

E eu gostaria de propor o nosso hedonista lírico Herzen como um bom candidato para o lugar de "bêbado" do liberalismo. Uma coisa, no entanto, nenhum deles nunca foi – um *whig*. O que novamente apenas mostra quão extenso havia sido o caminho trilhado pelo liberalismo, mesmo naquela fase.

Num tom mais sério, poderíamos do mesmo modo concluir dando ênfase à diversidade conceitual do liberalismo clássico. O primeiro liberalismo clássico já conhecia pelo menos três tipos de discurso teórico: teoria dos direitos naturais, republicanismo cívico, e história em fases, como na economia política e na teoria social do Iluminismo escocês. A evolução da doutrina liberal manifestou um progressivo desprendimento da ideologia cívica, até que um primeiro republicanismo americano, um jusnaturalismo lockiano, além de opiniões favoráveis a fases evolutivas (o tema da sociedade comercial ou civilizada), levou a melhor. Então, por volta de 1800, os benthamitas colocaram-se a uma maior distância do discurso cívico, e o liberalismo voltou a falar com a voz da utilidade, e não com a voz dos direitos ou da virtude cívica.

Os primeiros liberais franceses, retomando a perspectiva de fases evolutivas, criaram ainda um novo modo, a teoria política da sociedade comercial, mais tipicamente em Constant. Quase todos os liberais clássicos franceses escreveram num idioma histórico, fundando suas afirmações numa apreensão comparatista, à moda de Montesquieu, das causas subjacentes de mudança macropolítica. As análises de Tocqueville foram simplesmente a forma mais sutil desse modo histórico-sociológico de discurso político. Mill conhecia e admirava essa aliança de liberalismo e história teórica, porém, em sua própria obra, retornou à abordagem utilitária.

Por volta de 1870, somavam cinco os discursos do liberalismo, embora em mais de um caso eles estivessem combinados: direitos naturais, republicanismo cívico, economia política, história utilitária e história comparada. O primeiro tinha raízes medievais e uma decolagem jusnaturalista do século XVII. O modo cívico originou-se no humanismo renascentista. E os três discursos remanescentes brotaram do Iluminismo, com Montesquieu, Hume e Smith como suas principais fontes teóricas. Em grandes traços, tal era o perfil conceitual do liberalismo clássico.

Mas não é suficiente assinalar o enriquecimento do discurso de teoria política do protoliberalismo ao liberalismo clássico tardio. Subjacente à forma pela qual os primeiros liberais clássicos se dirigiam à natureza da ordem social e ao significado da liberdade no século XIX havia um grande divisor a partir dos dias de Locke, Montesquieu e Smith. Esse divisor foi causado pelo impacto das revoluções atlânticas do fim do século XVIII em teoria política. As revoluções americana e francesa introduziram na teoria liberal um novo princípio de legitimidade, baseado na soberania nacional em vez de o ser em direitos dinásticos.

E aqui foi Rousseau, muito mais do que os primeiros liberais ou protoliberais, quem deu a contribuição decisiva. Dando uma torção democrática ao discurso contratualista dos direitos, Rousseau foi o principal antepassado da ideia de que a nação, e não o rei, era a sede em última instância da autoridade política. A questão agora consistia em como conciliar a antiga preocupação liberal em limitar o poder com o novo princípio pós-revolucionário de legitimidade. Tal foi a tarefa que exercitou os espíritos de Constant e Guizot, Tocqueville e Mill, e os tornou "liberais clássicos" num sentido moderno.

Capítulo IV

LIBERALISMOS CONSERVADORES

Conservadorismo liberal e liberalismo conservador

O legado do liberalismo clássico pode ser sintetizado na figura de um equilíbrio entre democratismo e libertarianismo. As primeiras conquistas do protoliberalismo, tais como o respeito dos direitos e o governo constitucional, foram preservadas. Mas de Madison e Bentham a Constant, Tocqueville e Mill, foram efetuados claros progressos no escopo social e no alcance moral do credo do liberalismo. Enquanto o robusto otimismo histórico do Iluminismo foi seriamente atenuado entre a era dos federalistas e utilitaristas e a era dos grandes liberais vitorianos, o liberismo foi geralmente sustentado, e os liberais clássicos foram basicamente fiéis à promessa democrática e ao potencial libertário da ideia liberal. O liberalismo clássico conduziu sua inventiva institucional, sua imaginação conceitual e sua força analítica num estado de espírito leigo. Mesmo quando os seus teóricos, como Constant e Tocqueville, atribuíram grande importância à religião, seu modo de teorizar já não era ditado por preocupações teológicas. Pelo menos nisso, o espírito leigo do Iluminismo impôs-se muito coerentemente.

O liberalismo clássico não ocupou todo o palco do pensamento liberal. Por volta de meados do século XIX, emergiram várias correntes liberais que diferiam consideravelmente das posições e dos modos de discurso dos liberais clássicos, representados por Tocqueville e Mill. As novas correntes eram também bastante distintas dos desenvolvimentos tardios conhecidos como "novo liberalismo" e caracterizados por seu conteúdo "social". Tais correntes, algumas das quais eram contemporâneas do último estágio do liberalismo clássico, podem ser reunidas sob um único rótulo racional: *liberalismo conservador*.

Quando o duque de Newcastle pediu-lhe que abandonasse o velho rótulo *whig*, lorde Russell, o primeiro-ministro da *Reform Bill*, replicou que *whig* tinha a vantagem de dizer em uma única sílaba o que *liberal conservador* diz em sete.¹ Esta resposta encerra claramente a distância entre o whiguismo institucional e o classicismo liberal em sua definitiva forma vitoriana. O espírito democrático e republicano do liberalismo clássico desviara o liberalismo do conservadorismo *whig*, social e politicamente. Mas qual era a diferença, caso houvesse, entre o liberalismo conservador e o *conservadorismo* liberal?

O conservadorismo liberal era um produto muito inglês, e como tal muito diverso do conservadorismo compacto, reacionário do continente. Na primeira metade do século XIX, a maioria dos conservadores continentais ainda resistia ao governo representativo, responsável, e à liberdade religiosa, enquanto os conservadores britânicos estavam tentando preservar o acordo antiabsolutista de 1688. O conservadorismo britânico, como observa um destacado intérprete moderno, Anthony Quinton, abrange pelo menos três doutrinas. A primeira é o *tradicionalismo*, a crença de que a sabedoria política é de alguma forma de natureza histórica e coletiva, residindo em instituições que passaram pelo teste do tempo. A segunda é o *organicismo*, a ideia de que a sociedade é um todo, e não apenas uma soma de suas partes ou de seus membros, e como tal possui um valor definitivamente muito superior ao indivíduo. A terceira é o *ceticismo político*, no sentido de uma desconfiança do pensamento e da teoria quando aplicados à vida pública, especialmente com amplos propósitos inovadores.²

Como lorde Quinton e muitos predecessores sublinharam, na tradição conservadora britânica, o tradicionalismo e o organicismo são, ambos, posições flexíveis. As tradições não impedem a mudança adaptativa, e o organicismo não exclui a modificação parcial das instituições e dos procedimentos. A maioria dos conservadores continentais, em contraste, saindo de uma repugnância raivosa à Revolução

---

¹ Donald Southgate, *The Passing of the Whigs, 1832-1886*, London, Macmillan, 1962, citado em Burrow, *Whigs and Liberals* (ver nota 35 do capítulo 3), p. 12.

² Anthony Quinton, *The Politics of Imperfection: The Religious and Secular Traditions of Conservative Thought in England from Hooker to Oakeshott*. London, Faber, 1978, p. 56, 60.

Francesa e seu contágio, tendia a petrificar a tradição num edifício intemporal e ter as instituições na conta de inalteráveis. Em sua tentativa de forçar a sociedade europeia a recuar para o Antigo Regime depois de um quarto de século de mudança política e social (1789-1815), eles foram vazados numa atitude altamente doutrinária e mesmo visionária, dificilmente compatível com o prudente ceticismo dos conservadores institucionais.

Reacionários continentais como Joseph de Maistre (1753-1821), Louis de Bonald (1754-1840), Friedrich Gentz (1764-1832) e Adam Müller (1779-1829) foram grandes admiradores de Edmund Burke (1729-1797). Burke foi o primeiro crítico proeminente da Revolução em suas amplamente lidas *Reflexões sobre a Revolução em França* (1790), e é geralmente considerado o pai do conservadorismo inglês. Ironicamente, no entanto, pregando uma restauração sem compromissos da autocracia e da hierarquia, os pensadores da Restauração francesa e seus sósias alemães nadaram contra a corrente do próprio princípio burkiano de legitimidade: *prescrição*, autoridade consagrada pela continuidade.

A essência do ataque de Burke contra a Revolução consistia em que os revolucionários franceses tinham querido passar a borracha no passado, em vez de vigorar os velhos direitos contra o absolutismo monárquico. O respeito de Burke pela tradição era sempre reacionário. Recorrendo ao mesmo argumento em favor dos velhos direitos, ele defendera os insurretos americanos quinze anos antes. Além disso, o seu conservadorismo, exatamente como era politicamente liberal, também era economicamente moderno: ninguém menos do que Adam Smith elogiou-o por sua perfeita compreensão da economia liberal. Burke era um *whig* institucional da década de 1770, que se tornara *tory* porque na década de 1790 os "novos *whigs*", como ele os apelidava, eram pessoas como Fox, admiradores da Revolução.

É típico da tendência conservadora do espírito de Burke o fato de que ele tenha substituído uma ênfase histórica na tradição inglesa pela ênfase cosmopolita do

Iluminismo escocês nos estágios da civilização.[3] Ele também substituiu o desprezo iluminista *whig* pela superstição por uma reverência pela religião. Ainda mais, em vez de ligar o refinamento com a ascensão do comércio, como fizeram os *philosophes*, Burke foi um dos criadores da reavaliação romântica da fé e da cavalaria medievais como fatores da civilização – um tema a que logo seria conferido muito brilho na prosa mágica do maior conservador liberal, o visconde François-René de Chateaubriand (1768-1848).

A inclinação de Burke pela ortodoxia religiosa e pela sociedade orgânica tornou-o um verdadeiro conservador, uma vez que isso significava o próprio oposto de dois traços persistentes na corrente principal do liberalismo: o latitudinarismo moral e o individualismo. Além disso, a visão histórica nostálgica de Burke não era equilibrada por uma aceitação da democracia. Pelo contrário, colocando uma cunha entre a representação e delegação, Burke logrou manter seus modelos parlamentares separados por uma grande distância de exigências radicais e utilitárias para a democratização do poder. Isso preservou seu conservadorismo liberal a uma grande distância do liberalismo clássico, tanto política como conceitualmente.

Burke reacendeu a chama da "antiga constituição". Não obstante, sustentou um conceito antes flexível, adaptável de tradição, abrindo espaço para a consideração da *mudança na continuidade*. Provavelmente, o mais famoso de seus epigramas ainda é "Um Estado sem meios de alguma mudança não dispõe de meios para conservar-se", uma joia muito citada das *Reflexões*. Sua defesa da antiga constituição era muito mais sofisticada do que os argumentos daqueles que se limitavam a afirmar um conjunto imutável de normas que, presumivelmente, haviam sido restauradas em 1688.

A perspectiva burkiana de mudança na continuidade foi usada por um historiador *whig*, Henry Hallam

---

[3] J. W. Burrow, *A Liberal Descent: Victorian Historians and the English Past*. Cambridge, Cambridge University Press, 1981, p. 28.

(1777-1859), em sua influente *Constitutional History of England*, que cobriu o período a partir da ascensão dos Tudor até a morte de Jorge II em 1760. Hallam desenvolveu a tese da antiga constituição contra a popular *History of England* (1754-1762) de Hume. O pensamento do mais importante historiador *whig*, Thomas Macaulay (1800-1859), formou-se contra esse pano de fundo burkiano. Em 1830, Macaulay divisou brilhantemente a necessidade de opor a resistência *tory* à reforma eleitoral, tratando criativamente o mito da antiga constituição. Àquela altura, os *tories* estavam apresentando a Revolução Gloriosa (originalmente um movimento anti-*tory*) como um arranjo para todos os tempos. Macaulay demonstrou que era uma solução para o *tempo dela* e, como tal, apenas uma fase de sábios ajustes políticos à mudança histórica. Assim, em suas mãos, o tema burkiano de mudança na continuidade transformou-se, por sua vez, na ideia de uma continuidade de mudança. Contra o apelo *tory* à tradição para resistir à reforma, Macaulay afirmou uma *tradição de reforma*. Nesta perspectiva, a sabedoria de 1688 proporcionou um precedente para a *Reform Bill* de 1832.

A partir de então, os conservadores liberais exprimiram-se com frequência no idioma de Burke. O jurista *sir* Henry Maine (1822-1888) juntamente com o historiador católico lorde Acton (1834-1902) são um bom exemplo. A tarefa que Maine atribuiu a si próprio consistia em demolir as ideias rousseaunianas sobre o estado da natureza, exibido como fundamento para um contrato social que justificava a igualdade universal. Maine era um liberal conservador, não um conservador, e partilhava a crença de Macaulay no progresso. Isso apareceu em seu célebre conceito de uma evolução "de *status* a contrato", exposto primeiramente em seu livro de 1861, *Ancient Law*. A humanidade, escreveu Maine, evoluíra de um estado social em que todas as relações eram governadas por *status* numa estrutura familiar para uma fase em que o moderno individualismo prospera sobre a propriedade pessoal. Em *Popular Government* (1885), Maine deplorou a perspectiva de um retrocesso socialista nesse processo de crescente individualização. Assim, em Maine e noutros, argumentos burkianos serviram ao objetivo não burkiano de individualismo, erradamente encarado como ameaçado pela democracia.

As preocupações de lorde Acton não eram muito diferentes. Nobre de genealogia europeia, John Dalberg, barão Acton, foi educado como católico sob a direção do historiador liberal Ignaz von Dollinger e, por fim, tornou-se professor régio de História em Cambridge. Humanista católico, ele combateu o absolutismo papal (que foi declarado "infalível" pela Santa Sé em 1870) e condenou o "moderno confessionalismo" juntamente com o nacionalismo, uma tendência iliberal. Mas, como burkiano, combinou religião, liberdade e tradição. Seu antinacionalismo levou-o a sustentar o federalismo; olhou nostalgicamente para a Igreja medieval como o baluarte da liberdade no mundo feudal. Contudo, enquanto para outros historiadores liberais o federalismo era a própria garantia de uma participação política como a da *polis*, o federalismo de Acton foi idealmente dirigido para um propósito muito diferente; pois devia ser um obstáculo à democracia mediante uma multiplicação propriamente *whig* de centros de poder.[4]

Liberais conservadores evolucionistas: Bagehot e Spencer

Nem todas as desconfianças sobre a democracia eram burkianas. As décadas de 1860 e 1870 testemunharam também outra espécie de liberalismo conservador: a espécie utilitária. Tal era a posição de Walter Bagehot (1826-1877), um banqueiro, economista, jornalista e teórico político que editou *The Economist*, de 1861 até o ano de sua morte. Bagehot vinha de uma família bancária

---

[4] Burrow, *Whigs and Liberals* (ver nota 35 do capítulo 3), p. 132.

provinciana, não conformista, e foi educado no University College benthamita de Londres. Em seu livro *The English Constitution* (1867), exprimiu receios de que, com a próxima extensão de inclusão social e política (que efetivamente se materializou em 1867 e 1884), ambos os partidos, conservador e liberal, lutariam pelo apoio dos trabalhadores – algo que Bagehot encarava como um "perigo" para a liberdade.

Como Maine, Bagehot colocou a evolução social contra o progresso democrático. Ele dividiu sua lealdade entre inovação e estabilidade, recorrendo ao darwinismo social para frear a democracia. A estabilidade, disse ele sem rodeios, apoiava-se numa imensurável estupidez, num conjunto de hábitos formado por práticas sociais sedimentadas por força do estranho prestígio das instituições, para outros efeitos inúteis, como a monarquia ou os lordes (as partes "dignificadas" em contraposição às partes "eficientes" da constituição). Por que motivo, na verdade, perguntou ele, deviam "uma viúva isolada e um jovem desempregado" (a saber, a rainha Vitória e o príncipe de Gales) atrair tanta atenção? Se o faziam era porque a Inglaterra "não podia ser governada" sem o efeito estupidificante da coroa. Igualmente, as classes governantes podiam permanecer no topo mediante astuciosas práticas eleitorais, manipulando os aspectos dignificados da ordem política para conseguir respeito aos poderes em vigor. Em *Physics and Politics* (1872) Bagehot conferiu a esse maquiavelismo cético uma torção darwinista: ele representou o êxito social e nacional como exemplos da "sobrevivência do mais apto" e apoiou a função social da força junto à fraude institucional.

Essa espécie de liberalismo utilitário conservador, e sem papas na língua, tornou-se um tanto maligna na obra do juiz James Fitzjames Stephen (1829-1894), irmão mais velho de Leslie Stephen e tio de Virginia Woolf. Grande codificador da lei penal, Stephen recebeu uma educação igual à de Mill em Cambridge, estudando a fundo a *Lógica* e os *Princípios de Economia Política* de Mill. Mas impacientou-se com o moralismo tardio de

Mill e não gostava da sentimentalidade vitoriana, deplorando que o homem tornava-se cada vez "mais sensível e menos ambicioso". Alguns de seus *obiter dicta* são boas máximas de áspero individualismo; tais como: "Não é amor que desejamos da grande massa da humanidade, mas respeito e justiça". Mas, ai de nós!, ele pendeu demasiado para o outro lado. Seu ensaio contra Mill, *Liberty, Equality, Fraternity* (1873), zombou de todas as três coisas, afirmando que a força, e não a liberdade, governa a vida social: os homens devem ser coagidos a serem honestos por castigos legais da espécie mais dura. Stephen criticou Mill por ter uma visão demasiado favorável da natureza humana. Mas a representação alternativa, propriamente bestial, de Stephen foi menos um aprofundamento do que uma patologia do liberalismo. Depois de algumas campanhas apaixonadas em favor de açoites nas escolas e, é claro, a pena de morte, o juiz Stephen (que paradoxalmente era um tanto indulgente no tribunal) terminou seus dias num hospital de doentes mentais – uma glosa apropriada do desequilíbrio que estava transformando o utilitarismo de um estado de espírito libertador em estado de espírito punitivo.[5]

A posição conservadora liberal de longe mais influente no fim do século foi articulada pelo pai do evolucionismo como uma ideologia geral, Herbert Spencer (1820-1903). Spencer nasceu no Derby industrial, num lar wesleyano, e então ingressou no curso de engenharia. Tornou-se um colaborador do jornal *The Economist*. Toda sua vida, apegou-se tenazmente a uma ideia minimalista do Estado e uma forma maximalista de liberismo. Também era um individualista extremo e um verdadeiro herdeiro do desprezo benthamita pelo privilégio aristocrático e pela hierarquia espiritual. Contudo, houve pelo menos duas fases no caminho que Spencer seguiu para justificar seu individualismo, seu antiestatismo e seu liberismo.

---

[5] Sobre James Stephen, ver James Colaico, *James Fitzjames Stephen and the Crisis of Victorian Thought*. London, Macmillan, 1983.

O livro do jovem Spencer *Social Statistics* (1850) revela uma teoria de direitos naturais extraída de William Godwin (1756-1836), autor de *Political Justice* (1793). Godwin é geralmente tido na conta de pai do anarquismo inglês e, como pai de Mary Shelley, avô de Frankenstein; seu ponto de partida foi o protoanarquismo de Thomas Paine, para quem a sociedade era um bem, mas o governo, um mal. A doutrina dos direitos naturais foi posta de lado por Bentham ("tolices com base em nada"), mas Spencer formulou três objeções contra o utilitarismo.

Em primeiro lugar, Spencer acreditava que o "cálculo da proporção da felicidade", a aferição da felicidade geral do maior número, era uma tarefa impossível. Em segundo lugar, rejeitou firmemente o reformismo benthamita, já que significava um conjunto de mudanças estatais (legais e governamentais). Em terceiro lugar, afirmou a preexistência de direitos, em vez de insistir, como fizera Bentham, em que os direitos são criados pela lei. Usando estas pressuposições, o jovem Spencer extraiu de uma "lei de liberdade igual" a propriedade privada, o *laissez-faire*, o sufrágio universal e um "direito de ignorar o Estado" – no fundo, um direito individualista de retirar-se, tanto mais razoável porque, como disse ele, "na medida em que progride a civilização, os governos decaem".

Aos olhos de Spencer, a única função dos governos é a defesa dos cidadãos contra os agressores, tanto estrangeiros como domésticos. Porém, ao examinar a legislação liberal posterior aos anos 1860, Spencer achou que o governo, de qualquer forma, não se tinha confinado a essa função legítima. Patrocinando a promoção do bem-estar por meio da legislação industrial e muitas outras medidas filantrópicas, os liberais haviam perdido de vista a posição tradicional do liberalismo contra a coação. A revelação dessa traição liberal forma o cerne do livro *The Man versus the State*, o *best-seller* de Spencer, publicado em 1884.

Na opinião de Spencer, a ampliação da legislação de bem-estar – "um excesso de legislação", como afirmou num ensaio do final da década de 1860 – só podia levar ao despotismo. "Embora já não tenhamos ideia de coagir os homens para o seu bem *espiritual*", escreveu ele, "ainda nos julgamos chamados a coagi-los para o seu bem *material*". Aborrecido pela aquisição de casas para a municipalidade e pela propriedade estatal de ferrovias, Spencer deplorou em voz alta a perspectiva de "usurpação pelo Estado" de todas as indústrias, que, em sua opinião, ameaçava "suspender o processo de adaptação" e seu resultado, a seleção natural. Além disso, o crescimento do Estado acarretava burocracia, e a burocracia era para ele algo de intrinsecamente corrupto. Por outro lado, o estatismo do bem-estar também era imoral. A fé moderna no governo não passava de "uma forma sutil de fetichismo".[6]

Do lado da razão, por contraste, encontrava-se a evolução, "a disciplina beneficente embora severa" a que estava sujeita toda a vida, e que funciona mediante o duro método da sobrevivência dos mais aptos. Como muitas vezes foi observado, a teoria social de Spencer torceu o darwinismo porque não afirmou que o conflito evolucionário ocorre na sociedade como ocorreu na natureza, porém asseverou que ele *devia* funcionar para que a civilização progredisse. Numa história de ideias liberais, no entanto, o importante é que, na medida em que ele aderiu inteiramente ao evolucionismo, abandonou sua primeira preocupação igualitária com a liberdade geral e o sufrágio universal. Passou a ser um crítico severo do governo majoritário; chamou a crença em minorias parlamentares de a maior superstição política da época; e declarou que, no futuro, a função do verdadeiro liberalismo seria "impor um limite ao poder do Parlamento".

Assim, quando o darwinismo social prevaleceu completamente sobre sua primitiva teoria de direitos, Spencer alcançou uma espécie de utilitarismo social. Mas esse utilitarismo social resultou, no seu caso, precisamente no

---

[6] Herbert Spencer, "Over-legislation", in: *Essays: Scientific, Political and Speculative*. London, Williams and Norgate 1868, vol. 2, p. 50. Quanto a reavaliações recentes de Spencer, ver AA. VV., *History of Political Thought* 3.3, 1982.

oposto da variedade benthamita: uma desconfiança da democracia representativa. No final do século, em toda parte em que se sentiu a extensa influência de Spencer, o liberismo e o liberalismo foram vistos como coisas contrárias à democracia. Dos grandes magnatas como John D. Rockfeller e Andrew Carnegie aos intelectuais liberais na Europa e nas Américas, o conceito de evolução, com o corolário da sobrevivência dos mais aptos, foi citado infinitamente. Muitos outros, de poetas vitorianos a populistas russos, não obstante, puseram a ideia em dúvida. Um dos pais da sociologia americana, William Graham Summer (1840-1910), da Universidade de Yale, declarou celebremente que, a despeito de toda a sua dureza, a lei da sobrevivência do mais apto não era obra do homem e, portanto, não podia ser ab-rogada pelo homem.

O LIBERALISMO CONSTRUTOR DE NAÇÕES: SARMIENTO E ALBERDI

O liberalismo conservador – a fuga da democracia – também estava no espírito de muitos liberais latino-americanos da época. Mas também quase podia tornar-se conservadorismo liberal. Essa opção foi mais conspícua no contraste entre dois argentinos, Domingo Faustino Sarmiento (1811-1888) e Juan Bautista Alberdi (1810-1884). Ambos eram liberais na década de 1840, porque se opuseram à longa ditadura do caudilho Juan Manuel de Rosas, que foi deposto em 1852.

O grande livro de Sarmiento *Facundo, Civilização e Barbárie*, de 1845, igualou a autocracia católica de Rosas com o ruralismo, e a liberdade com a civilização urbana. *Facundo* apresentou a situação argentina como um drama em atos, com a violência do barbarismo agrário irrompendo numa idade de refinamento e de progresso citadino. Como exilado no Chile, no entanto, Sarmiento estava longe de apoiar os liberais locais: em seu jornal, *El Progreso*, ele elogiou o autoritarismo esclarecido do regime de Santiago, fundado por Diego Portales, e salientou a necessidade de um governo forte e estável. Deixando de lado a tradicional preocupação liberal com pesos e contrapesos, Sarmiento admirou a fusão majoritária do executivo e do legislativo no governo de Andrew Jackson. Uma viagem à Europa e o fracasso de 1848 convenceram-no de que a democracia não era viável em países muito iletrados.

Mas a decepção com a Europa resultou em mais do que isso. Depois de 1848, como Herzen, Sarmiento mudou seu modelo político. Descobrindo a pobreza urbana e a riqueza rural na Europa industrial, Sarmiento suavizou sua dicotomia cidade-campo e embarcou numa descoberta tocquevilliana da América do Norte. Diferentemente de Tocqueville, no entanto, Sarmiento achou que os Estados Unidos eram uma democracia (no sentido social), mas não uma república – uma vigorosa civilização fundada no mercado e na escola.[7] Sarmiento tornou-se grande amigo do pedagogo da Nova Inglaterra Horace Mann (1796-1859). A única maneira de superar a barbárie, pensou, consistia em construir a igualdade, pois a igualdade não era tanto o fruto como a condição do progresso. A sua receita sociopolítica tornou-se a sociedade domiciliar da fronteira em vez de ser a rede de cidades históricas. Propriedade amplamente distribuída, escolas onipresentes e comunidades urbano-rurais deviam proporcionar a coluna dorsal da liberdade e da civilização.

À moda de Tocqueville, Sarmiento queria injetar virtude cívica na república moderna. Foi por isso que ele cogitou conceder direito de inclusão a imigrantes – os agentes naturais, a seus olhos, do progresso na civilização dos Pampas argentinos. Mais tarde, depois de

---

[7] Devo esta interpretação de mudança de modelo da evolução de Sarmiento à aula inaugural do professor Tulio Halperin Donghi, ainda não publicada, da cátedra Simón Bolívar, na Universidad Nacional Autónoma de México, em abril de 1989. Para uma boa análise de temas liberais em Sarmiento, ver Paul Verdevoye, *Domingo Faustino Sarmiento, Educateur et Publiciste (1839-1852)*. Paris, Institut des Hautes Études de l'Amérique Latine, 1964.

seu próprio mandato presidencial, vitorioso mas amargo (1868-1874), ele compreendeu que as elites indígenas haviam retido uma hegemonia oligárquica e que o trabalho estrangeiro não adquirira qualquer cidadania. Aceitou então o princípio de um sistema patrício dirigido por *criollos* proeminentes e imigrantes proprietários, até o momento em que a educação centralmente organizada, seu arrivismo civilizador favorito, ampliasse a base social da república. Sarmiento nunca previu que, quando a prosperidade e a instrução alcançassem as crianças filhas de imigrantes, como ocorreu muito cedo no século XX, elas ingressariam na esfera política num cenário social fortemente diverso da democracia doméstica de que ele tanto gostara nos Estados Unidos. Àquela altura, de qualquer forma, a maior preocupação de Sarmiento parecia ter-se desviado da virtude cívica para a manutenção da ordem. O homem que se fez partidário de Benjamin Franklin tornara-se um admirador da crítica pejorativa de Taine à Revolução Francesa. O homem que sonhava com a democracia terminou um verdadeiro liberal conservador, colocando a autoridade tão alto como a liberdade cívica, tão próxima de Bagehot quanto de Tocqueville.

O outro pai fundador do liberalismo argentino, Alberdi, nunca sucumbiu a ilusões democráticas. Criticou a pregação pedagógica de Sarmiento como simplesmente uma nova forma de domínio colonial dos eruditos, a velha tentativa eclesiástica de arrebanhar o povo sob uma direção moral vinda de cima. Alberdi interpretou o barbarismo rural como o ressentimento das velhas elites deslocadas pelo declínio da economia colonial e que recorriam, em desespero de causa, ao militarismo oligárquico. Acima de tudo, ele fustigou a adoração livresca de Sarmiento da educação como uma solução nacional. Sarmiento, ironizou Alberdi, queria livrar-se das consequências da pobreza antes de pôr termo à própria pobreza. Não era a escolaridade, disse Alberdi, mas uma educação objetiva nas artes do progresso, a prática cotidiana da vida civilizada, que salvaria a Argentina do atraso e da desordem.

Como Sarmiento, Alberdi ficou impressionado com a realização americana. Porém, em vez de seguir Tocqueville, ele prestou mais atenção a Michel Chevalier (1806-1879), o saint-simoniano liberista que tanto adivinhou como avaliou o futuro industrial dos Estados Unidos. Alberdi sentia forte aversão pela retórica liberal. Ridicularizava as revoluções latino-americanas por seu "caligrafismo", sua atitude imitativa com a relação às ideias e aos princípios europeus, inaplicáveis à América do Sul, uma sociedade em que a Independência havia concebido um casamento desastrado entre o progresso do século e uma herança hispânica atrasada.[8]

Como Natalio Botana mostrou inteligentemente, Alberdi estava adaptando Burke à toada da imigração. Segundo ele, a única maneira de deter o caligrafismo e erradicar tanto a pobreza como a violência consistia na *transplantação* das culturas europeias acertadas para a Argentina. "Governar é povoar", escreveu em seu programa para a constituição pós-Rosas de 1853, as *Bases e Pontos de Partida para a Organização Política da República Argentina*. Dado um ambiente social e moral apropriado – uma ideia muito inspirada em Montesquieu –, a república prosperaria. Diferentemente do apelo de Sarmiento à virtude cívica, Alberdi não se preocupava com a legitimidade de conteúdo, mas com a legitimidade de ambiente: que se enxertasse na Argentina o contexto social apropriado, e adviria o progresso.[9]

E quanto à liberdade? Há dois tipos de liberdade, disse Alberdi, uma externa e outra interna. A liberdade externa reside na independência nacional. A liberdade interna consiste na independência pessoal e no direito de

---

[8] Quanto a este comentário, ver Alberdi, "Del Uso de lo Cómico en Sud América", *El Iniciador* 7, Buenos Aires, 15/07/1838, citado por Gerald Martin no cap. 18 de Leslie Bethel (ed.), *The Cambridge History of Latin America*, vol. 3, *From Independence to c. 1870*. Cambridge, Cambridge University Press, 1985.

[9] Natalio Botana, *La Tradición Republicana: Alberdi, Sarmiento y las Ideas Políticas de su Tiempo*. Buenos Aires, Sudamericana, 1984, p. 486.

escolher os próprios governantes. O grande problema da política pós-colonial da América do Sul é a sua incapacidade de discernir que o bom método para conquistar e manter a liberdade externa é inadequado quando se trata da criação de liberdade interna. Esse método, a que recorreram os libertadores, era a espada. Seus herdeiros espirituais, os caudilhos, agiam como libertadores armados depois de conquistada a independência, e o que resultava era falta de liberdade no interior de suas fronteiras. Alberdi recomendou um método alternativo, no caso, a produção capitalista: "Só os países ricos são livres, e só os países onde o trabalho é livre são ricos".[10] Bom leitor de Montesquieu e Constant, Alberdi preferia o comércio à conquista.

Seu liberalismo foi principalmente uma rejeição do Estado patrimonial. O rei da Espanha possuíra toda a terra na América do Norte, antes mesmo que fosse descoberta, mas o solo era *res nullius*, terra de ninguém, disponível para quem quer que a ocupasse e nela trabalhasse. Alberdi impugnou essa noção "política", estatista-patrimonialista da propriedade, de acordo com a qual ser rico consistia em ter uma *concessão* da coroa ou de seus sucessores. Queria substituí-la – tanto em mentalidade social como em direito – por uma concepção lockiana de propriedade como um direito natural, brotando antes do labor individual do que do favor da corte.

A crítica de Alberdi ao patrimonialismo, juntamente com seu conceito de "duas liberdades", figurou numa "palestra" dada por uma personagem fictícia, Luz do Dia, em seu romance de 1871, *Peregrinación de Luz del Dia en América*, subintitulado "Viagens e Aventuras da Verdade no Novo Mundo" – na realidade, uma crítica acerba à presidência de Sarmiento. Como se podia esperar de uma posição tão "lockiana", Alberdi atribuiu grande valor à sociedade civil. Com efeito, Botana acerta ao dizer que a primeira regra da legitimidade alberdiana é que a

---

[10] Mariano Grondona, *Los Pensadores de la Libertad: de John Locke a Robert Nozick*. Buenos Aires, Sudamericana, 1986, p. 102-03.

sociedade civil é mais importante que o Estado – algo que um homem de mentalidade cívica como Sarmiento não engolira facilmente. Alberdi queria povoar a Argentina com imigrantes desprovidos de direitos políticos. Devia ser muito aberta a liberdade civil, pensou, mas altamente restrita a liberdade política. Em grande medida, Alberdi foi menos o legislador de 1853 do que o mentor do progresso não democrático *fin-de-siècle* nos Pampas.

No cerne da contenda de Alberdi com Sarmiento estava a diferença em seus modelos sociopolíticos depois de meados do século. Como vimos, após 1848 Sarmiento aderiu ao modelo americano. Alberdi, em contraste, encontrava-se sob o encanto do Segundo Império francês e de seu progressivismo não liberal. Aceitava – e mesmo queria – a política autoritária, desde que trouxesse uma grande ação econômica livre de amarras. Forçado a escolher entre liberdade e progresso, diz Mariano Grondona, Alberdi optaria pelo progresso, pois igualava a primeira com o segundo.[11] É esse o roteiro clássico do conservadorismo liberal, ou, talvez se deva dizer, do conservadorismo liberista, tentando resistir à maré democrática.

No conjunto, Alberdi emergiu como uma espécie de saint-simoniano burkiano: um elitista constitucional, dotado de uma consciência aguda das raízes da autoridade, e contudo profundamente enamorado do progresso econômico na idade da industrialização. Pois, como Macaulay e Maine, Alberdi não era um verdadeiro conservador: não havia em seu coração amor ao passado, nenhum romantismo organicista, nenhuma reverência pela religião estabelecida. Político autoritário e social-conservador, Alberdi era inteiramente isento de conservadorismo cultural. Contudo, ao pregar o centralismo, Alberdi entregava reféns ao futuro. Pois quando as massas imigrantes se tornaram letradas (num triunfo tardio da utopia pedagógica de Sarmiento), a sua demanda de cidadania e a sua resistência patrícia deram origem a um conflito de facções de natureza concentrada – exatamente aquilo que

---

[11] Grondona, *Los Pensadores* (ver nota 10 anterior), p. 112.

a estratégia madsoniana em prol de uma república federal procurou prevenir.[12] Infelizmente, o ressurgimento da grave luta política depois do colapso da "ordem conservadora", em 1916, tendeu a reproduzir o conflito cruento entre facções – com a exceção de que, desta feita, os antagonistas eram forças sociais e não mais regionais.[13]

Para compreender este longo processo de decadência política num país que era uma das terras prometidas de 1900 e 1930, devemos voltar-nos para a encruzilhada sarmientiana/alberdiana. Alberdi queria negar a cidadania às futuras massas imigrantes, sendo estas obrigadas a reter sua nacionalidade (em sua maioria italiana). Na Argentina, país em que a porcentagem estrangeira era muito maior que nos Estados Unidos, os imigrantes não eram conacionais e não gozavam de direitos políticos. Num país amplamente desprovido da estrutura institucional liberal dos países anglo-saxões, os imigrantes não cidadãos que encheram o país inquietaram muito a burguesia nativa. A época de reforma liberal, sob os "radicais" de Irigoyen (1916-1930), estendeu os direitos políticos, mas deixou a massa da classe trabalhadora despida de representação política – e, portanto, suscetível de mobilização demagógica pela esquerda fascista de Perón.

Por volta do fim da Segunda Guerra Mundial houve um momento de fraqueza entre as oligarquias exportadoras. Estas haviam governado de forma nada democrática desde a Depressão dos anos 1930, e já não contavam com a garantia de um mercado protegido na Grã-Bretanha. As elites locais tornaram-se temerosas da luta de classes. Por outro lado, na Argentina, o trabalho possuía uma força de união *de facto*, mesmo antes de Perón, circunstância que nada tinha de semelhante seja no Brasil, seja no México. O cenário resultante incluiu tanto um regresso ao

---

[12] Botana, *La Tradición Republicana* (ver nota 9 anterior), p. 480-81.

[13] Para uma vista breve da evolução política da Argentina na época, ver meu ensaio "Paterns of State-Building in Brazil and Argentina", in: John A. Hall (ed.), *States in History*. Oxford, Blackwell, 1986, p. 264-88.

protecionismo durante o governo de Perón (desta feita, contenção industrial e corporativista da classe trabalhadora), como um poder de veto investido nos sindicatos muito depois da primeira queda do peronismo (1955). Embora incapaz de governar, o operário era capaz de impedir outras classes de implementar reformas econômicas. O meditado estudo de Carlos Waisman *Reversal of Development in Argentina* explica a mecânica dessa estagnação mutiladora, que constitui agora o maior desafio da democracia pós-pretoriana.[14]

Embora fosse radicalmente não científico lançar toda a culpa nas costas da ideologia, parece muito óbvio que um número de opções estratégicas praticadas há um século por um patriciado liberista, mas iliberal, condenou de antemão toda a cultura política. De uma forma bastante interessante, as instituições liberais têm falhado por muito tempo na Argentina, não porque o Estado seja forte (embora o *estatismo* o tenha sido), mas porque, nas palavras do cientista político Guillermo O'Donnell, as forças sociais têm "colonizado" a ação do Estado em vez de permitir que funcione um mínimo de contrato social.[15]

O SEGUNDO LIBERALISMO FRANCÊS: DE RÉMUSAT A RENAN

Nesse meio-tempo, o liberalismo francês permaneceu profundamente *histórico* porque foi, antes de mais nada, um diálogo com os fantasmas da Revolução Francesa. Os liberais franceses sorriam diante de 1789 e rosnavam diante de 1793 – bendiziam a conquista da igualdade civil, mas amaldiçoavam o Terror jacobino, como um retorno ao despotismo e uma ameaça velada à propriedade.

---

[14] Carlos H. Waisman, *Reversal of Development in Argentina: Postwar Counter-revolutionary Policies and Their Structural Consequences*. Princeton, Princeton University Press, 1987.

[15] Louis Girard, *Les Libéraux Français*. Paris, Aubier, 1985, p. 188-89.

Na esteira da Revolução de fevereiro de 1848 e da subsequente guinada para o governo burguês autoritário, a interpretação liberal de 1789-1794 tornou-se nacional-populista nas páginas exuberantes da *História da Revolução: da Queda da Bastilha à Festa da Federação* (1847-1853). Opositor do Segundo Império, Michelet (1798-1874) lutou em duas frentes em suas obras. O seu populismo colocou-o contra os anglófilos como Guizot, que representavam a plutocracia orleanista. Mas o seu liberalismo entrou em choque com socialistas neojacobinos como Louis Blanc (1811-1882), um líder da esquerda em 1848. A nova onda de ideólogos liberais que atingiram a idade intelectual depois de 1848 não seguiu exatamente o liberalismo de esquerda de Michelet, mas tampouco permaneceu simplesmente nas posições tributárias do whiguismo da maioria de seus predecessores.

A evolução pode ser medida por um relance no mais jovem *doctrinaire*, Charles de Rémusat (1797-1875). Por volta do fim da Restauração, uma voz influente no jornal liberal saint-simoniano de Pierre Leroux, *Le Globe*, Rémusat não elogiou nem o Antigo Regime nem a Revolução. Na época, até mesmo Constant parecia-lhe demasiado condescendente para com o Iluminismo e, portanto, de pouca valia para a geração moderna e suas tendências espiritualistas e românticas. Em todo o decorrer do reinado de Luís Filipe (1830-1848), Rémusat tentou fazer com que seu ex-companheiro, o *doctrinaire* Guizot, liberalizasse a política do "rei burguês". Mas falhou e aproximou-se de seu amigo, Adolphe Thiers (1797-1877), historiador liberal da Revolução e principal rival de Guizot. Em 1840, como ministro do gabinete de curta duração de Thiers, ele deu ordens para o aprisionamento do inquieto sobrinho de Napoleão, Luís Napoleão, que havia tentado encenar um golpe.

Depois que Thiers, por sua vez, logrou pôr abaixo Luís Filipe e Guizot em 1848, Rémusat liderou uma mudança ideológica importante. Pela primeira vez entre os liberais franceses, ele aceitou o princípio republicano como uma forma histórica de soberania nacional. Afinal de contas, argumentou ele, o governo representativo responsável era o que mais convinha, seja qual fosse a sua (preferivelmente) vestimenta monárquica. Assim, a república, com o seu potencial democrático, tornou-se aceitável à principal corrente do liberalismo orleanista na França. Isso iniciou um desenvolvimento que terminou na dissociação da república do iliberalismo jacobino. Rémusat foi uma figura-chave na transição liberal da monarquia constitucional ao republicanismo liberal.

A própria república sucumbiu. O pânico burguês depois das desordens de junho de 1848 condenou o novo regime e abriu caminho para a ditadura imperial. Mas Luís Napoleão estava longe de partilhar o credo reacionário. Ele queria muito colocar a glória bonapartista a serviço da nova fé política – o nacionalismo. Assim, em 1859, decidiu fazer brilhar seu trono arrivista ajudando Cavour (mas não Mazinni) a unificar a Itália, acrescentando nesse processo Nice e Saboia à França. Em 1860, ele fez com que Michel Chevalier assinasse um tratado de livre comércio com a Inglaterra, aplacando dessa forma o alarme londrino diante do novo ativismo francês no continente. Logo, católicos e outros uniram-se à pressão liberal para tornar o regime parlamentar. Como consequência, a arena política tornou-se ostensivamente mais animada, na última década do império, com muitas intervenções liberais.

O astucioso Luís Napoleão compreendeu rapidamente que a religião era um cimento poderoso para o apoio conservador. Em consequência, permitiu à Igreja tentar controlar a educação. Sua arremetida imperialista no México, que terminou num fiasco em 1867, foi empreendida para agradar os católicos. Desde o início, o Segundo Império estivera sob ataque dos católicos *liberais*. O conde Charles de Montalembert (1810-1870), que combateu o partido ultramontano, ou papista, tanto no parlamento como na prestigiosa *Académie Française*, salientou que o governo de um homem que agisse e pensasse por todo o mundo era uma ideia pagã, incorporada nos césares romanos, e obviamente incompatível com a liberdade cristã (*Des Catholiques au XIXème Siècle*, 1852). Rémusat, também um *académicien*, assinalou que o socialismo parecia prosperar não em terras protestantes, mas em países como a França, onde o Estado fazia valer a ortodoxia católica. Isso equivalia a atualizar a tese de Staël-Constant, de que a liberdade religiosa era um arrimo da liberdade geral. Rémusat encerrou sua carreira política como ministro do Exterior durante a curta presidência (1871-1873) de seu amigo de longa data Thiers, o vencedor selvagem da Comuna Vermelha de Paris na primavera de 1871.

A modernização da fórmula liberal política coube ao perito jurídico Edouard Laboulaye (1811-1883), que em seu livro programático de 1863, *O Partido Liberal*, adaptou o liberalismo ao sufrágio universal.[16] Laboulaye não era um anglófilo político. Em vez disso, pertencia, à escola americana, aceitando o presidencialismo num sistema de separação de poderes e recomendando calorosamente a descentralização. Reivindicação destinada a um futuro brilhante na retórica, se não na prática, da Terceira República (1871-1940), a autonomia local seria rapidamente entronizada pela influente obra – *La France Nouvelle* (1868) – escrita por um dos discípulos de Thiers, Lucien Prévost-Paradol (1829-1870).

O mais sério trabalho historiográfico daqueles anos (além de *O Antigo Regime* de Tocqueville) foi intitulado *La Révolution Française*, que foi publicado por um exilado liberal, Edgard Quinet (1803-1875), em 1865. Vítima, como seu amigo Michelet, da repressão imperial, Quinet desafiou a opinião que estão prevalecia de que a história moderna francesa era a marcha triunfante da burguesia. Amargurado pela nova onda de autoritarismo sob Napoleão III, Quinet não queria a monarquia libertadora. Era claro, observou, que a nobreza perdera os seus direitos, porém o povo não recebera direito algum. Pior do que isso, notou ele, o Terceiro Estado francês prejudicara a

---

[16] E. K. Bramsted e K. J. Melhuist, *Western Liberalism: A History in Documents from Locke to Croce*. New York, Longman, 1978, p. 398-99.

democracia ao aliar-se com a coroa absolutista, tornando, desde o início, a coroa iliberal. Quinet abalou o mito historiográfico da burguesia e do liberalismo de esquerda pronto para novas e menos classistas reivindicações, na massa do pensamento republicano.

Contudo, o "segundo liberalismo" francês tornou-se conservador na prosa ética de um dos mais lidos pensadores do século, Ernest Renan (1823-1892). Também nascido de uma família humilde na Bretanha e educado como um orientalista, Renan quase tomou ordens, mas perdeu a fé. Então, tendo tratado Cristo como um homem, um guru encantador, em sua *Vida de Jesus*, de 1863, ele foi expulso da cátedra universitária, para tornar-se um herói dos intelectuais e dos livres-pensadores.

Renan é algumas vezes descrito como positivista, mas tudo o que partilhava com Comte (cujo estilo lhe desagradava) era uma negação do sobrenatural, um culto à ciência e uma visão da civilização em três fases. Renan considerava Comte um reducionista infiel à "infinita variedade da natureza humana" e dolorosamente ignaro da história e da filologia.[17] Sua progressão da história humana ia de uma época de fé, seguindo por uma de crítica, a uma época final de "síntese", que era a um tempo científica e religiosa. O problema-chave de Renan consistia em fundamentar a fé, depois de esvaziar a religião tradicional. Ele variou entre o ceticismo e a nostalgia, sem nada daquela ardorosa fé secular típica da "religião da humanidade" de Comte. Sua *Oração na Acrópole* (1876) foi um clássico do humanismo vitoriano, exaltando a Grécia antiga como o berço da razão e da beleza. Porém, em *O Futuro da Ciência*, escrito em 1848, mas publicado somente 42 anos depois, ele descreveu a ciência como uma nova religião do saber que estava tomando o lugar de antigos dogmas no coração do homem moderno.

---

[17] Para uma boa avaliação do relacionamento entre Renan e o positivismo, ver D. G. Charlton, *Positivism Thought in France during the Second Empire, 1852-1870*. Oxford, Oxford University Press, 1959, p. 100-06; e W. M. Simon, *European Positivism in the Nineteenth Century*. Ithaca, Cornell University Press, 1963, p. 95-99.

Em 1848, Renan simpatizou com os republicanos. Mas a humilhante derrota da França diante da Prússia em 1870 e, ainda mais, a Comuna de Paris levaram-no ao abatimento. A Comuna foi uma "horrenda paródia do Terror", escreveu ele, visivelmente esquecido de que a vivência real fora aquela a que o terror *branco* recorrera para dizimar os partidários da Comuna. Decidiu então trocar a depressão pela investigação e identificou as raízes da decadência francesa. O que resultou foi um livro curto, *Réforme Intellectuelle et Morale* (1871), amplamente lido como um evangelho da regeneração nacional.

Renan distinguiu duas principais causas de declínio: democracia e materialismo. A França sucumbira porque estava tornando-se egoísta e cética, exatamente como Roma caíra nas mãos dos bárbaros por falta de alguma coisa que os romanos amassem. O país navegava para a mediocridade. Renan tinha duas críticas à democracia. Primeiro, denunciou sua genealogia revolucionária como um direito "abstrato", desprovido de história; como os reacionários, queria pôr termo, de uma vez por todas, ao "fetichismo de 1789". Sua segunda linha de ataque consistia numa crítica moral da tradição revolucionário-democrática usando o vezo racial que era tão comum na época. Insistindo no substrato celta do sangue francês, afirmou que a raça gaulesa – diferentemente da alemã – detesta hierarquia. O gosto germânico pela conquista e o sentimento de propriedade estavam sendo substituídos a oeste do Reno pelas forças niveladoras do socialismo (que brotavam do egoísmo) e da democracia (oriunda da inveja). A democracia, no entanto, "nem disciplina, nem resulta em aperfeiçoamento moral", e assim não era de admirar que a moral francesa e o ânimo francês estivessem minados. A Alemanha, por contraste, vinha vivendo nobremente em prol da ciência e da guerra.

Essa confusão foi coroada pelos devaneios de Renan sobre os dois tipos de sociedade que ele supôs prevalentes na época. Enquanto a sociedade americana, jovem e desprovida de história, fundava-se na liberdade e na propriedade, a Prússia prosperava na ciência e na hierarquia.

Na altura do fim da década, Renan, agora um membro da Academia e muito honrado pelos meios anticlericais da Terceira República, chegara a um acordo com a democracia. Mas o diálogo de 1878 que marcou a sua reconciliação morna, *Calibã*, mostrou que ele ainda via o povo como turba, e esta como um monstro, de uma maneira que não diferia muito da visão elitista da psicologia coletiva elaborada por Gustave Le Bon (1841-1931) – que era uma tentativa racista de destruir "o mito democrático". A diferença consistia em que agora Renan acreditava que as massas poderiam ser "domadas", o que fazia com que o futuro pertencesse à República e não à Revolução. Portanto, a limitação do sufrágio que ele aconselhara explicitamente na *Réforme Intellectuelle et Morale* podia ser atenuada. Sua famosa conferência "O Que É uma Nação?", feita em 1882 na Sorbonne, também se distanciou do racismo quase histérico da *Réforme*. Recusando-se a aceitar o conceito germânico da nação como uma comunidade racial, Renan – mesmo sem endossar a ideia rousseauniana de nação como unidade política fundada na vontade geral – definiu-a como "um plebiscito de todos os dias", um prolongado exemplo de consenso tácito.

Entrementes, a democracia ainda o deixava frio. Renan prefaciou seu livro *Nouvelles Études d'Histoire Réligieuse* (1884) reconhecendo que o progresso da educação básica minava a superstição e fomentava a ascensão de uma mentalidade científica – e ainda assim não creditou isso aos esforços democráticos da Terceira República, um regime de professores de escola se jamais houve algum.[18] No conjunto, a imagem de Renan permaneceu prisioneira da separação implausível que praticou entre liberalismo e democracia, num momento em que muitos liberais franceses estavam prontos a acolher uma visão ampliada da liberdade política. Sendo possivelmente o maior artista da prosa não ficcional francesa desde Chateaubriand, o legado ideológico de Renan foi tão retrógrado para o

---

[18] Ver as excelentes observações de Laudyce Rétat, em "Renan entre Révolution et République", *Commentaire* 39, outono de 1987.

liberalismo quanto a política de Guizot. Felizmente, o liberalismo francês no último quartel do século contornou ou ignorou largamente suas obsessões.

SEMILIBERALISMO: DO *RECHTSSTAAT* ALEMÃO A MAX WEBER

Já foram mencionados dois conceitos do liberalismo alemão. Um consiste na ideia de Humboldt dos "limites do Estado", oriundo da noção não intervencionista do Estado como um "vigia noturno" (*Nachtwächterstaat*). O outro reside na liberdade como autotelia individual, ou autodeterminação – um conceito kantiano que Humboldt fundiu no humanismo de Weimar na forma da ideia de *Bildung*, o princípio de cultura pessoal. A filosofia política dos grandes pós-kantianos, notadamente Fichte e Hegel, afastou-se do liberalismo, o que faz com que tenhamos de regressar a Kant para apreender as sementes do pensamento liberal alemão, por volta de meados do século XIX.

O conceito-chave consiste aqui no *Rechtsstaat*, o "Estado de direito",[19] uma alternativa germânica para o governo do direito. Pois exatamente como os liberais ingleses haviam sido principalmente economistas e filósofos morais (como Smith, Mill e Bagehot), e os liberais franceses em sua maioria historiadores (como Guizot e Tocqueville), os publicistas alemães de tendências liberais eram principalmente juristas.

Embora o termo tenha sido cunhado por Karl Theodor Welcker em 1813, a ideia de *Rechtsstaat* pertence à época de Kant. Denota pelo menos quatro coisas: um arranjo constitucional capaz de garantir segurança e que

---

[19] Tomo de empréstimo a tradução de *Rechtsstaat* proposta por Gottfried Dietze em *Two Concepts of the Rule of Law*. Indianapolis, Liberty Fund, 1973, em quem está fundamentado muito do que segue sobre Mohl e Stahl.

dota o sistema legal de regularidade; a sacralização dos direitos públicos subjetivos na lei positiva; uma despersonalização da lei, suplantando a velha identificação da lei com o governante pelo reconhecimento do direito como uma norma que obrigava tanto o governante como o governado; a participação do cidadão, por indireta que fosse, no processo legislativo.[20] O *Rechtsstaat* assim concebido implicava dois princípios liberais básicos: direitos individuais e constitucionalismo no sentido do governo da lei.

A ascensão do conceito de um "Estado de direito" foi uma reação contra a ideia do *Polizeistaat*, "Estado de polícia" (no sentido clássico de "polícia", isto é, civilizado, polido).[21] O *Polizeistaat* era o "Estado moral" do absolutismo esclarecido ou da monarquia constitucional hegeliana, sendo ambos Estados devotados explicitamente à felicidade dos súditos. O primeiro pensamento liberal opôs-se fortemente a essa visão paternalista. Constant formulou uma exigência famosa de que o Estado se limitasse a garantir a ordem e a segurança, enquanto a responsabilidade pela felicidade pessoal em uma sociedade livre caberia aos cidadãos (*"nous nous chargerons d'être heureux"*).[22] Havia um parentesco claro, portanto, entre o "Estado de direito" e o "Estado vigia noturno" do primeiro liberalismo em ambas as margens do Reno.

O pai da teoria do *Rechtsstaat* foi Robert von Mohl (1799-1875), um jurista de Heidelberg muito ativo na política liberal. (Ele foi ministro da Justiça durante o breve governo do Parlamento de Frankfurt na Revolução de 1848.) Mohl dividiu o direito estatal em dois ramos, o constitucional e o administrativo, abrindo lugar dessa forma para o conceito de um "Estado legal" fundado em direitos. Em 1859, afirmou que "o indivíduo é

---

[20] Quanto a essa caracterização, ver Kenneth Dyson, *The State Tradition in Western Europe*. Oxford, Martin Robertson, 1980, p. 123.

[21] A palavra figura, nesse sentido, no dicionário de Laudelino Freire. (N. T.)

[22] Benjamin Constant, "De la Liberté des Anciens Comparée à celle des Modernes" (1819), in: Gauchet, *De la Liberté chez les Modernes* (ver nota 21 do capítulo 3), p. 513.

tão pouco absorvido pelo conjunto como o ser humano pelo cidadão".[23] Mohl não estava inteiramente satisfeito com o individualismo de Kant, porque, em sua opinião, o grande filósofo diminuíra a dimensão política dos direitos individuais.

O liberalismo do conceito de *Rechtsstaat* foi criticado por Friedrich Julius Stahl (1802-1861), teórico conservador que ensinava em Berlim. Também Stahl favorecia o governo constitucional, mas asseverou que, por meio da lei, competia ao Estado o direito de determinar e garantir o escopo e os limites da ação governamental, assim como os da esfera da liberdade de seus cidadãos – nessa ordem. Isso só podia significar um ataque ao *Rechtsstaat* liberal; um ataque cujo significado político tornou-se demasiado claro quando Stahl, em sua anti-hegeliana *Filosofia do Direito*, de 1846, deu-se ao trabalho de dissociar o "Estado de direito" do "Estado Popular de Rousseau e Robespierre", uma "aberração" em que o povo pensa que seus padrões não são "limitados por qualquer barreira legal".

O objetivo dos liberais alemães sulistas Karl von Rotteck (1775-1840) e Karl Theodor Welcker (1790-1869) consistia em fortalecer o escopo da liberdade política no interior do "Estado de direito". Seu *Dicionário Político* (1834-1848), conjuntamente editado, tornou-se o mais prestigioso corpo do liberalismo alemão. Rotteck e Welcker eram liberais constitucionalistas, e ambos perderam suas cátedras em Heidelberg porque exigiram governo representativo moderno. O conservadorismo alemão autoritário era tão forte que, o mais das vezes, os liberais sulistas, que sustentavam opiniões antiprussianas, como as de Mohl, tinham de lutar contra medidas reacionárias em vez de propor reformas liberais abrangentes.[24]

Com a ascensão do Segundo Reich, dominado pelos prussianos, o liberalismo alemão passou a ser distinguido

---

[23] Citado em Dietze, *Two Concepts of the Rule of Law* (ver nota 19 anterior), p. 24.

[24] Bramsted e Melhuish, *Western Liberalism* (ver nota 16 anterior) p. 389-90.

com dificuldade do conservadorismo liberal ou não tão liberal. Aquele que mais desafiava Stahl, Rudolf von Gneist (1816-1895), reitor da Faculdade de Direito de Berlim, é um exemplo. Em seu tratado clássico, *Der Rechtsstaat* (1872), ele censurou o sistema parlamentar francês por implicar um triunfo da política em detrimento da consciência legal. A França, afirmou Gneist, submetera o executivo à assembleia nacional, e o submetido, por sua vez, tratava despoticamente a cidadania: assim, de forma paradoxal, o povo soberano vivia sob um governo arbitrário.[25] Gneist lutou em duas frentes: à sua direita, contra o conservadorismo de Stahl, e, à sua esquerda, contra o liberalismo ocidental. Exaltou as reformas de Bismarck como uma terceira via entre os privilégios feudais dos *Junkers* e o governo local eletivo segundo o modelo ocidental. A defesa feita por Gneist do sistema germânico, desprovido de poder parlamentar, mas com tribunais executivos, foi retomada por um erudito mais jovem, Heinrich von Treitschke (1834-1896). Treitschke definiu *liberdade* como autonomia *no interior* do Estado, não *exterior* a ele, descartando enfaticamente o conceito de vigia noturno.

Em todo o seu desenvolvimento havia uma baixa conspícua: a autonomia dos direitos individuais. A mais forte escola legal na segunda metade do século XIX, a positivista legal, ergueu-se em pleno declínio do conceito de cidadão. Figura dirigente do positivismo legal guilhermino, Paul Laband, de Estrasburgo (1838-1918), simplesmente negou a existência de direitos públicos subjetivos – a noção mesma que motivara a criação do princípio do *Rechtsstaat*. O maior nome na teoria guilhermina do Estado, Georg Jellinek (1852-1911), de Heidelberg, fez distinção entre duas espécies de direitos pessoais. Há direitos que têm a natureza de um *licere* (do latim para "ser lícito"), e há direitos que equivalem a um *posse* ("ser capaz de, ter o poder"). Os primeiros são direitos privados,

---

[25] De Ruggiero, *History of European Liberalism* (ver nota 41 do capítulo 3), vol. 1, cap. 3, seção 4.

enquanto os últimos são direitos públicos inerentes ao *status* do indivíduo. Diferentemente de *licere*, que permanece inteiramente ao arbítrio da pessoa, os direitos *posse* são ao mesmo tempo direitos e deveres – e a afirmação de tais direitos não implica um reconhecimento, à moda do direito natural, da individualidade absoluta. Nesse ponto, o fantasma de Hegel prevaleceu obviamente sobre a sombra de Kant e Locke. O liberalismo jurídico alemão, impregnado de muita reticência diante do individualismo, revelou-se no máximo um semiliberalismo.

Na época pós-bismarckiana (1890-1918), uma nova geração de liberais dedicou-se a questionar o *statu quo* político. Em termos de influência mundial póstuma, nenhum deles ultrapassou o sociólogo (diplomado como historiador do Direito) Max Weber (1864-1920), que se tornou a estrela mais brilhante no firmamento acadêmico de Heidelberg depois da virada do século. Um dos primeiros golpes de Weber na luta política foi um estudo da inépcia econômica e política da classe dos *Junkers*, a leste do Elba. Sua crítica da mentalidade "feudal" *Junker* e do *status* oligárquico continha uma opção tanto para o capitalismo quanto para o liberalismo. De modo mais amplo, Weber desafiou a estrutura autoritária do Reich guilhermino a partir de uma posição nacional-liberal avançada. Numa aula magna pronunciada em Freiburg em 1895, ele censurou todas as classes sociais por sua imaturidade política, no que diz respeito a promover os interesses da Alemanha como uma potência. Numa série de artigos que escreveu na época da guerra, *Parlamento e Governo* (1917), advogou um regime parlamentar como um meio de selecionar a verdadeira liderança, e sugeriu que o governo autocrático de Bismarck e sua estrutura institucional haviam privado a Alemanha de uma boa educação política. Diferentemente de Tocqueville e Mill, Weber foi muito um "liberal do poder", sustentando ousadamente o governo, o domínio da elite, e hegemonia nacional.

Embora Weber não ignorasse o fato de que mesmo os líderes mais criativos necessitam de apoio social e têm de trabalhar num contexto de classes, um elemento nietzschiano em seu pensamento fez com que ele encarasse a liderança como um arrimo para hierarquizar modos de vida. Para ele, como para Nietzsche, a criação de valores implicava hierarquia e dominação. Sua visão histórica era uma forma branda de *Kulturpessimismus*. A modernidade era o reino da racionalização – o crescimento contínuo, difundido de racionalidade instrumental (a adaptação ideal "dos fins aos meios" em ação social), em contraste com comportamento governado por valores absolutos, tradição ou sentimento. Aos olhos de Weber, a modernidade também significava um crescimento de racionalidade *formal*, um número crescente de normas cuja aplicação exige competências específicas. Essa espécie de competência em normas era, tanto quanto a eficiência, a alma do vasto processo social de *burocratização*. Weber alimentava graves desconfianças quanto à marcha da racionalização porque ela poderia firmar um domínio dos meios sobre os fins, enquanto a burocracia poderia trancar a sociedade moderna numa "gaiola de ferro" de servidão.

Contra essa perspectiva sombria, Weber discerniu dois antídotos: vocação (um talento) e carisma. Robert Eden, num exame muito lúcido do pensamento político de Weber, acredita que sua ênfase no "talento" era uma resposta ao individualismo demoníaco de Nietzsche.[26] O conceito de vocação era, é claro, uma velha ideia luterana, mas Weber conferiu-lhe novo encanto usando-a para esboçar uma dialética entre a individualidade e a ascensão do profissionalismo em nosso tempo. Isso também o habilitou a reconstruir o *éthos* ascético da idade heroica da burguesia, tão bem retratado em sua obra mais conhecida, *A Ética Protestante e o Espírito do Capitalismo* (1904).

Em seus escritos políticos tardios, "talento" e carisma são misturados, como na clara advertência de "Política como Vocação", publicado em 1919: "há apenas a opção: democracia com liderança (*Führerdemokratie*), com a 'máquina' (partidária), ou democracia sem liderança – ou seja,

---

[26] Robert Eden, *Political Leadership and Nihilism: A Study of Weber and Nietzsche*. Tampa, University Presses of Florida, 1984.

o domínio dos 'políticos profissionais' sem uma vocação, sem as qualidades carismáticas internas que somente elas constituem um líder". A única maneira de evitar "o domínio burocrático descontrolado" era uma política do carisma, mais bem exemplificada por líderes como Gladstone e Lloyd George. Weber ansiava por cesarismo eletivo, liderança plebiscitária; e no debate constitucional no começo da República de Weimar ele prescreveu uma presidência forte que brotasse do sufrágio universal.

O liberalismo de Weber não continha qualquer teoria de direitos naturais e nenhum amor pela democracia. Weber rejeitou o socialismo porque, independentemente da revolução (a qual, no caso dos social-democratas alemães, ele percebeu que era mais retórica que uma ameaça real), o socialismo engendraria um planejamento social amplo e, portanto, mais burocracia, por mais que fossem democráticas as suas intenções. A própria democracia, em sua opinião, não acarretaria qualquer verdadeira distribuição de poder, apenas um declínio de chefes locais e uma ascensão do líder plebiscitário, devido à emergência de grandes máquinas partidárias para enfrentar o sufrágio em massa.[27] Impressionou Weber a demonstração, feita por Moisei Ostrogorski e Robert Michels (seu aluno em Heidelberg), do papel representado pelas oligarquias partidárias em grandes democracias modernas, como a Grã-Bretanha e os Estados Unidos. Essa compreensão levou-o a encarar com menos entusiasmo o parlamento como um seletor de líderes, embora permanecesse convicto do papel da Câmara no controle da administração e na proteção dos direitos civis.

Weber podia ser um analista muito arguto de conjunturas políticas e de estruturas sociopolíticas, como se vê em seus comentários à Revolução Russa de 1905, na sua conceitualização do Estado e na sua abordagem pioneira do patrimonialismo em sua *magnum opus*, *Economia e Sociedade*. Mas seu lugar na história do liberalismo é um tanto prejudicado pela ausência, tanto em seus escritos

---

[27] David Beetham, *Max Weber and the Theory of Modern Politics*. London, Allen & Unwin, 1974, cap. 4.

sociológicos quanto políticos, de qualquer perspectiva que ligue a legitimidade dos regimes e dos governantes à condição real *dos governados*. Sempre ansioso quanto à liberdade do homem cultural, Weber parece ter muitas vezes ignorado o alcance concreto da liberdade social.[28] Ele não proporcionou, em poucas palavras, qualquer visão de baixo para cima. Mas se o liberalismo deve ser fiel à sua preocupação com o controle do poder, ele tem de permanecer atento ao ponto de vista daquele que está por baixo. Só isso, com efeito, classifica o liberalismo de liderança de Weber como um liberalismo conservador. Enquanto o seu individualismo e o seu dissabor pelo Estado guilhermino salvaram-no do semiliberalismo dos juristas da *Staatslehre*, ou seja, da Doutrina do Estado, inclusive de seu colega de Heidelberg Jellinek, a sua falta fundamental de instintos democráticos colocou-o atrás da sabedoria, e não apenas das esperanças, dos clássicos da liberdade.

CROCE E ORTEGA

Em sua sociologia histórica como um todo, pode-se dizer que Weber foi o homem que celebrou a paz entre o historicismo alemão, com sua paixão pelo significado singular dos fenômenos sociais e culturais, e o positivismo como sua busca de explicação causal em ciência social. Era bem diferente a atitude do principal contemporâneo de Weber na Itália, o filósofo e historiador Benedetto Croce (1866-1952), para com a tradição positivista. De forma bastante estranha, o italiano meridional Croce estava muito mais próximo do desprezo corrente pela explicação causal no *Historismus* do que o prussiano Weber. Todo

---

[28] Quanto a esse caráter "hipodemocrático" da teoria de Weber sobre a legitimidade, ver meu *Rousseau and Weber: Two Studies in the Theory of Legitimacy* (ver nota 12 do capítulo 1), p. 130-35 e 197-98; e resenha feita do original em inglês por Wolfgang Mommsen em *Government and Opposition* 17, inverno de 1982.

historicismo pendia para a interpretação, e efetivamente desenvolveu a concepção dualista do conhecimento, segundo a qual a lógica das humanidades é essencialmente alheia à procura de realidades que caracteriza a ciência natural. Vindo de uma escola de pensamento abertamente neoidealista, os hegelianos do sul da Itália, Croce estava orgulhosamente mergulhado num clima antipositivista e, nessa condição, deu seu primeiro passo criticando as versões mais determinantes do marxismo (em *Materialismo Histórico e a Economia de Karl Marx*, 1900).

O positivismo, para Croce, era parte de um quadro mais amplo de um verdadeiro erro intelectual, remontando ao pensamento jusnaturalista e ao racionalismo do Iluminismo. Na opinião de Croce, a razão do século XVIII fora demasiado abstrata e rígida e era definitivamente inferior, como apreensão de todas as coisas humanas, à razão *histórica* concreta forjada por volta de 1800. Aos *philosophes* do Iluminismo, Croce opõe o contrailuminismo de Giambattista Vico (1668-1744), que fora redescoberto por românticos como Michelet.

Croce exaltou o próprio *Risorgimento* como um maravilhoso interlúdio romântico entre dois estágios negativos – o Iluminismo (jacobinismo, franco-maçonaria e fanatismo igualitário) e a triste idade do positivismo no fim do século XIX. O próprio *fin-de-siècle* de Croce abundava em virulentas correntes antipositivistas, mas a verdade é que o próprio Croce incluiu a democracia entre os princípios mais contaminados pela "fraseologia positivista" e suas visões "profundamente equivocadas" do homem e da sociedade. Ele tendia a depreciar a ala mais romântica do *Risorgimento* – a escola de Mazzini, a qual, Croce sentia prazer em dizê-lo, nunca penetrara em Nápoles. Seu antimazzinismo, que logo seria partilhado pelos fascistas, pouca simpatia mostrara pelo republicanismo de esquerda – pelo componente democrático da herança liberal. Para Croce, o espírito democrático da igualdade era tão simplista quanto "abstrato", e ele se pôs ao lado dos Impérios centro-europeus na Grande Guerra, porque sustentavam crenças histórico-políticas muito mais sólidas.[29] O advento pós-guerra da democracia política, acompanhado como o foi por uma onda belicosa de luta de classes, só podia agravar as desconfianças de Croce quanto à democracia.

Assim, como herdeiro da ala direita do *Risorgimento* (*"la destra storica"*), Croce estimava tão pouco a democracia quanto Weber. Mas, como Weber, ele veio a aceitar, se não propriamente a gostar da ação recíproca dos mecanismos democráticos. Em 1923, dois anos antes de lançar um manifesto de intelectuais antifascistas, Croce seguiu o teórico conservador elitista Gaetano Mosca (1958-1941) numa defesa das instituições liberais.[30] A nova posição intelectual estava fadada a refletir-se na sua própria qualidade de liberalismo. Croce escreveu duas obras notáveis sobre o século de seu nascimento e formação, uma *História da Itália de 1871 a 1915* (1925) e uma *História da Europa no Século XIX* (1932). Ele queria escrever história filosófica como "história da liberdade" de um "ponto de vista ético-político" – um programa inspirado em lord Acton, por assim dizer. Mas também queria demonstrar o motivo por que o liberalismo falhou, em última instância, em originar uma resistência bem-sucedida ao fascismo, uma ditadura a que, depois de alguma hesitação, Croce resolveu resistir. Ele pensou que, em seus dias heroicos, o liberalismo, para se defender contra a opressão ideológica dos meios tradicionalistas, lançara a opinião de que os valores são subjetivos e que os fatos são neutros em matéria de valor. Mas o problema consistia, no entanto, em que, ao fazer isto, o liberalismo, a longo prazo, solapara a sua própria convicção moral.[31]

---

[29] Norberto Bobbio, *Profilo Ideologico del Novecento*, vol. 9, *Storia della Letteratura Italiana*. Milano, Garzanti, 1969, p. 161-62.

[30] Quanto ao contexto histórico do pensamento político de Croce e de suas atitudes, ver H. Stuart Hughes, *Consciousness and Society: The Reorientation of European Social Thought, 1890-1930*. (1958) London, Paladin, 1974, p. 213-29.

[31] Quanto a esse ponto, ver Richard Bellamy, *Modern Italian Social Theory: Ideology and Politics from Pareto to the Present*. Cambridge, Polity, 1987, p. 91-92.

Croce era o símbolo vivo do pensamento anticlerical entre os não socialistas italianos. Não obstante, ele parecia sugerir que algum consenso moral, em lugar da fé, alimentasse a chama liberal, desde que coubesse a ela inflamar um movimento político como o fizera no *Risorgimento*. Também por causa do seu altivo desprezo pelo materialismo em questões de ética, Croce introduziu uma cunha conceitual entre liberalismo e *liberismo*, o próprio termo com que denotava "liberdade econômica". Em seu livro *Ética e Política* (1922) e em outros textos da década de 1920, insistiu em que o liberalismo não devia ser igualado à idade efêmera do *laissez-faire* ou, de um modo geral, a práticas e interesses econômicos. Em seu ensaio "Liberalismo e Liberismo" (1928), Croce salientou que, enquanto o liberalismo é um princípio ético, o liberismo não passa de um preceito econômico que, tomado equivocadamente por uma ética liberal, degrada o liberalismo a um baixo hedonismo utilitário.

Croce tornou-se o mais conhecido dos opositores liberais do regime de Mussolini. Sua fama na Europa depois da publicação de sua *Estética* (1902) forçou o fascismo a respeitá-lo. O principal intelectual fascista era o seu ex-amigo, o filósofo Giovanni Gentile. Como ministro da Educação de Mussolini (posição que o próprio Croce ocupara previamente no gabinete do astucioso primeiro-ministro Giolitti), Gentile apropriou-se do conceito hegeliano do "Estado ético" com um claro propósito anti-individualista. Tentou também provar que o direito histórico – liberalismo italiano tradicional – fora tudo menos individualista, o que fazia com que o fascismo fosse uma verdadeira continuação do genuíno liberalismo italiano.

Croce teve o bom senso de refutar a mistificação fascista quanto ao "Estado ético" chamando honestamente atenção para os elementos de coerção inerentes a todos os Estados. Nisto ele seguiu Treitschke (cuja *Política* ele traduzira) e manteve-se próximo da famosa definição de Weber de que o Estado é o monopólio da coerção no interior de um dado território. Relembrou igualmente a fascista fábula política em torno da consciência que tinha Maquiavel da política como esfera de força e de conflito.

No lado negativo, no entanto, Croce manifestou uma indiferença básica pelo conceito liberal dos limites do Estado e do poder, terminando numa noção de liberdade quase mística e providencialista. Falou da liberdade como a revelação do Espírito da história concreta – algo apenas menos nebuloso do que o seu original hegeliano e que dificilmente levava a uma análise empírica da liberdade e da coerção.[32] Para evitar o voluntarismo irracionalista de Gentile (mesmo antes que se separassem por causa do fascismo), Croce reduziu seu "historicismo absoluto" a uma teologia leiga da liberdade, "uma religião da liberdade", em última instância intraduzível – como acusou um marxista crociano, Antonio Gramsci[33] – na linguagem prática da práxis real. A meritória oposição de Croce ao fascismo e sua defesa da individualidade moral diante do holismo autoritário colocaram seu liberalismo, a despeito de seus aspectos conservadores, a boa distância do conservadorismo liberal de Vilfredo Pareto (1848-1923), sendo Mosca o fundador da teoria elitista. Sua historiografia liberal, concebida como um épico da "vida moral" do Ocidente moderno, deixa transparecer um espírito que não se pode achar em nenhum dos textos escritos pelo "neomaquiavélico" Mosca, apesar de sua tardia aceitação de instituições liberais.[34] Mas, no final das contas, o inspirado "historicismo da liberdade" de Croce não

---

[32] Para uma excelente discussão crítica, ver Norberto Bobbio, *Politica e Cultura*. (1955) Torino, Einaudi, 1980, cap. 13.

[33] Para uma referência rápida à dívida de Gramsci para com – além da crítica de – Croce, ver o meu *Western Marxism*. London, Paladim, 1986, p. 96-98; em português: *O Marxismo Ocidental*, trad. Raul de Sá Barbosa. Rio de Janeiro, Nova Fronteira, 1987.

[34] Quanto a Mosca, ver Norberto Bobbio, *On Mosca and Pareto*, Genève, Droz, 1972; Hughes, *Consciousness and Society* (ver nota 30 anterior), cap. 7; e Geraint Parry, *Political Elites*, London, Allen & Unwin, 1969, p. 30-42.

foi um grande ganho teórico, enquanto seu exorcismo do liberalismo parece um tanto inadequado em nossa idade de liberalização econômica.

Na Espanha, uma influência hegemônica da espécie que Croce exerceu na Itália pertenceu por muito tempo a José Ortega y Gasset (1883-1955). Ortega é mais conhecido em teoria política como o autor de *A Rebelião das Massas* (1929). Analisando a sociedade moderna, Ortega afirmou que, pela primeira vez nos anais da história, a civilização viera a rejeitar o princípio da elite. A sociedade de massas é habitada por criaturas enfatuadas, embora psicologicamente estejam um pouco perdidas no meio da tecnologia. Seu tipo humano geral leva a uma afirmação dos direitos da mediocridade. Sete anos antes, em seu panfleto *Espanha Invertebrada*, Ortega censurava seu próprio país por sua "aristofobia", pelo fato de que evitava e depreciava os melhores. Depois da derrota traumática diante dos Estados Unidos na Revolução Cubana de 1898, proliferaram na Espanha diagnósticos introspectivos da "doença nacional"; a decadência tornou-se um *leitmotiv* da alta cultura espanhola. Ortega queria ir tão longe quanto possível numa abordagem mais radical: a busca das antigas raízes do mal espanhol.

Ortega começou por desfechar um tiro a longa distância na democracia. A ideologia democrática, disse ele, tem o hábito de perguntar: o que deve ser uma sociedade? Mas o verdadeiro problema reside em decidir: em que consiste uma sociedade? O que a constitui – ou melhor, como pode uma sociedade *ser*? Essa problemática *constitutiva* era típica dos neokantianos, com os quais o jovem Ortega estudara em Marburgo imediatamente antes da guerra. Ora, a Espanha fora outrora um grande Estado; um Estado, como Roma, capaz de criar sistemas integrativos ainda mais abrangentes, das Sete Colinas ao Lácio e da Itália a todo o Mediterrâneo. Tais Estados não se fundam apenas na força; para que um Estado seja tão integrativo, impõe-se que haja um "projeto sugestivo de vida em comum" – como a prolongada luta de Castela contra os mouros. Daí a energia com a qual a Espanha, a partir do fim da Reconquista, empreendeu a conquista da Itália e especialmente da América.

Contudo, todo esse esforço requer uma aristocracia, disse Ortega, uma liderança que conta com o assentimento – e mais: com o acompanhamento entusiástico – do povo. Sem aristocracia, não podia haver formação de Estado ou expansão de Estado – nem mesmo formação nacional. A Espanha, depois de Filipe III, tornara-se hesitante, conservadora e espiritualmente estreita. Em todo lugar haviam surgido particularismos – no governo, nas regiões, nas classes sociais. Num voo de fantasia social não indigno de Renan, Ortega cismou na fraqueza dos visigodos, a tribo germânica que se estabelecera na península. Diferentemente dos francos, afirmou, os visigodos haviam sido contaminados pela decadência romana. Acima de tudo, faltava-lhes o instinto franco para seguir líderes vigorosos, em conquista e dominação. Era uma pena que a Espanha nunca tivesse contado com o feudalismo certo, disse ele. Ortega não se dignou a explicar como uma ascendência tão pobre chegara a inventar o "projeto sugestivo" tanto da Reconquista como da Conquista. Ele chegou a zombar da Reconquista, perguntando como se podia chamar conquista a um empreendimento que exigira tanto tempo (oito séculos) para ter êxito. Ortega conclui que a ascensão "visigótica" de 1500 apoiara-se numa força artificial – e, portanto, não era de espantar que a decadência se tivesse logo instalado, já na altura de 1600. A Espanha permanecera uma nação de camponeses, avessa a ser governada pelos *aristoi*, pelos melhores: era uma sociedade aristofóbica que produzira tão poucos grandes homens quanto a Rússia. Significativamente, sua melhor arte era a arte popular – ofícios, danças, o que cabia ao povo.

A Rebelião das Massas escreveu aristofobia em letras garrafais. O homem da massa, disse Ortega, era a mediocridade tentando impor a mediocridade, um nivelamento niilista em nome do democratismo. O mundo do homem do povo estava a ponto de ser governado por "gente infantil" como os americanos e os russos; os primeiros limitavam-se a mascarar seu primitivismo por trás das invenções mais modernas. Por um momento, Ortega definiu *barbarismo* como uma falta de normas. Mas também nos disse que, enquanto Grécia e Roma fracassaram porque lhe faltaram princípios, nós, os modernos, estamos fracassando porque nos faltam homens – os *aristoi*, é claro.

Ortega não era de forma nenhuma um elitista *social*. Esforçou-se seriamente para explicar que o seu pleito em prol das elites era uma questão *cultural*, e não um preconceito social a favor das classes superiores; as novas elites, especificou, deveriam fundar-se na excelência, e não no dinheiro. Por que então toda a raiva contra a democracia? A resposta de Ortega é uma tautologia, pois parece residir em sua equalização amplamente implícita da democracia como uma civilização alegadamente estéril, a cultura vitoriana da razão e do progresso. Em seu livro mais original, O *Tema Moderno* (1923), Ortega aplicou uma crítica nietzschiana à cultura europeia. Nietzsche descobrira a autonomia dos valores da "vida" numa civilização propensa à adoração da cultura, e era necessário situar-se contra tal civilização. O culturalismo era para ele um cristianismo sem Deus, pois aos olhos burgueses (aqueles que Nietzsche apelidou imortalmente de "filisteus da cultura") o reino da cultura gozava do mesmo *status* transcendental antes atribuído à divindade cristã. O *Tema Moderno* foi um apelo dramático para que se rompesse com o fanatismo da cultura em benefício da "razão vital"; e esse raciovitalismo, pregando "a necessidade de sujeitar a razão à vida", tornou-se a bandeira filosófica de Ortega.

O grande precursor de Ortega no ensaísmo espanhol foi Miguel de Unamuno (1864-1936), uma figura central embora solitária na geração antidecadente de 1898. Unamuno vilipendiara o "sancho-pancismo" da civilização moderna: seu positivismo, seu naturalismo, seu empirismo. Entre Unamuno e Ortega, havia um abismo pessoal. Ortega detestava o mais velho Unamuno por causa de seu áspero romantismo; o sofisticado filósofo de classe média superior, uma estrela da alta sociedade madrilenha, não podia esconder seu desprezo pelo duro, inflexível humanista provinciano que foi exilado pela ditadura militar de Primo de Rivera (1923-1930) nos últimos espasmos da monarquia espanhola. Em vez da síntese esperançosa embora indefinível de Ortega, o "raciovitalismo", Unamuno oferecia uma franca aversão, uma aberta repugnância pelo racionalismo. Ortega, em contraste, insistia no valor da ciência e da tecnologia e zombava de Unamuno por colocar São João da Cruz (isto é, o misticismo espanhol) contra Descartes (o racionalismo do pensamento moderno). Além disso, Unamuno era um individualista radical, que queria transformar a Espanha num "povo de eus" (*un pueblo de yos*). Isso, é óbvio, chocava-se com os sonhos de Ortega de fomentar projetos nacionais.[35]

Contudo, *O Tema Moderno* não é apenas uma crítica do culturalismo. É um livro que também questiona em termos nada equívocos o culto utópico do revolucionarismo. Em seus primeiros artigos, Ortega não resistiu a citar o dito de seu mestre de Marburgo, Hermann Cohen (1842-1918): as revoluções são "temporadas de ética experimental". Mas, nos anos 1920, um de seus mais vivos ensaios, "Mirabeau ou o Estadista" (1927), separa decididamente a arte do estadista do revolucionarismo. O estadista é mais que um homem de ação, disse Ortega. Diferentemente do intelectual, o estadista deve ser um homem de ação, mas um homem com

---

[35] A maior parte da literatura filosófica sobre Unamuno e Ortega é tediosa e dominada pelo epigonismo. Entre as exceções incluem-se Alejandro Rossi et al., *José Ortega y Gasset*. Ciudad de México, Fondo de Cultura Económica, 1984; J. Ferrater Mora, *Unamuno*. New York, Twayne, 1971; Rockwell Gray, *The Imperative of Modernity: An Intellectual Biography of José Ortega y Gasset*. Berkeley, University of California Press, 1989. Podem ser encontrados excelentes retratos intelectuais de ambos em Ernst Robert Curtius, *Kritische Essays zur Europäische Literatur*. Berna, Francke, 1954; e Juan Marichal, *Teoría e Historia del Ensayismo Hispánico*. Madrid, Alianza, 1984. Há em Ionescu, *Politics and the Pursuit of Happiness* (ver nota 50, cap. 2), uma excelente discussão sobre *Unamuno*.

visão. Contudo, a visão do estadista é altamente realista e pragmática, nem um pouco como o programa intelectualista do ideólogo. O revolucionário, por outro lado (como Robespierre, que Ortega chamou de "chacal"), é um camarada trapalhão que termina obtendo exatamente o oposto do que intencionava. Devemos, neste ponto, nos perguntar se o antirrevolucionarismo apriorístico de Ortega concorda com o que diz a história. Eu, por exemplo, não posso pensar em Lênin como alguém que obteve o oposto do que queria – mas exatamente o contrário. Em termos mais gerais, e sobretudo a longo prazo, a observação de Ortega de que o culto da revolução ia a contrapelo da moderna cultura ocidental mostrou-se uma opinião sem dúvida presciente.

A política real de Ortega sofreu uma evolução curiosa. Na juventude, ele fora atraído pelo socialismo ético de seus professores neokantianos, e escreveu com simpatia a respeito da linha anti-individualista e antiutilitarista dos "novos liberais" ingleses. Seus heróis eram socialistas reformistas que endossavam o princípio do Estado e da nacionalidade, como Ferdinand Lassalle (1825-1864) e Eduard Bernstein (1850-1932).[36] Então, começando talvez com sua resenha do livro de Georg Simmel *Schopenhauer e Nietzsche*, de 1908, o jovem Ortega começou a pisar em terreno virtualmente não democrático.

De início, Ortega tentou conjugar seu socialismo e seu nietzschianismo. No ensaio de 1913 "Socialismo e Aristocracia", declarou: "Sou um socialista por amor à aristocracia". Uma vez que o poder capitalista não tinha rosto e era materialista, desprovido de calor interno, o socialismo tinha de brilhar como um aperfeiçoamento moral da humanidade. Porém, durante a década de 1920, a posição de Ortega passou a ter matizes crescentemente conservadores. Ele namorou a República, mas principalmente de

---

[36] Para um exame do socialismo juvenil de Ortega, ver Fernando Salmerón, "El Socialismo del Joven Ortega", in: Rossi et al., *José Ortega y Gasset* (ver nota 35 anterior), p. 111-93.

uma posição direitista,[37] e então tomou por sua própria iniciativa o caminho do exílio a partir do início da guerra civil até o fim da guerra mundial. Depois, durante sua última década, recusou-se a atuar como um foco de resistência liberal, como fizera Croce na Itália fascista. Como Weber e diferentemente de Croce, Ortega era um nacionalista. Novamente como Croce, sua visão burguesa patrícia salvou-o de complacência para com a política plebeia de mobilização no fascismo, exatamente como o agnosticismo deles os separara do clericalismo direitista que abençoou tanto o incrédulo Mussolini como o devoto general Franco, "caudilho da Espanha pela graça de Deus".

Ortega sabia como impedir que seu elitismo cultural degenerasse em reação política. Disse certa vez que, enquanto toda interpretação democrática de uma ordem viva diferente da esfera do direito público é plebeísmo, toda concepção não democrática do direito público é tirânica. O mesmo pensador que, em *A Desumanização da Arte* (1925), localizou um elemento "aristocrático" da arte moderna em sua voluntária obscuridade *lúdica* de pensamento, como escreveu em *Mirabeau*, pensou que a "verdadeira realidade histórica é a nação e não o Estado" – um axioma normativo em vez de descritivo. O brilho de *A Desumanização* advém lógica e não apenas cronologicamente do arco que se constrói entre *O Tema Moderno* e *A Rebelião das Massas*, pois enquanto a natureza lúdica da arte moderna a torna um símbolo de valores da vida contra o culturalismo vitoriano, o hermetismo das formas modernistas representa um insulto deliberado ao espírito vulgar e demótico do homem do povo. Por isso, no fim, a forma pela qual Ortega foi hostil ao estatismo fascista implicava tanto a tradicional preocupação liberal pela esfera social, em contraposição à política, quanto a repugnância do elitista cultural pela política populista – muito menos porque é uma política não liberal e muito mais porque é plebeia.

---

[37] Ver Guillermo Morón, *Historia Política de José Ortega y Gasset*. Ciudad de México, Oasis, 1960.

Conclusão

O liberalismo clássico desdobrou-se numa série de discursos conceituais. Os teóricos liberais falaram as línguas dos direitos naturais (Locke e Paine), do humanismo cívico (Jefferson e Mazzini), da história por estágios (Smith e Constant), do utilitarismo (Bentham e Mill), e da sociologia histórica (Tocqueville). Com tais discursos, o liberalismo clássico progrediu do whiguismo – a mera exigência de liberdade religiosa e governo constitucional – para a democracia, ou autonomia, com uma ampla base social.

Em contraste, os liberais conservadores, desde cerca de 1830 a 1930, procuravam geralmente *retardar a democratização* da política liberal. Sob esse aspecto, assinalaram um regresso a posições *whig*. O liberalismo *whig* era essencialmente um liberalismo de representação limitada, restritiva. Os *whigs* normalmente concordariam com Kant, liberal republicano e constitucional, em que "o empregado doméstico, o balconista, o trabalhador, ou mesmo o barbeiro não são [...] membros do Estado, e assim não se qualificam para ser cidadãos",[38] com o fundamento de que tais pessoas subsistem mediante a venda de seu trabalho e, portanto, não contando com uma base de propriedade, não são independentes o bastante para o exercício de direitos políticos. A democracia censitária, a despeito de toda a incongruência da frase, permaneceu a pressuposição padrão no liberalismo *whig* – e foi precisamente isso que, de Paine e Bentham a Tocqueville, o liberalismo clássico ultrapassou.

Os liberais conservadores eram *neowhigs*. Diferiam dos conservadores, liberais ou não, pela fidelidade aos traços básicos da visão liberal do mundo, como o individualismo e o latitudinarismo, e na rejeição do holismo

---

[38] Immanuel Kant, "On the Common Saying: 'This May Be True in Theory, But It does Not Apply in Practice'" (1793), in: Hans Reiss (ed.), *Kant's Political Writings*. Cambridge, Cambridge University Press, 1970, p. 78.

e da autoridade religiosa. No entanto, coincidiam com os conservadores na sua inclinação contra a democracia. Assim, a ampliação cautelosa da inclusão do povo nos direitos políticos, inventada por reformadores *whig* como Macaulay, tinha um escopo e uma significação não exatamente democráticos; e os subsequentes liberais como Maine e Acton tentaram recorrer ao liberismo (Maine) ou ao federalismo (Acton) contra a maré democrática. Nem eram democratas os evolucionistas utilitaristas como Bagehot, Stephen e Spencer; o que queriam, antes de tudo, era submeter a democracia a propósitos não democráticos (Bagehot) ou a ela resistir em nome da garantia da sobrevivência dos mais aptos (Stephen e Spencer). Igualmente, a evolução do segundo liberalismo francês, de 1830 a 1870, parecia, de uma posição tocquevilliana, uma involução, pois se a aceitação por Rémusat do princípio republicano foi um passo considerável no caminho da democracia (como o reconhecimento por Laboulaye do sufrágio universal), a equivalência, proposta por Renan, entre democracia e decadência tomou a direção oposta. Seu movimento reacionário foi apenas em parte desfeito por sua rendição morna e final ao curso democrático da Terceira República. O semiliberalismo dos juristas alemães, com seu tema de direitos sob controle, foi ainda outro exemplo do retardamento conservador no interior do liberalismo, e assim foi a primazia da ordem sobre a liberdade na fórmula de Alberdi de construção de nações. Finalmente, os primeiros liberais conservadores do século XX, tais como Weber, Croce e Ortega, relutavam todos, ou no mínimo eram ambivalentes diante da democracia. Seu dissabor pela política de massa ou pela cultura igualitária levou-os a posições menos liberais-democráticas que as de Tocqueville, Mill e Mazzini, no fim do liberalismo clássico. Pois onde Mill queria uma democracia qualificada exatamente porque sonhava com uma democracia de qualidade, os liberais conservadores tendiam a brigar com o próprio princípio democrático, o qual estavam preparados a esposar no máximo por causa de motivos racionais, e não como uma verdadeira preferência.

O resultado claro da inflexão conservadora da doutrina liberal, portanto, foi um recuo aberto ou interno, manifesto ou coberto da democracia liberal. Em seu caráter discursivo, acrescentaram-se três outros modos à série de discursos liberais: o idioma burkiano, como em Macaulay, Maine, Alberdi, Renan e Acton; a linguagem "darwinista", como em Spencer; e o historicismo, de raízes elitistas, de Weber a Ortega. Pois enquanto o foco de Croce na odisseia da vida moral ocidental (*vita morale*) ainda se parecia vagamente com a velha visão progressiva, por estágios, do historicismo liberal, o apelo de Weber ao carisma e o anseio de Ortega por aristocracias culturais foram antes casos complexos da revolta modernista contra a modernidade – a curiosa alergia que sente o intelectual moderno diante da sociedade moderna.

Capítulo V

DOS NOVOS LIBERALISMOS
AOS NEOLIBERALISMOS

As reivindicações do liberalismo social

Segundo Albert Dicey (1835-1922), o jurista liberal que escreveu o clássico *The Law of the Constitution*, a reforma legal na Inglaterra conheceu duas fases durante o século XIX. De 1825 a 1870, seu objetivo foi primariamente ampliar a independência individual. Desde então, visou à justiça social. Dicey, um liberal conservador, amigo de *sir* Henry Maine, deplorou o salto do *laissez-faire* para o "coletivismo". Outros partilharam seu relato do salto sem endossar a avaliação que fez dele. Eram os "novos liberais" de 1880, convictos de que o "individualismo mais velho" já não era válido no contexto social do industrialismo tardio. Começaram o que um deles, Frances Charles Montague (1858-1935), chamou de "revolta contra a liberdade negativa" – a noção ainda tão central no liberalismo libertário de Mill.[1]

Teóricos como Montague rejeitaram a visão evolucionista dos spencerianos, o uso do darwinismo como uma elegia ao valor ameaçado do individualismo. No livro *The Limits of Individual Liberty* (1885), Montague armou uma refutação habilidosa da analogia em que se predicava o darwinismo social. A livre competição, afirmou, deixava impotentes os fracos. Mas, na sociedade, os fracos estão longe de serem os piores. De qualquer forma, diferentemente do que acontece na natureza, em sociedade, as vítimas da evolução não são inteiramente eliminadas, porém permanecem como um peso morto no corpo social. Então, por que não os ajudar, especialmente porque a sua degradação termina por prejudicar o conjunto?

A defesa que Montague fez do liberalismo social estava longe de ser anti-individualista. Montague pensou que nos tempos modernos as pessoas diferem em suas personalidades (se não em suas vestimentas) mais do que diferiam no passado; na Idade Média, suas diferentes

---

[1] F. C. Montague, *The Limits of Individual Liberty*. London, 1885, p. 2.

roupagens recobriam muito mais uniformidade – cavalheiro, burguês e camponês tendiam a partilhar a mesma vida interior ou a falta desta. Não é verdade, argumentou Montague, que a sociedade moderna é de tal forma organizada que deixa pouco espaço para a liberdade individual. O que é desafortunado é que a sociedade está organizada para a consecução de dinheiro, mas desorganizada para qualquer outra finalidade. A mesma fé individualista inspirou as famosas *Lectures on the Principles of Political Obligation*, pronunciadas em Oxford por Thomas Hill Green (1836-1882) em 1879 (publicadas postumamente em 1886). A morte prematura de Green não impediu que sua redefinição do liberalismo se tornasse muito influente antes da Grande Guerra. Filho de um clérigo de Yorkshire, Green adotou o hegelianismo na Oxford de meados da era vitoriana. Mas seu hegelianismo era um tanto peculiar. Pois enquanto retinha a ideia do mestre de que a história é uma longa luta pelo aperfeiçoamento humano, ele pôs um acento kantiano na autonomia individual. Tanto em ética como em teoria política, Green salientou o valor absoluto da pessoa como a *fons et origo* das comunidades humanas.

O novo liberalismo era tão individualista quanto o de Mill. Não obstante, também implicava uma crítica dos pressupostos filosóficos de Mill. Como Montague, Green opôs-se a uma representação do que é humano na qual o conhecimento é, em última análise, reduzido a sensações, e a moralidade, a impulsos, e que encara a sociedade como um amontoado de indivíduos. Isso consistia num ataque franco ao empirismo, ao utilitarismo e à tradição atomista de Bentham-Mill, um ataque levado adiante em nome do idealismo à moda alemã.

Green insistiu em que a ação racional é ditada pela vontade e opção de uma forma que ultrapassa o deixar-se guiar simplesmente pelo desejo ou pela paixão. Ele estava longe da base humana da ética utilitária (e do famoso dito de Hume: "A razão é e deve ser escrava das paixões"). Para Green, os fins racionais da conduta implicam a compreensão de que, quando falamos em liberdade como algo de inestimável, pensamos num poder positivo de fazer coisas meritórias ou delas usufruir. Portanto, a liberdade é um conceito positivo e substantivo, e não um conceito formal e negativo. Nesse sentido, o idealismo do novo liberalismo foi efetivamente uma revolta contra a liberdade negativa no sentido de Locke e de Mill, fundada na ideia hobbesiana de liberdade como ausência de impedimento. Green caminhava de uma preocupação com *liberdade de* para uma estima novamente despertada de *liberdade para*.

E o que dizer quanto a suas opiniões a respeito do Estado? O liberalismo clássico fizera recair o peso da justificação sobre a interferência estatal. Normalmente, o Estado devia deixar que a cidadania livremente tratasse de seus negócios. Sua interferência só era legítima em benefício da segurança individual, como uma garantia da livre determinação pela sociedade da maior felicidade para o maior número. Green não era tão minimalista. A função do Estado, ensinou, devia consistir na "remoção de obstáculos" ao autodesenvolvimento humano. Isso era também uma ideia alemã, decorrente de Humboldt.[2] O Estado nunca se podia pôr no lugar do esforço humano para a *Bildung*, ou cultura pessoal, mas podia e devia "promover condições favoráveis à vida moral".

Green acreditava que, em sua forma clássica, o liberalismo estava se tornando "obstrutivo", na medida em que sua receita política minimalista tornava-se crescentemente obsoleta devido à penetração cada vez maior do direito na sociedade, e isso no mesmo passo em que a civilização progredia. A seus olhos, os receios de Maine-Dicey-Spencer quanto a tal tendência erravam o alvo, que consistia na *qualidade* da interferência estatal, e não no fato de que esta se verificava. Green pensou que é boa coisa a "remoção de obstáculos" mediante reformas esclarecidas que possibilitassem a um maior número de

---

[2] Como observado por Vittorio Frosini, *La Ragione dello Stato: Studi sul Pensiero Politico Inglese Contemporaneo*. (1963) Milano, Giuffré, 1976, p. 33.

indivíduos gozar das mais altas liberdades. Deve-se estar preparado para violar a letra do velho liberalismo para ser fiel a seu espírito – o amparo à liberdade individual. Isso exigia fortalecer o acesso à oportunidade.

Crane Brinton chamou Green de um salvador do liberalismo.[3] E isso Green foi, porque mudou pressupostos e queria alterar práticas, sem renegar os valores básicos da doutrina. Por exemplo, embora não fosse partidário do *laissez-faire*, ele não abandonou o liberismo. Considerou a propriedade privada um arrimo essencial ao desenvolvimento do caráter, e resistiu à crença socialista de que o capitalismo é a causa fundamental da pobreza. Convencido de que a independência econômica alimenta a autoconfiança, desejou converter os trabalhadores em pequenos proprietários; e como admirador sincero do liberalista *quaker* John Bright (1811-1889), ele manteve uma visão enfaticamente não *whig* antiaristocrática da história inglesa.[4]

No fundo, a ideia que Green tinha de aperfeiçoamento social consistia em que as classes médias iriam atenciosamente ajudar os pobres a se tornarem bons e conscienciosos burgueses – o que não é tão distante do próprio elitismo cívico de Mill. Como Mill, Green sublinhou a participação política como uma obrigação moral. Seus intérpretes modernos estão certos: Green deu ao liberalismo um recomeço de vida conjugando os valores básicos dos direitos e liberdades individuais com uma nova ênfase na igualdade de oportunidades, e no *éthos* da comunidade.[5] Ao fazê-lo, ele não conferiu ao novo liberalismo vitoriano tardio qualquer inflexão socialista. Isto ocorreria um pouco mais tarde, na teoria social da Belle Époque, em ambas as margens do canal da Mancha. Mas, com sua filosofia

---

[3] Crane Brinton, *English Political Thought in Nineteenth Century*. London, Cambridge University Press, 1949.

[4] A esse respeito, ver Robert Eccleshall, *British Liberalism: Liberal Thought from the 1640s to 1980s*. New York, Longman, 1986, p. 39.

[5] Ver Melvin Richter, *The Politics of Conscience: T. H. Green and His Age*. London, Weidenfeld & Nicolson, 1964.

idealista altamente espiritual, Green escreveu o prólogo moral ao liberalismo social de 1900. Pode-se dizer que a carta original para o Estado social britânico, traçada pelo liberal William Beveridge (1879-1963) no *Reform Club* (onde mais poderia ser?) em 1942, reflete uma preocupação greeniana em equilibrar a segurança social com a liberdade individual. Green foi o pai do rejuvenescimento do liberalismo; efeito obtido mais exatamente na modificação do que na negação do credo clássico.

Na França, a transformação ética do liberalismo numa direção social-liberal embora não socialista (que começou na Grã-Bretanha com o encanto das *Lectures* de Green) assumiu a forma de *republicanismo*. Claude Nicolet, no seu livro notável *L'Idée Républicaine en France*, distinguiu três espécies de pensamento republicano por volta de 1870.[6] Primeiro, houve o republicanismo romântico do espírito de 1848. Este subdividia-se, por sua vez, em diversas posições políticas: neogirondinos como Quinet; neodantonistas como Michelet e Victor Hugo (1802-1885), o poeta e legitimista que se tornou um inimigo feroz do Segundo Império; e neojacobinos como o socialista Louis Blanc. Em segundo lugar, houve os republicanos espiritualistas como os acadêmicos Étienne Vacherot (1809-1897) e Jules Simon (1814-1896), que perderam suas cadeiras porque se recusaram a prestar juramento de fidelidade ao regime imperial.[7] Em 1859, Vacherot publicou *La Démocratie* (significando a república) e Simon, *La Liberté*, duas bíblias do liberalismo de esquerda na época. Ao lado de Vacherot e Simon, pode-se colocar Charles Renouvier (1815-1903), um prolífico filósofo não acadêmico. Renouvier emergiu das batalhas de 1848 com uma posição filosófica que partilhava muitos princípios ético-políticos, senão pressupostos metafísicos, com

---

[6] Claude Nicolet, *L'Idée Républicaine en France (1789-1924): Essai d'Histoire Critique*. Paris, Gallimard, 1982, p. 152-57. Ver também John A. Scott, *Republican Ideas and the Liberal Tradition in France 1870-1914*. New York, Columbia University Presss, 1952.

[7] Theodore Zeldin, *France 1848-1945*, vol. 1, *Ambition, Love and Politics*. Oxford, Clarendon, 1973, p. 483.

o republicanismo espiritualista. Em último lugar, como um terceiro grupo, havia o republicanismo positivista de Jules Ferry (1832-1893) e Léon Gambetta (1838-1882), líderes republicanos da jovem Terceira República.

Do ponto de vista da teoria liberal, os casos mais interessantes nessa variada série republicana são os de Simon, Renouvier e Ferry (sem contar com a reinterpretação da Revolução Francesa por Michelet e Quinet). Simon pregou o sufrágio universal, governo responsável e liberdades locais. Ele era profundamente hostil ao revolucionarismo e ao jacobinismo, contrapondo o ideal republicano ao comunismo insurrecional de Auguste Blanqui (1805-1881). Quanto à economia, ele era favorável à competição e não ao *dirigisme* de Louis Blanc. O poder legítimo do Estado devia ser mantido num nível de um "mínimo de ação". Embora fosse o autor da *Politique Radicale* (1868), Simon denominava-se um "republicano profundamente moderado". O poder governamental, escreveu, devia ser "forte mas restrito, forte *porque* restrito".

Como Simon, Jules Ferry serviu como ministro nas primeiras décadas da Terceira República. Tendo arruinado as transações financeiras do famoso prefeito de Paris de Napoleão III, numa série de artigos para *Le Temps* (coligidos espirituosamente como *Les Comptes Fantastiques d'Haussmann*, um trocadilho fundado na bem conhecida ópera cômica *Les Contes Fantastiques d'Hoffmann*), Ferry foi ele próprio nomeado prefeito da capital depois da queda do império. Mas o seu maior trabalho foi o que executou como ministro da Educação na década de 1880, implantando a impressionante cadeia de escolas leigas que, na frase de Eugen Weber, transformaram os camponeses em franceses. Oriundo de um meio burguês protestante, Ferry era um liberal anticlerical para quem a ação do Estado quanto ao problema social devia ser preferivelmente "higiênica" a "terapêutica": o governo deveria encorajar arranjos de segurança social, mas sem tentar remediar diretamente necessidades sociais.[8] Ferry

---

[8] Ibidem, p. 629-30.

concebeu a república como uma alavanca do progresso tanto moral quanto material. A república era ao mesmo tempo uma ordem e um ideal predicados não em direitos naturais, mas na evolução do espírito e da sociedade, como no positivismo de Comte. No entanto, Ferry substituiu a utopia de Comte de governo científico pela política liberal e concebeu o *éthos* republicano como um sentido de missão, civilizando a sociedade moderna.

Ferry era mais um estadista do que um teórico. Renouvier, em contraste, nada mais era que um intelectual. Nasceu em Montpellier como Comte (e estudou sob a direção deste na Escola Politécnica) e morreu no mesmo ano em que morreu Spencer, mas a forma de seu espírito não poderia ser mais diferente que a de qualquer um dos dois. Renouvier era um kantiano livre que acreditava que a ética é uma obrigação, e que os deveres são mais importantes que os direitos. Na sua juventude, ele compôs *Le Manuel Republicain de l'Homme et du Citoyen* (1848), um catecismo socialista para professores primários. Tendo-se retirado da política durante o Segundo Império, publicou *La Science de la Morale* (1869). Em sua opinião, o homem racional estava obrigado a assinar (por assim dizer) dois contratos: um consigo próprio, estabelecendo um "governo interno" de comportamento; o outro, com os demais agentes morais, seus semelhantes, fundado na justiça, assim como no respeito kantiano – quer dizer, como um compromisso de não reduzir os outros a simples meios para fins de terceiros. Nesse contexto, o socialismo veio a significar um *télos* racional, mas não um princípio de organização social. Numa obra de ficção política, *Uncronie* (1876), que descrevia a saga da humanidade como poderia ter ocorrido, Renouvier igualou a felicidade humana com o reconhecimento generalizado da liberdade individual. Combateu os clérigos católicos e elogiou o protestantismo por sua ênfase na consciência individual. Em seu livro *Esquisse d'une Classification Systématique des Doctrines Philosophiques* (1885), ele distinguiu duas espécies de filosofia: a filosofia da coisa – infinitista, naturalista e necessitária – e a filosofia da consciência – finitista, personalista e libertária. Os dois últimos adjetivos encerram a essência do liberalismo ético de Renouvier. Era uma teorização bastante aparentada com o espírito do idealismo de Green na Inglaterra.

Enquanto na Grã-Bretanha o novo liberalismo de tendência social de 1900 foi estimulado por instituições de serviço público, como o Toynbee Hall, na França o equivalente local do liberalismo social – o republicanismo ético – foi poderosamente catalisado pela campanha de direitos humanos lançada por meio da questão Dreyfus (1896-1898). No entanto, em termos intelectuais, o papel que a filosofia de Oxford representou na Grã-Bretanha foi representado na França pela ascendente disciplina da sociologia. Como no caso inglês, o individualismo, um esteio do pensamento liberal, não estava nada morto na França. Poder-se-ia mesmo dizer que, na verdade, ele se fortaleceu numas poucas dimensões, antes que, finalmente, fosse negligenciado na teoria social francesa. Os liberais franceses do princípio e de meados do século haviam muitas vezes sido indiferentes ao liberismo, com exceção de economistas como Jean-Baptiste Say (1767-1832) e Frédéric Bastiat (1801-1850), um amigo dos livre-cambistas de Manchester, mas passou a contar com um público mais amplo. Um clássico do liberismo *fin-de-siècle*, *L'État Moderne* (1890), por Paul Leroy-Beaulieu (1834-1916), tornou-se um *best-seller*.

O choque entre intelectuais republicanos e forças reacionárias na sociedade francesa quanto ao destino do capitão Dreyfus suscitou uma ruptura na opinião nacional que levou muitos espíritos ponderados a meditar sobre a condição moral da sociedade moderna. O fundador da escola sociológica francesa, Émile Durkheim (1858-1917), foi um defensor, e não um detrator, do individualismo; mas, como um analista da anomia, a condição de ausência de normas, o curso moral na civilização urbano-industrial, Durkheim procurou proteger a sociedade fortalecendo associações profissionais e, de modo mais geral, elogiando diversas formas de solidariedade social. Na mudança do personalismo de Renouvier para o solidarismo de Durkheim, o brilho ético do liberalismo do fim do século XIX foi bem preservado. A passagem para o socialismo, se definido em termos de controle estatal, foi mais uma vez evitada, mas o perfil do liberalismo social tornou-se mais nítido.

A política favorita entre os seguidores de Durkheim era o socialismo liberal de Jean Jaurès (1859-1914), um dreyfusista para quem o socialismo era um remate, e não uma negação, do individualismo. Mas pelo menos um membro proeminente da escola de Durkheim, Célestin Bouglé (1870-1940), tentou abertamente colocar a sociologia a serviço do liberalismo. Seu ensaio de 1902, "La Crise du Libéralisme", foi uma representação inteligente da situação ideológica. Ele compreendeu que os ataques direitistas contra a liberdade, por um lado, e o surto anarquista através da década de 1890, por outro, estavam impelindo os liberais para a angústia da unidade. Bouglé queria evitar uma entrega liberal a uma autoridade estatal demasiadamente ampliada, mostrando que as raízes sociais da liberdade moderna eram tão fortes e saudáveis quanto variadas. Ele viu na sociedade moderna um processo de diferenciação de valores, de multiplicação de fins ("politelismo"), tanto quanto uma crescente divisão do trabalho. Mas a proliferação de fins não prejudicava a unidade social, porque muitos objetivos diferentes podiam ser alcançados pelos mesmos meios.[9] Ao mesmo tempo, o crescimento da liberdade como autonomia de escolha fundava-se numa expansão significativa da igualdade, como Bouglé mostrou num inteligente estudo de 1899, *Idées Égalitaires*. Com essa espécie de argumentos penetrantes, Bouglé resistiu à preocupação do próprio Durkheim com a alegada unidade perdida da moderna

---

[9] Quanto ao conceito de politelismo, ver C. Bouglé, *Leçons de Sociologie sur l'Évolution de Valeurs*. Paris, A. Colin, 1922. Bouglé criou o conceito em 1914. Quanto ao liberalismo de Bouglé, ver William Logue, "Sociologie et Politique: Le Libéralisme de Célestin Bouglé", *Revue Française de Sociologie* 20, 1977, p. 141-61. Sobre o politelismo, ver W. Paul Vogt, "Un Durkheimien Ambivalent: C. Bouglé", no mesmo número da *Revue Française*, p. 123-39.

– ou seja, liberal – sociedade. Mas, como a teoria sociológica como um todo entrou por um caminho diferente de sua índole liberal-democrática, suas defesas equilibradas do liberalismo permaneceram amplamente ignoradas.

Pode-se ligar legitimamente o durkheimianismo com o liberalismo, independentemente de rótulos, por causa da fidelidade geral da escola ao individualismo como a moderna matriz de valores. No auge da questão Dreyfus, o próprio Durkheim, embora lutasse para dissociar a mensagem da sociologia do individualismo estreito, "comercialista" de Spencer, reafirmou em termos inequívocos o individualismo como a legítima fé da sociedade moderna.[10]

Outra ponte entre a sociologia e a tradição liberal foi a atitude durkheimiana para com o Estado. Na verdade, a resposta à glorificação alemã do Estado deveu-se principalmente a outro durkheimiano independente, o teórico jurídico Léon Duguit (1859-1928). Ao mesmo tempo que rejeitava a ideia do mestre de uma consciência coletiva, Duguit recorreu à ênfase de Durkheim nas associações da sociedade civil para desmantelar a mística da soberania nacional e a sua aura estatista. Como Durkheim, ele criticou Rousseau e Kant por passarem por cima da origem e da armação social da autonomia individual. Mas em seu *Traité de Droit Constitutionnel* (1911), ele atacou o *Staatslehre* alemão por falar no Estado como um sujeito legal dotado de uma personalidade mais elevada. O conceito que Duguit formulou do Estado colocava a função do serviço público no lugar do *imperium* da soberania. Sua influência entre os funcionários públicos e a esquerda moderada no período de entre guerras foi enorme.[11] Conferindo ao "solidarismo" uma face legal, ele transportou o pensamento republicano

---

[10] Para um exame de suas afirmações, ver Steven Lukes, *Émile Durkheim, His Life and Work: A Historical and Critical Study*. (1973) Harmondsworth, Penguin, 1975, p. 338-44.

[11] Quanto a Duguit, ver Dyson, *The State Tradition* (ver nota 20 do capítulo 4), p. 145-49.

francês para o limite entre o liberismo social e comunitarismo. Talvez um rótulo experimental – *liberalismo marginal*[12] – qualificasse bem a sua posição, que foi de grande importância na história dos entrelaçamentos da teoria política e a filosofia jurídica.

Pode-se dizer que Maitland, historiador jurídico de Cambridge, alcançou um ponto similar de chegada por um caminho muito diferente. Maitland rompeu com a pia lenda *whig* de que os direitos corporativos (lei da associação, em Duguit) estavam ligados ao mundo pré-moderno da tradição e prescrição.[13] Maitland aprendeu com Gierke que esse não era o caso. Pequenas unidades autônomas não eram antiguidades "teutônicas" – eram criaturas da sociedade comercial moderna. O conservador liberal Maine acreditava que a corporatividade era uma noção antiga, que recendia a *Gemeinschaft* e, portanto, não era uma noção individualista. Contudo, Maitland, em estudos como *Township and Borough* (1898), mostrou que a corporação era um conceito muito mais recente. Ao fazê-lo, ajudou a estabelecer uma base jurídica para os suportes institucionais do liberalismo social, como sindicatos e associações.

O liberalismo social propriamente dito floresceu nos primeiros anos do novo século principalmente graças "aos dois Hobs", John Hobson (1858-1940) e Leonard Hobhouse (1864-1929). Hobson era um ensaísta prolífico e escrevia o que se pode denominar um jornalismo de grande qualidade. Pertencia à esquerda do Partido Liberal inglês e, numa defesa da liberdade positiva, não diferente da de Green, queria que o governo criasse oportunidades iguais para todos. Mas fundamentou o novo liberalismo na evolução, em vez de fundamentá-lo em Hegel, dando ênfase ao crescimento orgânico. Em *Work and Wealth* (1914), reconheceu o método evolucionista "em todos os processos orgânicos", do fruto do carvalho ao carvalho, de ruídos selvagens à sinfonia, e da tribo primitiva ao

---

[12] Tradução livre de *fringe liberalism*. (N. T.)

[13] Burrow, *Whigs and Liberals* (ver nota 35 do capítulo 3), p. 142-52.

Estado federal moderno.[14] Da mesma forma, na opinião de Hobson, a visão que Green tinha do capitalismo ainda era excessivamente benigna. Hobson, em contraste, viu o mercado como uma fonte de desperdício e desemprego – males para os quais a poupança sozinha não era uma solução. A crítica do mercado feita por Hobson tem sido frequentemente interpretada como precursora do keynesianismo. Porém, de fato (como Lionel Robbins observou faz muito tempo, e Peter Clarke relembrou), o problema surge no entender de Keynes quando as poupanças deixam de se tornar investimentos, enquanto para Robson a dificuldade real consiste em que o investimento pode tornar-se excessivo em relação ao consumo.[15]

Hobson herdou o conceito de subconsumo de uma tradição liberista que remontava a Say, contemporâneo de Ricardo na França. Em seu livro mais bem conhecido, *Imperialism* (1902), escrito como reação à Guerra dos Bôeres, Hobson reacendeu a antiga condenação liberista, manchesteriana de política externa agressiva e intervenção militar. Contudo, ele também reviu o diagnóstico de Manchester. Enquanto para Cobden e Bright o militarismo brotava da ambição aristocrática, Hobson salientou outra causa: má distribuição da renda. A riqueza e as poupanças excessivas levavam ao subconsumo e, portanto, ao imperialismo como uma saída. Antes dos conflitos dos Bôeres, Hobson e seu amigo Hobhouse, como novos liberais, partilhavam a visão coletivista dos Fabianos (os Webbs e Shaw). Quando os Webbs, como outros liberais reformistas tais como Asquith e Haldane, declararam-se favoráveis à ação imperialista na África do Sul, os dois Hobs afastaram-se deles.[16] O protesto anti-imperialista de Hobson tinha um veio de *Kulturpessimismus* – e ele

---

[14] Quanto ao organicismo liberal de Hobson, ver Michael Freeden, *The New Liberalism: An Ideology of Social Reform*. Oxford, Clarendon, 1978, cap. 3.

[15] Cf. Peter Clarke, *Liberals and Social Democrats*. Cambridge, Cambridge University Press, 1978, p. 230-34.

[16] Peter Clarke, "In Honor of Hobson", *Times Literary Supplement*, 24/03/1978, uma resenha de Freeden, *The New Liberalism*.

deplorou a traição dos trabalhadores aos intelectuais na oposição à guerra e a força do jingoísmo, isto é, do chauvinismo agressivo, numa sociedade industrial avançada.

Na opinião de Hobson, o remédio estava à mão: imponha-se taxação redistributiva e, como resultado, haverá consumo e justiça em casa, assim como paz no exterior. Seu ensaio de 1909 "The Crisis of Liberalism" foi escrito em defesa da reforma social (o embriônico Estado social de Lloyd George). O que Hobson pleiteava era alguma propriedade pública do solo, que permitisse habitação decente, transporte público, nenhum monopólio, uma rede nacional de escolas públicas (no sentido continental) e um sistema legal mais justo. A redistribuição fiscal da receita faria a tarefa, de uma maneira que não se assemelhava remotamente a revolução; enquanto o capitalismo, uma vez regenerado e regulado, não deveria certamente ser substituído por um sistema econômico inteiramente diverso.

A fidelidade ao liberalismo foi, afinal de contas, até maior no caso do outro Hob. Como Green, Hobhouse era filho de um pastor de aldeia. Diferentemente de Hobson, ele era um acadêmico e, em 1907, fundou a primeira cadeira de sociologia na The London School of Economics and Political Science. Era um evolucionista do "espírito" – quer dizer, um evolucionista que dava ênfase à emergência de formas mais nobres de existência, em vez de salientar a aspereza da sobrevivência dos mais aptos. Como os saint-simonianos e os anarquistas mais humanos, notadamente Kropotkin (1842-1921), Hobhouse desejava ardentemente demonstrar que a sociedade progride por força da cooperação humana e da superioridade, em última instância, do altruísmo sobre o egoísmo.

O livro de Hobhouse, *Liberalism*, de 1911, tornou-se o evangelho da nova religião, atribuindo à liberdade positiva no sentido greeniano um fundamento evolucionista. Seu ideal consistia numa sociedade orgânica que proporcionasse à maioria de seus membros "uma igualdade viva de direitos" com oportunidades abundantes para o autodesenvolvimento individual; a principal maquinaria institucional, como no caso de Hobson, eram agências de bem-estar social financiadas por uma taxação socialmente orientada. Hobhouse acreditava que o pior da luta de classes já passara, uma vez que a tardia riqueza vitoriana podia permitir uma ampla distribuição, enquanto sindicatos responsáveis manifestavam uma crescente capacidade de praticar a democracia.

Como em todo novo liberalismo, os direitos hobhousianos eram concedidos pela sociedade, mas sua função residia em auxiliar o crescimento da individualidade. Hobhouse ocupava uma posição a meio caminho entre Green e Mill, sensível ao conceito que o primeiro tinha de liberdade como o direito que se tem de produzir "o melhor de si mesmo", mas disposto a reconhecer que, quando se trata de decidir quem é o melhor juiz no caso, a única forma liberal razoável de lidar com o problema consiste em garantir a liberdade pessoal no sentido de Mill. Hobhouse tentou formular uma ética evolucionista como uma base para o livre coletivismo. Mas, no fundo, mostrou certa ambivalência com relação aos sindicatos, porque estes podiam agir movidos por interesses particularistas, em vez de lutar pelo bem comum. Como Green, ele divisou o bem comum como uma norma mais elevada que os objetivos individuais, mas este não devia ser igualado, à maneira de Durkheim, a qualquer vontade suprapessoal. Na Londres do tempo da guerra, ouvindo o estrondo das bombas alemãs, Hobhouse raivosamente travou um duelo particular com Hegel, escrevendo todo um volume, *The Metaphysical Theory of the State* (1918), a fim de refutar o tributo de Bernard Bosanquet (1848-1923) e de outros hegelianos britânicos ao "eu coletivo".

Na prática, essas *distinções*, por indicativos que fossem da capacidade que tinha o empirismo de sobreviver à síntese de Mill, não importaram muito. Porém, o caminho conceitual aberto por conceitos hegelianos, como o eu mais elevado do "Estado ético", podia abrigar implicações perfeitamente iliberais. Francis Herbert Bradley (1846-1924), o principal neoidealista, escreveu um ensaio muito influente, "Minha Posição e seus Deveres" (coligido em seus *Ethical Studies*, 1876), que reduzia o eu moral a uma alimentação social do eu sobre a consciência da função humilde que se tem no interior do organismo social. Bonsanquet, sob a influência de Bradley, declarou que "as mais profundas e mais elevadas realizações do homem não pertencem ao ser humano particular em seu repugnante isolamento" (prefácio a *The Philosophical Theory of the State*) – o que era sem dúvida anti-individualismo no mais alto grau. O exorcismo praticado por Hobhouse do fantasma de Hegel foi uma oportuna reafirmação de verdades liberais.

Green e Hobhouse partilhavam, por assim dizer, uma versão social do conceito alemão de liberdade como autotelia, a qual, como sabemos, é compatível com a liberdade como autonomia (política), mas dela difere. Mas Hobhouse, como o líder moral do liberalismo na Belle Époque, sofreu uma evolução sutil. Diferentemente de Hobson, ele não viveu para ver a irrupção da Segunda Guerra Mundial. Mas, depois de 1918, começou a temer os poderes crescentes do Estado e se aproximou tanto do liberismo como do liberalismo político tradicional.[17] Em consequência, a ideia alemã de liberdade perdeu um terreno importante em seu pensamento quando regressou, com reservas, à mescla inspirada na obra de Mill de aperfeiçoamento humano com os conceitos clássicos ingleses e franceses de liberdade como independência pessoal e como autogoverno coletivo. Assim, o "novo liberalismo" aproximou-se do liberalismo clássico.

Tudo bem ponderado, o novo liberalismo, inclusive o liberalismo social dos dois Hobs, não se apresentava como muito estranho ao pensamento de Mill. Os novos liberais queriam implementar o potencial para o desenvolvimento do indivíduo que fora caro a Mill em seguimento a Humboldt, e ao fazê-lo pensaram no direito e no Estado como instituições propiciadoras daquele desenvolvimento. Esta preocupação com a liberdade positiva levou-os a ultrapassar o Estado minimalista. Mas não eram de qualquer forma hostis, como questão de princípio, seja ao individualismo,

---

[17] Cf. Michael Freeden, *Liberalism Divided: A Study in British Political Thought 1914-1939*. Oxford, Oxford University Press, 1986.

seja ao liberalismo; e sua preocupação cívica já estava presente em Tocqueville e Mill. Eles certamente se livraram da primeira estatofobia liberal, mas não eram estatistas. Com o benefício do recuo no tempo, o liberalismo social da Belle Époque se parece mais com o liberalismo clássico do que com o socialismo da vertente principal – pelo menos antes que o socialismo se transformasse conscientemente em social-democracia.

De Kelsen a Keynes: liberalismo de esquerda no entreguerras

Na França, o porta-voz do radicalismo como liberalismo de esquerda foi um contemporâneo dos dois Hobs, Émile Chartier, conhecido como Alain (1869-1951). Alain percorreu uma longa carreira, ensinando filosofia em liceus, evitando deliberadamente a Sorbonne. Dreyfusista, lutou na Grande Guerra, mas tornou-se então um crítico feroz do nacionalismo belicoso, uma das posições definidoras da Direita. Na década de 1920, seu dissabor pela estrutura social republicana ditou livros como *Le Citoyen contre les Pouvoirs* (1926), em que o singular ("o cidadão") é típico: pois a qualidade do liberalismo de esquerda de Alain não era, como no caso dos dois Hobs, uma modulação do individualismo na forma de preocupação social. Era antes um ataque moral contra o parlamentarismo corrupto, à medida que a Câmara republicana se perdia em escândalos sem-fim. O individualismo de Alain era áspero, beirando o anarquismo. Para ele, a democracia não era o resultado final nobre de um republicanismo pedagógico, como em Simon e Ferry; era, de forma mais imediata, uma estratégia antielitista, uma arma contra o despotismo tanto militar quanto político. O ensaísmo de Alain proporcionava mais raiva do que teoria política, mas foi altamente influente no período de entreguerras e uma leitura decisiva para a geração (nascida no início do século) de Sartre, Simone Weil e Raymond Aron.

Na Itália, o liberalismo de esquerda era menos moralista e mais historicamente orientado. A morte prematura (como um exilado antifascista) de Piero Gobetti (1901-1926) privou a esquerda liberal de um líder imaginativo. Em 1924, dois anos depois da fascista Marcha sobre Roma, o jovem turinês Gobetti coligiu uns poucos ensaios sob o título (já dado a um hebdomadário) *A Revolução Liberal*. Seus veredictos históricos eram bastante duros: o *Risorgimento* fora um fracasso, e a política parlamentarista corrupta no governo de Giolitti, na Belle Époque, fora um simples prefácio ao fascismo. Quanto ao presente, os liberais e os republicanos – a "direita histórica" – não afinavam com os novos tempos. Os socialistas eram impotentes e os comunistas burocráticos, enquanto os nacionalistas se tornaram presas de uma retórica vazia. Como o marxista Gramsci, Gobetti sonhou com uma revolução social italiana, a promessa não cumprida do *Risorgimento*. Contudo, ele tinha em vista uma revolução italiana que, diferentemente da francesa, seria preferencialmente popular, em vez de burguesa, e ainda assim – diferentemente da russa – liberal em vez de comunista.

Quase da mesma idade que Gobetti, Carlo Rosselli (1899-1937) também morreu moço – assassinado por bandidos fascistas na França. Seu objetivo, como declarado em *Socialismo Liberal* (1928), era resgatar o socialismo do marxismo. Enquanto o marxismo opusera o socialismo ao liberalismo, Rosselli insistiu em que o socialismo só podia superar sua derrota diante do fascismo agindo como verdadeiro herdeiro da ideia liberal. O socialismo tinha de ter a liberação como objetivo, e o Estado liberal – improvável, mas de que não se devia desistir – como meio. Essa tendência liberal-socialista alimentou o efêmero Partito d'Azione, fundado em 1942 pelo filósofo acadêmico Guido Calogero (nascido em 1904). O partido estava destinado a ser o berço político do jovem Norberto Bobbio, cuja obra discutiremos ao encerrar este capítulo.[18]

---

[18] Um comentário breve e inteligente a essas posições italianas de esquerda liberal pode ser encontrado no livro de Bobbio, *Profilo Ideologico del Novecento* (ver nota 29 do capítulo 4), p. 186-98, 209-16.

No mundo alemão, o liberalismo de esquerda significou antes de mais nada uma doutrina política conveniente à República de Weimar – aquela ordem institucional frágil que nascera da derrota do Reich guilhermino e do esmagamento do socialismo vermelho. O maior nome da teoria política e jurídica de Weimar foi o de um austríaco, Hans Kelsen (1881-1973), que terminou seus dias como professor de direito em Berkeley, depois de codificar a constituição da república austríaca (1920) e de servir como juiz no Tribunal Constitucional. Rebento de uma família judia da Galícia, Kelsen lecionava em Colônia quando Hitler subiu ao poder. Quando ele publicou a *Teoria Pura do Direito* (1934), o reitor da Escola de Direito de Harvard, Roscoe Pound, chamou-o de "inquestionavelmente, o maior jurista da época". No mínimo, ele era o mais influente, desde a Inglaterra até a América Latina e o Japão.

Kelsen reestruturou a tradição do positivismo jurídico. O positivismo jurídico afastou o direito natural reconhecendo a contingência do laço que liga o direito à moralidade. No entanto, tendo separado o direito da ética, os positivistas jurídicos mais velhos esgotaram as normas em fatos, reduzindo direitos e obrigações a acontecimentos do acaso. Kelsen, pelo contrário, salientou a natureza *normativa* do direito. Para que uma exigência se revista de legalidade (para que não fosse semelhante, digamos, à ordem dada por um bandido armado), tal exigência tem de ser autorizada por uma norma jurídica fundada, por sua vez, em toda uma cadeia de outras normas.

Como se aplica a filosofia jurídica de Kelsen à esfera política? O conceito crucial aqui é o conceito de Estado, pois uma dimensão vital do Estado consiste em ser uma estrutura de normas. Em 1900, Jellinek se apropriara do gosto neokantiano por um dualismo de fato e valor para propor uma teoria que dividia o Estado: uma *Rechtslehre* lidaria com o Estado como um corpo de leis, enquanto uma *Soziallehre* preocupar-se-ia com o Estado como uma instituição social. Kelsen rejeitou essa dualidade. Em seu lugar, apresentou uma ideia puramente jurídica do

Estado: o Estado era igual à ordem jurídica. O neokantiano reinante nos anos de entreguerras, Ernst Cassirer, ensinara a distinção entre conceitos de substância e conceitos de função. Assim o átomo, disse Cassirer, discutindo a física moderna, não é, para falar com propriedade, qualquer núcleo substancial – é apenas um *Funktionsbegriffe*, um conceito funcional usado pela análise científica. Da mesma forma, o Estado kelseniano é apenas uma ideia lógica útil: o conceito de unidade do sistema jurídico.

Kelsen recorreu muito à modernização epistemológica: tentou fundar sua teoria jurídica e política em novas abordagens do conhecimento. Depois da década de 1880, a epistemologia austríaca, graças a Ernst Mach (1838-1916), estava recomendando que se colocassem os *Funktionsbegriffen* no lugar dos conceitos causais. Kelsen viu o marxismo como um programa causalístico, naturalístico para a ciência social, tão mais duvidoso por causa de sua herança hegeliana historicista. O marxismo juntava o anacronismo de postular um essencialismo causal com uma mística de profecia histórica. Tudo isso foi sugerido por Kelsen, numa crítica poderosa, *Sozialismus und Staat* (*Socialismo e Estado*, 1920). Os marxistas se equivocaram a respeito das relações entre Estado e sociedade de duas maneiras. Primeiro, reduziram o Estado à expressão de forças sociais, tornando assim um paradoxo a sua famosa reivindicação da abolição final do Estado. Em segundo lugar, os marxistas erraram ao afirmar que havia uma contradição (*Widerspruch*) entre Estado e a sociedade. Pois a sociedade é para o Estado o que um conceito mais amplo é para um conceito mais estreito, como "mamífero" para "homem". O relacionamento, portanto, é de distinção e implicação, e não de contradição: é um *Gegensatz*, não um *Widerspruch*.

Kelsen também combateu as opiniões da direita antiliberal, notadamente os escritos do jurista renano Carl Schmitt (1888-1987). Schmitt descobriu uma coincidência entre o Estado e a sociedade. Na sua obra de 1931 *Der Hüter der Verfassung* (*O Guardião da Constituição*), ele afirmou que, enquanto as instituições liberais do século

XIX não se haviam alterado, a situação sociopolítica real fora profundamente modificada. Uma mudança principal consistia precisamente em que já não se podia discernir o que era político do que era social. A sociedade tornara-se Estado na medida em que o Estado moderno atuava crescentemente como uma agência econômica, um Estado previdenciário, uma fonte de cultura, e assim por diante. Do Estado absolutista dos séculos XVII e XVIII, e do "Estado neutro" do século seguinte, acontecera um salto, em política europeia, para o "Estado total". Aos olhos de Schmitt, o Estado total, por sua vez, devia ser totalmente politizado, com poucos limites liberais constitucionais.[19]

Para Kelsen, em contraste, o Estado é e permanece sendo um grupo específico no interior da sociedade, a associação para o poder (*Herrschaftsverband*). Mas, como o sistema *legal* de governo, o Estado reflete a natureza de uma ordem jurídica que, como o direito positivo, regula sua própria criação. O sistema jurídico como Estado denota um processo mediante o qual as normas se tornam cada vez mais concretas, terminando em instruções específicas emitidas por indivíduos autorizados (os agentes do Estado). Num artigo publicado em 1922, na revista de Freud, *Imago*, Kelsen valeu-se da psicologia de massa da psicanálise para salientar que Freud distinguia corretamente a massa primitiva, transitória, que seguia cegamente caudilhos (como a horda primitiva, em *Totem e Tabu*, 1912-13), das massas artificiais, estáveis, que substituem o líder por um princípio abstrato. Para Kelsen, o Estado pressupõe a segunda espécie, *institucional*, de massa, correspondendo à especificação inteiramente normativa de seu princípio diretor.

A *nomogênese* – o processo de formação de normas – é crucial para Kelsen. Em 1920, o mesmo ano em que

---

[19] Três bons volumes sobre Carl Schmitt – um dos mais inteligentes desafiadores do liberalismo em nosso século – são o livro de Joseph Bendersky, *Carl Schmitt, Theorist for the Reich*. Princeton, Princeton University Press, 1983; a edição especial de *Telos 72*, verão de 1987; e a seleta editada por Giuseppe Duso, *La Politica Oltre lo Stato: Carl Schmitt*. Veneza, Arsenale, 1981.

primeiro publicou *Sozialismus und Staat,* ele editou um clássico entre as modernas exposições com respeito à democracia: *Von Wesen und Wert der Demokratie (Da Essência e do Valor da Democracia).* A democracia, segundo Kelsen, é uma espécie particular de nomogênese: remontando à distinção kantiana entre autonomia e heteronomia, Kelsen destacou a forma pela qual as constituições regulam a produção de normas num dado Estado ou sistema jurídico. Quando o destinatário de tais normas não toma parte em sua elaboração, o sistema é heterônomo. Quanto toma, o sistema é autônomo. Politicamente, a heteronomia significa autocracia, e a autonomia, democracia. A democracia, na medida em que implica o princípio de autogoverno, é um processo de nomogênese autônoma.

Na década de 1920, Kelsen também deixou claro que a democracia liberal é fruto de uma visão relativista. O pluralismo político implica um pouco de reconhecimento de perspectivismo, de crenças menos que absolutas – como ele argumentou. A democracia pluralista é a ordem social adequada a uma cultura marcada pelo que Weber chamou de "o politeísmo de valores", uma ideia sempre citada. Assim Kelsen – o liberal de esquerda nos turbulentos anos de Weimar – acrescentou um argumento epistemológico à sua esclarecida defesa jurídica do Estado democrático.[20]

Woodrow Wilson (1856-1924) não é um nome normalmente incluído em enciclopédias do pensamento político, mas modificou a índole do liberalismo americano. Os pais fundadores haviam compreendido o contrato social republicano como um meio de resolver ou harmonizar conflitos de interesses moderados. Pode-se dizer que Wilson foi o primeiro grande líder americano que se mostrou insatisfeito com esse ideal sensato de consenso utilitário. Como um acadêmico proeminente, ele introduziu

---

[20] Para uma informação inteligente sobre os antecedentes da teoria política de Kelsen, ver a longa introdução de Roberto Racinaro à tradução italiana de *Sozialismus und Staat.* Bari, De Donato, 1978.

na política americana o que a ideologia do *campus* tanto estimaria meio século mais tarde: a ética da convicção, a política do princípio. Seu sonho de democracia de liderança abriu caminho para o reformismo patrício do segundo Roosevelt.

O programa real de Wilson, "A nova liberdade", que foi formulado com a ajuda do juiz Louis Brandeis e conquistou para Wilson a Casa Branca em 1912, evitou atacar o capitalismo, concentrando seu fogo nos grandes trustes. Wilson fustigou os "interesses especiais" do grande negócio e prometeu leis que favorecessem os homens em ascensão contra aqueles que já estavam no topo da escala social – uma ótima reprise política do Sonho Americano, sem a aspereza do conflito de classes que ainda estava presente no movimento populista. Mesmo o utopismo de sua posição internacional na Conferência de Paz em Versalhes era coerente com o tradicionalismo, em última instância, de suas opiniões políticas: pois como Richard Hofstadter divisou, exatamente como a esperança wilsoniana de competição sem monopólio retrocedeu ao capitalismo de meados do século, seu pacifismo, depois de 1918, objetivava restaurar o equilíbrio mundial de poder rompido pela guerra.[21]

Num plano estritamente teórico, a variação esquerdista no liberalismo americano deve mais a um outro acadêmico contemporâneo, John Dewey (1859-1952). Pedagogo ilustre, Dewey mudou-se para a recém-fundada Universidade de Chicago quando tinha trinta e poucos anos, e instalou ali sua famosa Escola Laboratório. No início do século, foi para Colúmbia. Ele era um pragmatista do método de tentativa e erro, para quem o objetivo era mais o aperfeiçoamento do que a perfeição, e um crítico eloquente, embora algumas vezes fácil, do afastamento da filosofia com relação ao mundo ativo. Transformou o namoro ocasional do liberalismo clássico (como o

---

[21] Quanto a Wilson, ver Richard Hofstadter, *The American Political Tradition, and the Men Who Made It*. New York, Knopf, 1948, 1973, cap. 10.

de Mill) com princípios socialistas numa simpatia mais forte. Seus livros, notadamente *Democracy and Education* (1916) e *Freedom and Culture* (1939), ajudaram esquerdistas como Sidney Hook a se livrarem do dogma marxista sem abandonar inclinações socialistas.

A teoria do impulso em *Human Nature and Conduct* (1922), um tratado sobre psicologia social, foi o auge do pragmatismo de Dewey. Para Dewey, a verdade é a eficácia. Toda realidade é relativa ao homem, e todos os fins humanos são imanentes, com nenhum fim além ou absoluto. Dewey esboçou o seu pragmatismo como um "instrumentalismo" para dar ênfase ao fato de o comportamento e o conhecimento não passarem de instrumentos de adaptação à experiência, assim como de transformação dela. Ler Hegel ensinou-lhe um sentido de inter-relação e também uma visão altamente dinâmica da realidade. Dewey partiu para desafiar a "tradição clássica" de Platão à luz da síndrome moderna do empirismo e utilitarismo. A tradição clássica pressupunha que o universo era essencialmente fixo e imutável, enquanto, em matéria de conhecimento, dava primazia à contemplação individual. Contudo, para Dewey o "criticismo", significando a aplicação do sentido de adaptação a problemas de comportamento, consistiu num processo de investigação mediante o qual se escolhe a espécie de ação capaz de transformar uma situação perturbadora numa condição integrada. O criticismo é assim, preeminentemente, uma atividade social, um método sustentado de intercâmbio inteligente.[22]

A moral e a política são, portanto, tanto sociais quanto experimentais. O mais elevado bem humano é o crescimento de tal adaptação coletiva. A natureza humana é social desde o início, embora nem por isso menos individualizada. O livro de Dewey *Individualism, Old and New*, de 1930, censurou a "cultura pecuniária" da nossa época como uma "perversão" do individualismo

---

[22] Para uma boa explicação da filosofia de Dewey, ver James Gouinlock, *John Dewey's Philosophy of Value*. New York, Humanities Press, 1972.

com base no ideal de perfectibilidade; assim, Dewey manteve o valor da individualidade enquanto rejeitava sua antítese à sociedade. É fácil distinguir o motivo por que, se a moral e política são assim entendidas, a democracia liberal de um forte cunho espiritual reformista tornou-se, para Dewey, a ordem social mais legítima. O que Kelsen acabou por valorizar em nome do pluralismo dos valores, Dewey exaltou como um regime mais bem adaptado à realidade de mudança.

Em 1938, Dewey fez bom uso de seu saudável instrumentalismo numa curta polêmica com Trotsky. No começo daquele ano, o grande exilado soviético escreveu um ensaio intitulado "A Moral Deles e a Nossa". Era, entre outras coisas, uma defesa tardia da atitude muito criticada de Trotsky na rebelião de Kronstadt de 1921. Não há critérios morais, argumentou Trotsky, fora da história e independentes do homem social. A não ser no caso de manutenção da fidelidade a absolutos religiosos, extramundanos, deve-se reconhecer que a moralidade é um produto do desenvolvimento social. Mas isso não constitui licença para que se recorra a um maquiavelismo vulgar. Pelo contrário, nem *todo* fim é legítimo. Antes, ele próprio tem de ser justificado. Portanto, a conclusão do ensaio de Trotsky foi devotada a afirmar a superioridade do fim marxista – a libertação da humanidade.

Dewey aceitou o ponto de partida de Trotsky – a rejeição da ética absolutista, religiosa ou não. Em sua resposta, "Meios e Fins", publicada na mesma revista, *The New International*, Dewey salientou que o fim, no sentido das consequências, proporciona os únicos critérios para a moral. Mas se os meios são justificados na medida em que conduzem a fins apropriados, é por isso mesmo mais necessário examinar cada meio com muito cuidado para determinar inteiramente quais seriam as suas consequências. E fora exatamente isso que Trotsky deixara de fazer. Exaltando a luta de classes e mesmo o terror revolucionário como meio para a libertação humana, Trotsky *prejulgara* os meios de uma maneira apriorística. Pois não havia razão por si só evidente para declarar que a luta de classes era o único meio de conseguir a melhora substancial da condição humana.[23] A resposta de Dewey constituiu uma tranquila vitória lógica do pragmatismo sobre o dogma revolucionário.

Com a irrupção da guerra, a figura central no liberalismo de esquerda para o mundo de expressão inglesa não foi nem Dewey nem Kelsen, porém John Maynard Keynes (1883-1946). Não o filósofo-pedagogo, nem o jurista, mas o economista que reformulou a economia política, tornando-se a principal referência do liberalismo reconstruído. Em seus *Essays in Persuasion* (1931), Keynes escreveu que "o problema político da humanidade consiste em combinar três coisas: eficiência econômica, justiça social e liberdade individual". O último princípio mostra a força de sobrevivência das preocupações de Mill, mesmo depois de meio século de especificações sociais-liberais. O segundo apenas provava que os novos liberais da Depressão não abandonariam as inquietações humanas, humanitárias e humanísticas da geração Hobhouse-Duguit-Dewey (os mestres sociais-liberais que haviam nascido por volta de 1860). Mas o primeiro elemento – eficiência econômica – foi uma lição amarga extraída dos traumas da guerra e da depressão mundiais.

Keynes deu ao liberismo ortodoxo o golpe de morte com seu livro *The End of Laissez-Faire*, de 1926. Mas já em 1919, como primeiro representante do Tesouro britânico na Conferência da Paz de Paris, ele discordara radicalmente da política aliada de sobrecarregar a Alemanha; afirmou em *The Economic Consequences of the Peace* que o capitalismo vitoriano fora apenas um caso especial, sendo o capitalismo normalmente frágil e instável. Em meados da década de 1920, Keynes compreendeu que o poder leninista estava historicamente decidido a destruir o capitalismo (a despeito das táticas de compromisso da NEP) e que o fascismo sacrificava

---

[23] Para um bom resumo do ensaio de Trotsky e da resposta de Dewey, ver o livro magistral de Baruch Knei-Paz, *The Social and Political Thought of Leon Trotsky*. Oxford, Clarendon, 1978, p. 556-67.

a democracia para salvar a sociedade capitalista. Restava uma terceira opção, que era salvar a democracia renovando o capitalismo. Esta veio a ser conhecida e praticada como "keynesianismo".

O revisionismo econômico de Keynes brotava de algo mais amplo que considerações econômicas e políticas: era profundamente vinculado a uma revolução na moral. John Maynard pertencia a uma brilhante geração de eruditos de Cambridge (foi aluno do grande economista Marshall e de A. C. Pigou) determinados a ingressar numa ousada negação da moral vitoriana. Consideravam-se "imoralistas" e inspiraram o assim chamado grupo de Bloomsbury, o círculo literário londrino de Virginia Woolf e E. M. Foster.

Na aurora do século, em Cambridge, o filósofo G. E. Moore (1873-1958) solapara a ética tradicional. Em seu influente livro *Principia Ethica* (1903), Moore afirmou que não há definição que se adapte ao "bem" a não ser diversas formas de "falácia naturalística". Sugeriu então que se podem fruir delícias em "determinados estados de consciência [...] como os prazeres das relações humanas e o gozo dos belos objetos". Como logo reparou o companheiro de Keynes, Lytton Strachey, isso lançou fora a ética clássica e o cristianismo, juntamente com Kant, Mill, Spencer e Bradley, sem nada dizer da moralidade convencional em matéria de sexo.[24] Como Strachey, o jovem Keynes não relutou em situar "os prazeres das relações humanas" em aventuras homossexuais. Numa total reação contra o *éthos* vitoriano, eles atribuíram uma importância menor ao comportamento e exaltaram exatamente o que os seus antepassados ascéticos, filisteus, que haviam sido severos dissidentes protestantes, obedientemente evitaram: relacionamentos pessoais e experiências estéticas. O avô de Virginia Woolf, *sir* James Stephen, fora um típico vitoriano: dizia-se que certa vez provara um charuto e

---

[24] Robert Skidelsky chama a atenção para esse fundo de visão do mundo no primeiro fascículo de sua biografia, *John Maynard Keynes, Hopes Betrayed 1883-1920*. London, Macmillan, 1983.

o achara tão delicioso que nunca fumou outros. Os imoralistas de Cambridge e Bloomsbury passaram a entregar-se furiosamente a prazeres pecaminosos.

Os contemporâneos socialistas de Keynes, os fabianos como os Webbs e George Bernard Shaw, culpavam o capitalismo pelos males sociais. Keynes apontava para eles uma causa psicocultural, a ética puritana. Sua *A Teoria Geral do Emprego, do Juro e da Moeda* (1936) tratou do problema do desemprego subvertendo a doutrina econômica. Keynes basicamente aceitou a microeconomia de Marshall, porém complementou a microeconomia – teoria do valor ou de preço – com um novo grau de atenção a níveis gerais de renda, produção e emprego. Influenciado pela ideia de Marshall – segundo a qual, na explicação do crescimento e das crises, a análise econômica tem de ser separada de outras áreas da economia –, Keynes viu no nível de receita, enquanto variável dependente, o problema crucial. Desafiando a equivalência convencional de poupança com investimento, mostrou que a poupança, além de ser com frequência menos importante para o investimento do que o crédito, podia exceder a necessidade de investimento.

No cerne da economia clássica estava a Lei de Say, que afirmava que a oferta cria a sua própria demanda. Tradução: toda receita é gasta; o dinheiro não gasto em bens de consumo é poupado, mas não entesourado, já que nenhum proprietário racional de poupanças desejaria manter um saldo que não produzisse receita. Keynes, no entanto, mostrou que em algumas circunstâncias o dinheiro é entesourado, se não por outro motivo, por não constituir apenas um meio de troca, mas também uma soma de valor para propósitos especulativos (um meio de adquirir bens no futuro). Assim, deixada a si mesma, a taxa de poupança não significaria alto investimento, acarretando a redução do desemprego. Por conseguinte, Keynes propôs "a eutanásia do capitalista" e "uma socialização um tanto abrangente do investimento", como a resposta criativa do capitalismo à insistência socialista na socialização de produção. Como foi observado, a prescrição de Keynes residia em que o Estado controlasse os gastos e a demanda, em vez de controlar a propriedade e a oferta. Além disso, a concentração na demanda agregada muito fazia para desarmar a luta de classes, já que uma demanda forte levaria a um tempo a altos lucros e ao pleno emprego, com salários crescentes.

O diagnóstico de Keynes foi, com efeito, muito britânico. As singularidades da situação – o papel-chave desempenhado pelo dinheiro, a quase ausência de investimentos e de acumulação de capital – eram traços britânicos. Já foi dito que, embora Keynes gostasse de pensar em si mesmo como o coveiro que enterrara a economia ricardiana, ele estava apenas adaptando-a. O que Ricardo tinha principalmente feito fora analisar como o resultado da rivalidade entre latifundiários e industriais determina a taxa de acumulação de capital. Keynes, hostil à City,[25] substituiu o latifundiário pelo financista e se concentrou no nível de emprego, em vez de fazê-lo na taxa de acumulação.[26]

Contudo, o keynesianismo projetou a análise de curto prazo de Keynes (sua teoria era defeituosa no que diz respeito a ciclos comerciais e retardamentos) numa receita de longo prazo para crescimento e desenvolvimento, apoiando-se em pressupostos duvidosos quanto à demanda e ao consumo. O próprio Keynes superestimou a racionalidade de políticas econômicas adotadas por governos democráticos – ele ignorou, numa palavra, o que Samuel Brittan chamou graficamente de "as consequências econômicas da democracia", as múltiplas distorções acarretadas por pressões de grupos de interesses capazes de fazer prevalecer, ou de bloquear, o mercado político democrático.[27] Keynes não quis que

---

[25] A parte de Londres onde se estabeleceu a comunidade de negócios. (N. T.)

[26] Devo essa observação a Marcello de Cecco de Siena. Ver sua contribuição a Robert Skidelsky (ed.), *The End of Keynesian Era*. London, Macmillan, 1977, p. 22.

[27] Cf. Samuel Brittan, *The Economic Consequences of Democracy*. London, Temple Smith, 1977.

o governo invadisse a esfera microeconômica. Mas tal ocorreu, muitas vezes em nome do próprio Keynes, atuando o governo diretamente sobre salários e preços. Keynes procurou a origem das baixas nos instintos entesourados de uma classe de "capitalistas". Contudo, Milton Friedman, escrutinando a história monetária dos Estados Unidos, entre a vitória sobre os Confederados e os anos de Eisenhower, descobriu que a instabilidade decorrera principalmente de inconstâncias no *suprimento de dinheiro* – e, portanto, do comportamento governamental mais do que de qualquer outro fator.

O paradoxo de Keynes consiste no seguinte dilema: embora tivessem obtido lucros fabulosos, os capitalistas vitorianos haviam preferido investir a consumir; e quando os trabalhadores atravessaram a maior miséria, mantiveram-se obedientes, em vez de se revoltar. Nada disso subsiste, via de regra, no capitalismo moderno, pós-keynesiano. Já não há mais autodomínio. Hoje em dia, o próprio setor público, com seus exércitos burocráticos, "cabala" para conseguir maiores gastos governamentais, alimentando ainda mais a "crise fiscal do Estado". Ironicamente, as receitas de Keynes, o antipuritano, só funcionaram enquanto a ética puritana – a saber, ascetismo e abstenção – se manteve como força viva na sociedade capitalista.

KARL POPPER E UNS POUCOS MORALISTAS LIBERAIS DO PÓS-GUERRA

Tecnicamente, *sir* Karl Popper (nascido em 1902) não é um filósofo político, mas um crítico severo de filosofias políticas associadas a uma crença particular – *historicismo*. O historicismo pode ser, *grosso modo*, descrito como a teoria da lógica, ou significado global, da história. Popper, no entanto, o define como uma abordagem da ciência social com a finalidade de *predição*. Tal abordagem é para ele intelectualmente insustentável e moralmente repugnante. A dedicatória de sua monografia *The Poverty of Historicism*, de 1957, reza: "Aos inumeráveis homens e mulheres de todos os credos ou nações ou raças que caíram vítimas da crença fascista ou comunista nas Inevitáveis Leis do Destino Histórico". O próprio Popper, o brilhante filho de prósperos judeus luteranos de Viena, fora um membro independente do Círculo de Viena de positivistas lógicos, grupo liderado por Moritz Schlick (1882-1936) e Rudolf Carnap (1891-1971), quando teve de fugir pouco antes do *Anschluss* nazista, ou seja, da *anexação* da Áustria. Passou a guerra na Nova Zelândia, já autor de um clássico da epistemologia moderna, *A Lógica da Pesquisa Científica* (1934), e então lecionou, desde 1945, na The London School of Economics and Political Science.

Em *The Poverty of Historicism*, como em sua prévia, e longa, contribuição para a teoria social, *A Sociedade Aberta e seus Inimigos* (1945), Popper tentou estabelecer um laço entre o historicismo e o totalitarismo. Ele viu o marxismo, em particular, como um historicismo econômico, proporcionando a cosmovisão para uma utopia totalitária. A ideia de Popper consistia em que os revolucionarismos totalitários do nosso século, a despeito de todas as suas pretensões à novidade radical, são no fundo monstros políticos com base em raízes profundamente arcaicas. *A Lógica da Pesquisa Científica* representou o racionalismo crítico como a disposição para expor-se, enfrentando o risco de *falsificação*. Diferentemente dos neopositivistas de Viena, Popper considerava a falseabilidade, e não a verificação, o critério do conhecimento científico.

A "sociedade aberta" é análoga, em matéria de sociedade, a essa ousadia intelectual. É uma cultura livre-pensante, altamente individualista, em que as pessoas se responsabilizam pelas decisões umas das outras. A sociedade aberta de Popper é, com efeito, uma versão mais individualista do "criticismo" de Dewey como uma forma de vida. O oposto da sociedade aberta é o *tribalismo*, os espaços sociais dominados por dogmas em vez de o serem pela experimentação científica. A projeção do espírito tribalista no pensamento alimenta crenças falsas como o historicismo, que Popper considera falso porque afirma leis gerais sobre um fenômeno – todo o processo histórico – que é singular por definição.

Na medida em que a crítica de Popper contém uma justificação de uma certa espécie de sociedade e de política, ela é, de forma patente, uma defesa consequencialista da democracia liberal – algo não muito distante da posição de Mill em *On Liberty*. Lutando contra "soluções finais", totalitárias, Popper preconizou "remendar socialmente aqui e ali". Mas é inequívoca a inclinação reformista da política de Popper, mesmo se seu tom cauteloso transmite uma ou duas notas de prudência desiludida. Assim, ele fala constantemente da necessidade de que se elimine a miséria, em vez de se procurar em vão elevar a felicidade ao máximo. Seu minimalismo é humanitário, o que frustra o escopo generoso da democracia benthamita. Mas, de fato, a cautela de Popper é mais epistemológica do que social. Nada há na essência da sociedade aberta que impeça uma ampla reforma social, desde que se proceda com consciência clara do custo-benefício. Parece-me, assim, desprovida de fundamento a observação sarcástica, e muito citada, de que Popper é um revolucionário em ciência, porém um tímido reformista em sociedade.

No entanto, é verdade que Popper mantém sua ideia de democracia demasiado próxima de uma noção estritamente procedimental, não diferente da famosa redefinição de Joseph Schumpeter (a democracia é menos um método de autogoverno do que uma luta competitiva pelo voto do povo). A democracia de Popper é, acima de tudo, um meio para mudar o poder sem violência. E exatamente como deveríamos tentar reduzir a miséria ao mínimo em lugar de elevar a felicidade ao máximo, nos cumpriria perguntar, não como podemos arranjar bons governantes, mas de que maneira minimizar os prejuízos que eles nos podem causar. Popper também ressaltou o "paradoxo da democracia" – o fato de que a democracia pode suicidar-se votando na tirania, como ocorreu no fim melancólico da República de Weimar.

Popper permanece principalmente um epistemólogo, um teórico da ciência (nos seus últimos escritos, como *Conhecimento Objetivo*, 1972) da evolução, a um tempo natural e humana. Sua obra pouco tem a oferecer no que diz respeito a uma análise da estrutura da política ou da natureza da autoridade. Alguns críticos salientaram que a sua analogia científica é fraca por tratar de problemas sociais, já que questões dessa natureza, diferentemente de indagações científicas, não existem, via de regra, em isolamento e, portanto, com elas não se pode lidar com um espírito de desprendida objetividade.[28] Também se pode criticar o âmago da posição de Popper, as suas afirmações quanto ao historicismo e ao totalitarismo. Foi exatamente o que fez lorde Quinton. Reavaliando os três principais inimigos da sociedade aberta nos termos de Popper – Platão, Hegel e Marx –, Quinton acha que nenhum deles foi totalitário (o máximo que se pode dizer é que Platão e Hegel foram autoritários); que Platão foi apenas muito marginalmente um historicista; e que, embora Hegel fosse definitivamente um autoritário, seu autoritarismo não decorre do seu historicismo.[29] Objeções que me parecem muito adequadas.

No mesmo ano em que Popper publicou *A Sociedade Aberta* (1945), também foi publicado *A Revolução dos Bichos*, a primeira fábula política escrita por George Orwell (1903-1950), o pseudônimo de Eric Arthur Blair. Contava a história de uma revolução de bons animais que é bestialmente traída por porcos stalinistas. Embora tenha atingido um público maior com esse livro, Orwell

---

[28] Quanto a essas críticas, ver Bhikhu Parekh, *Contemporary Political Thinkers*. Oxford, Martin Robertson, 1982, p. 149-52.

[29] Ver o capítulo de Anthony Quinton sobre Popper ("A Política sem Essência") em Anthony de Crespigny, *Filosofia Política Contemporânea*. Trad. Yvone Jean. Brasília, Editora da Universidade de Brasília, 1982. Para um excelente exame crítico do anti-historicismo de Popper, ver Burleigh Taylor Wilkins, *Has History Any Meaning? A Critique of Popper's Philosophy of History*. Ithaca, New York, University Press, 1978.

vinha polemizando com a esquerda – e *no interior* dela – por quase uma década.

Nascido na Índia no que chamou "a classe média alta mais baixa" – ou seja, a classe média alta sem dinheiro –, Orwell começou sua educação no Eton College, mas não logrou ingressar no mundo de Oxbridge. Foi policial na Birmânia até 1927, o que só o tornou anti-imperialista. Depois disso, levou a vida de um escritor autônomo com poucos fundos, fazendo trabalhos subalternos e, uma e outra vez, convivendo com vagabundos, inclusive com uma passagem por uma favela parisiense. O livro que reproduz essas experiências, *Na Pior, em Paris e em Londres* (1933), mostrou seu gênio para o jornalismo de ficção e para a apreensão moral das dificuldades sociais. Em *A Caminho de Wigan* (1937) ele descreveu a desgraça do desemprego e anunciou que se convertera ao socialismo (entre a Birmânia e seus anos de marginalidade, ele se qualificara de *tory* anarquista). Então, Orwell foi para a guerra civil da Espanha, do lado republicano. Voltou com um livro – *Homage to Catalonia* (1938) – que desafiou abertamente a tentativa stalinista de dominar a esquerda. Durante a Segunda Guerra Mundial, manteve a posição esquerdista independente, ajudando Aneurin Bevan a editar *Tribune*. Em *The Lion and the Unicorn*, exaltou uma tradição radical de patriotismo, agarrando com sofreguidão a oportunidade de roubar a *Union Jack* das mãos conservadoras e imperialistas.

Mas a fama mundial de Orwell foi derivada de sua radiografia da hipocrisia comunista. Sua segunda ficção política, *1984*, romance publicado em 1949, tornou-se a moderna distopia clássica, a narrativa perfeita para que as pessoas se acautelem contra as tendências totalitárias que funcionavam em nome da redenção comunista. Particularmente, o que Orwell fez para desmistificar a "Novilíngua"[30] – a descarada desonestidade intelectual embrulhada nas "nobres mentiras" do partido – é coisa

---

[30] "Novilíngua": nome dado por Orwell à linguagem criada pelo Estado totalitário retratado em *1984*. (N. T.)

de que não se pode esquecer, uma maravilhosa proeza da *Ideologiekritik*. E seus ensaios retomaram muitos temas liberais: censura, violência, linguagem obscura.

Orwell acreditava que era da maior importância "destruir o mito soviético". Será que esse gesto fazia dele um liberal? Temos aqui um problema de autodefinição. O Orwell maduro sempre pensou em si mesmo como um socialista democrata, nestes mesmos termos. As suas opiniões eram muito apresentadas com a repugnância que D. H. Lawrence sentia pela civilização industrial moderna, certamente um grave desvio da cosmovisão da principal corrente do liberalismo. Por outro lado, Orwell nunca alimentou inclinações tradicionalistas. Durante toda a sua vida, escreveu como um "libertário igualitário", muito mais próximo do liberalismo popular de William Cobbett do que de qualquer noção próxima seja ao *éthos* patrício conservador ou *whig*, seja ao novo elitismo tecnocrático dos Fabianos. Ele foi, acima de tudo e sempre, um crítico mordaz de todos os elitismos – inclusive, é claro, o elitismo dos intelectuais radicais.[31]

Num aspecto básico, Orwell foi sem dúvida um liberal: seu amor pelo individualismo desenfreado. Em *Dentro da Baleia* (1941), ele escreveu que o romance é praticamente uma forma protestante de arte, porque é produto do indivíduo autônomo. Foi de tal posição – um valor central partilhado por Locke e Mill, Hobhouse e Keynes – que a prosa cristalina de Orwell exibiu sua crítica moral irresistível da ideocracia socialista. O socialista típico, escreveu ele, é "um homenzinho empertigado com um trabalho de executivo", usualmente abstêmio e vegetariano. É claro que não se tratava de sugerir que o farisaísmo é endêmico aos socialistas, mas de mostrar o quanto pode ser pedante a mentalidade de alguns autodesignados salvadores da humanidade. Previsivelmente, vários entre eles tentaram rebaixar o Orwell maduro ao papel de um praticante

---

[31] Michael Walzer, *The Company of Critics: Social Criticism and Political Commitment in the Twentieth Century*. New York, Basic Books, 1988, cap. 7.

preconceituoso da guerra fria e à figura de um burguês decadente – e essa espécie de exercício veio à tona de maneira oportunista por ocasião do aparecimento de *1984*.[32] Talvez a melhor resposta a tais investidas de má-fé entre intelectuais *radical-chic* seja relembrar tranquilamente a inabalada popularidade de Orwell na Europa Oriental. Orwell, afinal, não foi nenhum teórico, nem formalmente liberal – mas o liberalismo não pode dispensar a verve ética de seu libertarianismo.

Também cristalina foi grande parte da prosa do romancista, teatrólogo e ensaísta Albert Camus (1913-1960), a contrapartida francesa de Orwell como um moralista liberal – menos na autodefinição. Um "pied noir" (francês colonial do norte da África), Camus passou uma infância órfã de pai num bairro operário de Argel. Mas, durante a Ocupação, o brilhante jovem já estava escrevendo para o *Combat*, jornal da Resistência.

Em 1942, Camus publicou um longo ensaio, *O Mito de Sísifo*, exortando o homem moderno, ateu, a enfrentar o desafio do absurdo. O cerne do absurdo era, é claro, a mortalidade, e Camus, por causa disso e de seu extraordinário romance *O Estrangeiro* (1942), foi logo incluído entre os existencialistas. No entanto, seu existencialismo era menos como o de Sartre, que acentuava a incessante embora fútil inquietação da consciência humana, do que um regresso à moral pagã. Camus exaltou o Sul, o espírito do Mediterrâneo: lucidez e sensualidade, um sentimento de tragédia e um gosto pela medida. "Nenhum homem é um hipócrita em seus prazeres", escreveu em seu último, póstumo romance, *A Queda* (1956). A morte e o sol – tal foi a arena

---

[32] Ver, por exemplo, os ensaios vergonhosamente mal editados por Christopher Norris, como *Inside the Myth – Orwell: Views on Orwell from the Left*. London, Lawrence & Wishart, 1984. Para uma melhor análise, ver Bernard Crick, *George Orwell: A Life*. London, Secker & Warburg, 1981; Jeffrey Meyers (ed.), *George Orwell: The Critical Heritage*. London, Routledge, 1975; Alex Zwerdling, *Orwell on the Left*. New Haven, Yale University Press, 1974; George Woodcock, *The Crystal Spirit: A Study of George Orwell*. New York, Schoken, 1984; e Simon Leys, *Orwell ou l'Horreur de la Politique*. Paris, Hermann, 1984.

existencial de Camus. Em 1957, aos 44 anos, ele se tornou o mais jovem ganhador do Prêmio Nobel desde Kipling.

Na década de 1950, no que ele próprio chamou de seu segundo ciclo, o moralista que havia nele, não diferentemente de Orwell, travou uma polêmica contra o marxismo, que era então a maré alta do mundo intelectual francês. Camus divisou o historicismo marxista como um álibi, uma fuga pseudocientífica da carga da liberdade. Em *L'Homme Revolté* (1951), seu segundo ensaio de maior importância, Camus declarou, contra Nietzsche, que Platão estivera certo. Pois a história não tem consciência, e, consequentemente, temos de olhar para outra parte, desde que queiramos encontrar critérios para a humanidade de nossos atos e instituições. Os stalinistas e os existencialistas sartrianos pareciam-lhe todos prisioneiros da história – o que o levou a uma amarga polêmica com o grupo de *Les Temps Modernes*, a prestigiadíssima revista de Sartre. A brecha foi logo alargada pelo impacto da tragédia argelina. Sartre e seus seguidores apoiaram o anticolonialismo integral de escritores como Frantz Fanon (1925-1961); Camus, dilacerado entre "a justiça e sua mãe", fidelidade pessoal e princípio democrático, acabou por escolher um silêncio farisaicamente condenado pela esquerda parisiense.

Camus reconheceu com prazer o papel desempenhado por Marx no despertar de nossa má consciência social. No entanto, advertiu que nenhuma dialética autêntica jamais afirmaria seja um fim da história, seja um fim para a história. O idealismo revolucionário levava a *slogans* e, portanto, ao Terror, indiferente ao sofrimento humano. Era melhor ter *revolta* do que revolução: o esforço nítido e lúcido para dizer não ao absurdo da vida e aos males da sociedade. Era isso o que recomendava o "pensamento solar", em vez da neblina da fé revolucionária. Octavio Paz, o grande escritor mexicano, resumiu e enriqueceu mais tarde essa antítese entre o historicismo da revolução e a ética "presentista" da revolta. Camus era verdadeiramente semelhante a Orwell em seu anseio por uma posição independente de esquerda e, acima de tudo, em seu dom de radiografar a retórica da revolução. Em sua notável peça *Les Justes*, de 1950, os revolucionários são personagens burguesas que não buscam tanto a justiça como a autojustificação. Ainda necessitamos dessa espécie de realismo moral.[33]

O mundo latino, nas décadas do pós-guerra, contou com pelo menos mais um notável moralista liberal: Salvador de Madariaga (1886-1978). Muito mais velho que Camus e mesmo Orwell, Madariaga foi um prolífico homem de letras espanhol que contribuiu para o estabelecimento da Liga das Nações. Republicano moderado, publicou em 1937 um ensaio político, *Anarquia ou Hierarquia*, que continha a sabedoria histórica de um liberal conservador decepcionado. Em tempos europeus mais antigos, pensou Madariaga, o Estado fora como uma planta. Mas o Estado moderno, filho das revoluções inglesa, americana e francesa, fundava-se no princípio do contrato. O problema consistia em que a democracia, para ser estável, necessitava ser orgânica: não apenas a soma de opiniões passageiras, mas o fruto maduro do convívio. Quanto a plebiscitos, estes eram errados porque dependem da massa, e não da nação orgânica – e também porque, sem dúvida, o liberal *don* Salvador estava horrorizado com o abuso dos plebiscitos em mãos fascistas. O testamento político de Madariaga foi *De la Angustia a la Libertad* (1955). O livro criticava a excessiva confiança do liberalismo vitoriano na harmonia natural e final dos egoísmos individuais. As Erínias fascistas e os flageladores comunistas aproveitaram-se do vácuo resultante. Portanto, dever-se-ia abandonar o sufrágio universal e construir em seu lugar um federalismo geral, uma pirâmide de associações locais e industriais. Era novamente o organicismo, num estado de ânimo um tanto melancólico.

O moralista liberal da Grã-Bretanha, contudo, não nasceu no país. *Sir* Isaiah Berlin, professor em Oxford,

---

[33] Quanto a Camus, ver Philip Thody, *Albert Camus 1930-1960*. London, Hamish Hamilton, 1961. Uma avaliação sensata, judiciosa do problema da guerra argelina pode ser encontrada no capítulo 8 de Walzer, *Company of Critics* (ver nota 31 anterior).

nascido em 1909, provém de uma família judia de Riga, que se instalou na Inglaterra em consequência da Revolução Russa. Nos anos da guerra, serviu na Embaixada britânica em Washington, de onde seus relatórios chamaram a atenção de ninguém menos que Churchill. Em 1946, servindo em Moscou, abandonou as relações exteriores para passar a uma vida acadêmica prolongada e distinta no *All Souls College*, em Oxford. Sua obra no terreno da história das ideias, especialmente sobre pensadores como Marx, Vico, Herder e Herzen, é uma realização singular. Berlin ajudou a resgatar a filosofia de Oxford do bizantinismo da análise linguística; não receou formular novamente algumas grandes questões "metafísicas".

Em 1953, Berlin pronunciou uma famosa conferência sobre a inevitabilidade histórica.[34] A tônica de seu ataque não diferia muito da posição anti-historicista de Popper: parecia-lhe enganosa a busca de leis que possibilitassem a predição em história, e a crença num destino histórico resultava numa atrofia do sentimento de responsabilidade. Enquanto Popper salientara os defeitos epistemológicos do historicismo, Berlin – escrevendo poucos anos antes da publicação de *The Poverty of Historicism* – acentuou o lado moral do problema. Sua contribuição mais conhecida à teoria política é uma outra conferência, "Dois Conceitos de Liberdade" (1958), na qual codificou para os países anglo-saxões a distinção entre liberdade *negativa* e (liberdade) *positiva*, ou liberdade *de* e liberdade *para*.[35] Como vimos no capítulo 1, Berlin igualou a liberdade negativa à ausência de constrangimento, e a liberdade positiva à procura de fins racionais – o que, em sua opinião, abre o caminho para outra igualdade decisiva, a da liberdade com a razão.

---

[34] "Historical Inevitability" foi primeiro publicado em 1954 pela Oxford University Press; foi reimpresso em Isaiah Berlin, *Quatro Ensaios sobre a Liberdade*. Trad. Wamberto Hudson Ferreira. Brasília, Ed. Universidade de Brasília, 1981.

[35] Também reimpresso em *Quatro Ensaios sobre a Liberdade* (ver nota 34 anterior).

Berlin afirmou que, de Platão a Marx, prevaleceu no pensamento ocidental a ideia do universo como um todo inteligível governado por um só princípio, com a implicação de que cumpria ao homem ordenar sua vida, social e pessoal, de acordo com essa estrutura cósmica unitária. Berlin questionou intencionalmente tal objetivismo em matéria de valores. Como Weber, ele pensava que os significados de última instância não estão ali, nas coisas; eles são dados – ou impostos – pelo homem ao mundo. Além disso, o universo é inexoravelmente plural; daí o segundo erro da tradição filosófica ocidental – seu *monismo*. Rejeitando esse monismo moral ligado a uma hierarquia de valores, Berlin preferiu aprofundar-se em Maquiavel, que enfrentara a impossibilidade de conciliar a ética pagã da *virtù* e *fortuna* com a moral cristã da transcendência. É inevitável o pluralismo de valores, insistiu Berlin – e, em consequência, também o são o conflito e a escolha. Na sua opinião, o que dificulta as concepções de "liberdade positiva" é que, tentando reformular todos os valores como aspectos de uma dada "liberdade racional", elas recaem no monismo moral – e, muitas vezes, em seu nome, resultam em práticas autoritárias, por mais nobre que seja o seu objetivo original.

Berlin é um libertário eloquente. Como Popper, Orwell e Camus, pouco tem a dizer sobre o lado institucional da liberdade. Vista numa perspectiva histórica, a liberdade positiva no sentido geral de liberdade *para* merece um julgamento mais bondoso do que o que lhe dispensa Berlin. Para *sir* Isaiah, a longa e sistemática "busca moderna da felicidade" é, no fundo, "um anseio por *status* e reconhecimento" distinto de (embora não sem relação com) qualquer das duas liberdades. Ainda assim, quem negaria que a conquista de crescentes intitulamentos, a multiplicação de oportunidades de vida, e o cerceamento de laços tribais e tradicionais foram amplamente experimentados por milhões como uma fruição da liberdade? Na prática histórica, o desejo de ser reconhecido pelos demais é quase inseparável do senso de realização pessoal e do sentimento de livrar-se de grilhões.³⁶ Se assim for, há uma explicação sociológica da liberdade que desafia a antítese de Berlin.

De modo muito revelador, a obra mais notável de ética liberal desde Rawls, o recente livro de Joseph Raz *The Morality of Freedom* (1987), reafirma o pluralismo de valores, salientando a incomensurabilidade do valor tão enfatizada por Berlin. Contudo, o tratado de Raz, num passo muito pouco berliniano, combina a aprovação do pluralismo de valores com uma convincente defesa da autonomia, da liberdade *positiva*. Raz considera preciosa a autonomia, porque muitos diferentes modos de vida são dignos de viver, como Mill e Berlin, profundos admiradores da variedade humana, sabiam. A singular contribuição de Raz a essa escola de pensamento moral consiste em separar o elogio da variedade fundada na autonomia de uma visão demasiado individualista das competências e realizações humanas, e em amputar a defesa da liberdade civil de suas premissas utilitaristas, inspiradas na obra de Mill. Para o historiador de ideias, a obra de Raz produz uma torção irônica nas ideias mais caras a Berlin. O que Berlin manteve bem separado – pluralismo de valores e liberdades positivas – Raz engenhosamente uniu.³⁷

NEOLIBERALISMO COMO NEOLIBERISMO: DE MISES A HAYEK, E A TEORIA DA ESCOLHA PÚBLICA

Segundo Walther Rathenau, o fim da velha Europa em 1914-1918 significou que, desde então, "a economia tornou-se destino".³⁸

---

³⁶ Cf. Merquior, *Rousseau and Weber: Two Studies in the Theory of Legitimacy* (ver nota 12, cap. 1), p. 82-83.

³⁷ Joseph Raz, *The Morality of Freedom*. Oxford, Clarendon, 1987.

³⁸ Para um excelente exame de Rathenau, ver Dagmar Barnouw, *Weimar Intellectuals and the Threat of Modernity*. Bloomington, Indiana University Press, 1988, cap. 1.

Nos anos de entreguerras, havia duas principais reações à ameaça de hegemonia institucional econômica: uma era o socialismo estatal, que tentou pôr termo à "anarquia da produção", e a outra era o fascismo, uma tentativa de atrelar o capitalismo ao fascínio do nacionalismo ou do racismo. Contudo, a longo prazo, prevaleceu a economia. Meio século depois da ascensão das autocracias de Hitler e de Stalin, os Estados conquistadores ou pereceram ou obtiveram resultados muito inferiores aos dos Estados *comerciantes*.[39] É claro que a política prossegue, mas não detém o impulso autônomo das forças econômicas.

Os primeiros desafios teóricos à reação antieconômica partiram de um austríaco, Ludwig von Mises (1881-1973). Seu livro de 1922 *Die Gemeinwirtschaft. Untersuchungen über den Sozialismus* (*A Economia Coletiva. Estudos sobre o Socialismo*; traduzido para o inglês como *Socialism*) forneceu munição essencial contra os modismos que favoreciam uma regulamentação excessiva da economia. Mises foi atraído para a economia pelas obras de Carl Menger (1840-1921), fundador, juntamente com Jevons, Walras e Marshall, da escola neoclássica. O jovem Mises participou do seminário *Antebellum* de Eugen von Böhm-Bawerk, um formidável crítico de Marx. O capítulo central de *A Economia Coletiva* de Mises consistia numa crítica feroz à utopia socialista do cálculo econômico, deixando de lado o mercado. Em 1927, Mises publicou um volume intitulado em alemão *Liberalismus*, mas cuja essência é mais bem transmitida pela tradução inglesa: *Liberalism in the Classical Tradition*. Este livro opunha-se fortemente às ideias de Mill. Em seu erudito tratado sobre dinheiro, Mises cunhou o termo *catalítico* para denotar fenômenos de câmbio – a alma do mercado.

Discípulo de Mises, Friedrich August von Hayek (nascido em 1899) transformou o catalítico numa visão

---

[39] Cf. Richard Rosecrance, *The Rise of the Trading State: Commerce and Conquest in the Modern World*. New York, Basic Books, 1986.

do mundo. Mas Hayek ultrapassou explicitamente Mises sublinhando (em seu prefácio a *Socialism*) que não foram "penetrações racionais em seus benefícios gerais que levaram à difusão da economia de mercado". Isso é Hayek autêntico: como Adam Ferguson e Adam Smith, ele pensa que o progresso decorre das ações do homem, mas não do desígnio do homem.

Nascido em Viena, Hayek obteve uma cátedra na The London School of Economics and Political Science em 1931, seguindo dali para Chicago em 1950, e finalmente para Freiburg em 1960. Em 1974, já aposentado, foi agraciado com o Prêmio Nobel de Economia. Seu livro *Pure Theory of Capital* (1941) refletiu o estado de espírito antikeynesiano da economia reinante na The London School of Economics and Political Science (onde, de forma bastante curiosa, a ciência política na época estava sob a influência esquerdista de Laski). Em 1944, Hayek, nadando contra a corrente, publicou *O Caminho da Servidão*, no qual acusou o planejamento e o Estado previdenciário de levarem à tirania. Keynes declarou-se "simpático em termos gerais" aos sentimentos que animavam o livro, o que apenas demonstra quão pouco ele se tinha afastado do credo liberal. Mas o prognóstico de Hayek era obviamente muito exagerado. Ironicamente, suas próprias críticas ulteriores à democracia podem ser interpretadas como refutação da tese de *O Caminho*. Se a democracia desimpedida, como ele pensa agora, milita contra o mercado, pelo menos ela obviamente sobreviveu, em vez de perecer durante o prolongado crescimento do Estado social.

O livro completo de Hayek sobre teoria política foi publicado em 1960 com o título *Os Fundamentos da Liberdade*. Um tratado na forma clássica, ele desafiou abertamente a interdição analítica da filosofia política. Enquadrou o mercado e o progresso numa moldura evolucionista. Hayek apresentou o mercado como um sistema de informação sem rival: preços, salários, lucros altos e baixos são mecanismos que distribuem informação entre agentes econômicos de outra forma incapazes de saber, já que a massa colossal de fatos economicamente significantes está fadada a escapar-lhes. A intervenção do Estado é negativa porque faz com que a rede de informações do sistema de preços emita sinais enganadores, além de reduzir o escopo da experimentação econômica. Quanto ao progresso, este ocorre através de uma miríade de tentativas e erros feitos pelos seres humanos, pois a evolução social procede mediante a "seleção por imitação de instituições e hábitos bem-sucedidos".[40] Generalizando seu discernimento do papel do mercado, Hayek sustentou que os problemas humanos como um todo são demasiado complexos e mutáveis para serem dominados de forma "construtivista" pelo intelecto humano. Tal racionalismo é um grande erro, embora tenha sido fomentado desde a Revolução Francesa por tantos programas para a sociedade perfeita. Como o conservador liberal Michael Oakeshott, seu contemporâneo na The London School,[41] Hayek colocou o *kósmos*, ou ordem criativa, espontânea, como sendo muito superior a *táxis*, ou ordem feita, exógena – o arranjo intencional das utopias racionalistas.

Na década de 1970, Hayek fortaleceu essas opiniões numa esplêndida trilogia, *Law, Legislation and Liberty* (1973-1979), "uma nova exposição dos princípios liberais de justiça e economia política". A suma de Hayek contém muitas coisas boas, inclusive um ataque fascinante a Kelsen a respeito do conceito de justiça. Encerra uma reafirmação cordial do liberismo. As duas únicas funções de um governo legítimo consistem, segundo Hayek, "em prover uma estrutura para o mercado, e prover serviços que o mercado não pode fornecer". Isso, aliás, mostra que Hayek, a despeito de todo o seu determinado abandono da "miragem da justiça social", não se limitou a

---

[40] F. A. Hayek, *The Constitution of Liberty*. London, Routledge, 1960, p. 59; em português: *Os Fundamentos da Liberdade*. Trad. Anna Maria Capovilla e José Italo Stelle, superv. e introd. Henry Maksoud. Brasília, Ed. Universidade de Brasília; São Paulo, Visão, 1983.

[41] Ver Michael Oakeshott, *Rationalism in Politics and Other Essays* (ver nota 29 do capítulo 2).

retroceder um puro favorecimento do *laissez-faire* ou ao modelo do Estado vigia noturno.

Law, Legislation and Liberty reafirmou também o que veio a ser conhecido como a tese da indivisibilidade da liberdade, graças a outra estrela de Chicago, o economista Milton Friedman (nascido em 1912). O que se afirma é que, a menos que se obtenha ou se mantenha a liberdade econômica, as outras liberdades – civil e política – se desvanecem. Em *Capitalismo e Liberdade* (1962), Friedman argumentou que, dispersando-se o poder, o jogo do mercado equilibra concentrações de poder político. Ora, o Estado liberista evita por definição toda tendência de se colocar o poder econômico nas mãos políticas do Estado. A lição é clara: o liberismo pode não ser uma condição suficiente, mas é certamente uma condição *necessária* de liberdade global – tal é a mensagem do grande expoente de Chicago.

Tive o privilégio de estar presente ao jantar do centésimo aniversário do *Reform Club*. (Em seus aposentos, seja dito de passagem, lorde Beveridge traçou seu famoso relatório, a Magna Carta do Estado social britânico, algo muito mais liberal em sua primeira concepção do que em sua condição presente.) A comissão de diretores dessa venerável instituição, o lar social de Macaulay e Gladstone, teve a brilhante ideia de escolher como orador um membro notável, que estava, ele próprio, na realidade, celebrando cinquenta anos de participação no *Club*, naquele mesmo verão. Tratava-se, é claro, de F. A. Hayek, muito ativo nos seus 84 anos. Começou contando-nos quão grandes foram seus esforços intelectuais, em sua juventude em Viena, dedicados a libertar-se do fascínio de Marx e Freud.

De fato, o terceiro volume de *Law, Legislation and Liberty* termina com uma crítica do construtivismo do marxismo e do anarquismo latente do freudianismo. Com relação ao impacto deste último (a despeito das próprias dúvidas de Freud em ensaios mais tardios como *O Mal-Estar da Civilização*), Hayek preocupa-se com a noção freudiana da necessária repressão de desejos, em nome da saúde psicológica da sociedade, cujo resultado, em nossa época permissiva, teria sido o surgimento de "selvagens não domesticados que se representam como alienados de alguma coisa que nunca aprenderam, e chegam mesmo a tomar a si a construção de uma 'contracultura'".[42] Na opinião de Hayek, para criar e manter uma ordem social susceptível de crescimento constante e de frequente aperfeiçoamento, as pessoas não devem apenas sacrificar seus instintos, mas têm de abandonar "muitos sentimentos que eram alimento para o pequeno grupo", tais como tendências inatas para agir em conjunto na busca de objetivos comuns. Pois a civilização, diz Hayek, é uma "sociedade abstrata", que se apoia muito mais em normas aprendidas do que na busca de finalidades comuns. O funcionamento de sua melhor corporificação numa explicação evolucionista – o mercado – implica um respeito por normas, mas não o desenvolvimento de uma solidariedade espontânea.[43]

O significado macro-histórico dessa circunstância destaca-se com grande clareza: deve-se entender o homem primitivo como *supersocializado* – um camarada sociável, mas excessivamente gregário, por violento que seja ou fosse – e, como tal, inapto para a fria manipulação de normas que distinguem os membros da sociedade abstrata. Portanto, a marcha da civilização pressupõe, além do controle dos instintos, uma boa medida de distância de sentimentos "tribais", de comunidade e "comunalidade" – em resumo, de *Gemeinschaftslust*.

Hayek é o maior defensor do liberismo entre os neoliberais pós-Keynes. Sua crítica contundente dos sonhos igualitários e seu repúdio quixotesco à democracia majoritária (substituída por uma versão condicionada, "demarquia") são tidos geralmente na conta de fatores que o

---

[42] F. A. Hayek, *Law, Legislation and Liberty*, vol. 3, *The Political Order of a Free People*. Chicago, The University of Chicago Press, 1973-1979, p. 174.

[43] "The Three Sources of Human Values". London, London School of Economics, 1978.

colocam na companhia de liberais conservadores. Contudo, Hayek não se considera um conservador. Um epílogo ao livro Os *Fundamentos da Liberdade* traz precisamente o título "Por Que Não Sou um Conservador". O liberalismo, adverte Hayek, "não é contrário à evolução e mudança", enquanto o conservadorismo tem demasiado apego à autoridade, sendo geralmente leniente em matéria de coerção e, muitas vezes, ignorante em economia, demasiado nostálgico e preferencialmente antidemocrático ao invés de antiestatista.

O último ponto tem um aspecto irônico, já que o próprio Hayek tornou-se na velhice cada vez menos entusiasta em relação à democracia. Mas, tendo-se em vista todos os pontos, a fórmula de Hayek resume brilhantemente diferenças reais entre o liberalismo e suas alternativas. Elas tendem a enevoar-se por causa do costume (muito encorajado pela propaganda socialista) de ver o conservadorismo, o liberalismo e o socialismo como pontos que se sucedem numa linha. Não, diz Hayek, isso é uma ilusão de óptica: a verdade conceitual nos obriga a vê-los de preferência como ângulos de um triângulo.[44] Então, as discrepâncias entre conservadorismo e liberalismo tornam-se tão claras quanto as que separam o liberalismo do socialismo.

Como Samuel Brittan percebeu, há um abismo entre dois elementos no pensamento de Hayek. Um elemento é a valorização liberal clássica de governo limitado, mercados livres e o governo da lei. O outro é uma mística burkiana, que afirma muitas vezes, mais do que prova, a sabedoria oculta das instituições há muito existentes. Ora, isso representa um problema de peso, pois, se em seu evolucionismo burkiano, Hayek defende o progresso e o mercado porque possuem uma espécie de sabedoria inerente, com que fundamento pode-se negar a mesma sabedoria às instituições há muito existentes que Hayek tanto detesta, como controle da renda, controle de preços e taxação progressiva? Não poderia a abolição destas

---

[44] Hayek, *The Constitution of Liberty* (ver nota 40 anterior), p. 398.

desequilibrar toda uma sociedade?[45] Além disso, não será verdade que a maioria dos Estados previdenciários *não* se fundaram com base em um planejamento abrangente e consciente? Em outras palavras, não são eles também o resultado de muitas evoluções imprevistas?

Estas são apenas umas poucas interrogações suscitadas pela cega confiança de Hayek na ciência da evolução como tradição. Se a evolução é uma tradição cósmica, tudo – mesmo o que embaraça o mercado e, portanto, solapa indiretamente a liberdade – pode ser abençoado por seu critério. Por outro lado, se evolução é *seleção*, porque tanto barulho a respeito de experimentos sociais que, segundo essa teoria, serão de qualquer forma abandonados? Não espanta que Hayek tenha sido duramente criticado por causa da contradição entre o seu fideísmo evolucionista e o papel que atribui à razão crítica.[46]

Hayek é, naturalmente, um preservador do individualismo moral e, portanto, do pluralismo de valores. Ele acha que, exceto no que diz respeito a âmbitos bem delimitados, *não* há necessidade de acordo quanto a objetivos: "não pomos em vigor uma escala unitária de objetivos concretos", escreveu ele, "nem tentamos garantir que alguma opinião particular sobre o que é mais e o que é menos importante governe toda a sociedade".[47] Isso soa como Berlin – o individualismo libertário em seu jogo favorito, a rejeição de grandes definições substanciais sobre o bem comum. Pelo contrário, Hayek é adepto da *nomocracia*: aquilo de que necessitamos são regras do jogo em lugar de valores e de objetivos partilhados. Quando todas as contas são feitas, a liberdade, para Hayek, é, no fundo, um instrumento de progresso; o mérito supremo do indivíduo "hayekiano" é contribuir (inconscientemente)

---

[45] Samuel Brittan, *The Role and Limits of Government Essays in Political Economy.* London, Temple Smith, 1983, cap. 3.

[46] Para uma crítica sóbria nessa linha, ver Dallas L. Clouatre, "Making Sense of Hayek" (uma resenha do livro de Gray), *Critical Review* 1, inverno de 1987, p. 73-89.

[47] F. A. Hayek, *Studies in Philosophy, Politics and Economics.* London, Routledge, 1967, p. 165.

para a evolução social. Essa opinião solapa o direito que assistiria a Hayek de ser um liberal da mesma escola de Locke e de Humboldt.[48] O neoliberismo, assim como o neoevolucionismo, termina por minar o próprio âmago da ética liberal.

Na literatura liberista, muitas vezes encontramos grandes elogios a Hayek nos textos da assim chamada teoria da escolha pública. O principal nome nesse contexto é James M. Buchanan, autor (com Gordon Tullock) de *The Calculus of Consent* (1962) e de *Cost and Choice* (1969). Como economista, a influência de Buchanan no renascimento liberista só perde a primazia para a de Milton Friedman. Sob a inspiração da obra sobre finanças públicas construída pelo economista escandinavo neoclássico Knut Wicksell (1851-1926), Buchanan concentrou-se na *política como troca*. Em *Liberty, Market and State*, uma seleção recente de seus escritos, Buchanan salientou o papel da escolha pública como uma *"perspectiva* sobre a política que emerge de uma extensão-aplicação dos instrumentos e métodos do economista para empreender a divisão coletiva ou de não mercado". O que resulta é uma penetração crucial nas causas dos fracassos governamentais (devido basicamente à tendência por parte de políticos eleitos e de burocracias parkinsonianas de criar déficits orçamentários), uma compreensão tão significativa para a ciência política quanto foi para a economia a teoria das deficiências do mercado. Buchanan muitas vezes cita Hayek, mas ele é um liberista que não hesita em inventar "normas para um jogo justo", inclusive uma visão sóbria de taxações de transferências e educação pública como moderadores da desigualdade social.[49]

Outras importantes obras liberistas incluem o trabalho de dois franceses, Henri Lepage (*Amanhã, o*

---

[48] Sobre essa linha de crítica, ver Anthony de Crespigny, "F. A. Hayek: Liberdade para o Progresso", in: *Filosofia Política Contemporânea* (ver nota 29 anterior).

[49] James M. Buchanan, *Liberty, Market and State – Political Economy in the 1980s*. New York, New York University Press, 1985, p. 19 e 123-39.

Capitalismo, 1978) e Guy Sorman (*La Nouvelle Richesse des Nations*, 1987), como também a excelente obra do sociólogo Peter Berger, *The Capitalist Revolution – Fifty Propositions about Prosperity, Equality and Liberty*, de 1986. O discípulo americano de Mises, Murray Rothbard (*Man, Economy and State*, 1970; *Ethics of Liberty*, 1982), tem sido, de longe, o mais insistente defensor do liberismo com fundamentos libertários.[50]

Liberalismo sociológico: Aron e Dahrendorf

A sociologia tem sido muitas vezes vista como sendo um tanto hostil ao liberalismo. Nos Estados Unidos, Robert Nisbet sublinhou energicamente as afinidades entre a sociologia clássica e o conservadorismo, na medida em que ambas as correntes, a disciplina e a ideologia, reagiam *contra* os efeitos de ruptura da industrialização e da secularização, dois fenômenos em geral sustentados pelo principal veio do liberalismo.[51] Vimos, contudo, que a figura dominante de Weber, um liberal conservador, pertence ao mesmo tempo à *Gründerzeit* da sociologia e à linha central do liberalismo alemão.[52]

Pelo menos um dos pares de Weber, como pai fundador da sociologia, Georg Simmel (1958-1918), merece

---

[50] Henri Lepage, *Tomorrow, Capitalism: The Economics of Economic Freedom*. La Salle, Open Court, 1982; Guy Sorman, *La Nouvelle Richesse des Nations*. Paris, Fayard, 1987; Peter Berger, *The Capitalist Revolution*. New York, Basic Books, 1986; e Murray N. Rothbard, *Man, Economy and State*. Menlo Park, California, Institute for Human Studies, 1970, e *Ethics of Liberty*. Atlantic Highlands, N. J., Humanities Press, 1982.

[51] Robert Nisbet, *The Sociological Tradition*. New York, Basic Books, 1966.

[52] Gründerzeit literalmente quer dizer "tempo dos fundadores" e, de maneira mais específica, define o período do imperador Wilhelm II, que reinou de 1888 a 1918. (N. T.)

ser contado entre os liberais (embora um liberal antes apolítico do que político), enquanto na escola sociológica francesa gerada por Durkheim temos o caso interessante de Bouglé, que já discutimos. Na sociologia pós-clássica americana, Talcott Parsons foi um liberal moderadamente conservador (e como tal foi criticado pelo falecido Alvin Gouldner),[53] e Robert Merton também é um liberal, enquanto Daniel Bell trocou seu esquerdismo juvenil por posições liberais. De igual modo, na França de nossos dias, Raymond Boudon e, progressivamente, Alain Touraine podem ser classificados como tal, embora somente Boudon, creio, aceitaria o rótulo. Aqui, no entanto, num exame curto do pensamento liberal desde a guerra, limitarei minha discussão a dois intelectuais mais militantes: Raymond Aron e Ralf Dahrendorf. Talvez por se engajarem a fundo em política (Dahrendorf literalmente, e Aron por meio de décadas de jornalismo político), foram levados a desdobrar sua obra sociológica em alguns ensaios, professando abertamente o credo liberal, ao qual ambos fizeram contribuições muito importantes.

É curiosa a posição de Raymond Aron (1905-1983) na história do pensamento liberal. Embora sociólogo, Aron era altamente crítico do que chamava de *sociologismo*, a negligência dos aspectos específicos da política em teorias que afirmam determinismos sociais. Em contraste, Aron salientou que a principal diferenciação entre as sociedades modernas reside na ordem política. Todas as sociedades industriais, assinalou, são muito semelhantes no nível cultural e no tipo de forças produtivas. Elas diferem é no seu sistema de governo.[54] Aron nunca esqueceu a alternativa posta em relevo por seu herói Tocqueville: que as sociedades democráticas podem ser governadas seja de forma livre seja de forma despótica.

---

[53] Alvin Gouldner, *The Coming of Crisis of Western Sociology*. New York, Avon Books, 1970.

[54] A questão sobre a autonomia da política está bem salientada em Ghita Ionescu, "Um Clássico Moderno", in: *Filosofia Política Contemporânea* (ver nota 29 anterior).

Escrevendo como um Montesquieu da sociedade industrial, Aron exibe soberbas habilidades comparatistas. Depois de uma notável obra de juventude sobre a filosofia da história (*Introduction à la Philosophie Critique de l'Histoire*, 1938), ele deixou sua primeira marca no cenário internacional com uma crítica penetrante da ideologia "progressiva". Em *O Ópio dos Intelectuais* (1955), ele atacou quatro mitos: o mito da esquerda, o mito da revolução, o mito do proletariado e o mito da necessidade histórica. Mas logo trocaria a *Ideologiekritik* por uma análise aprofundada da sociedade industrial moderna. Esta foi objeto de sua famosa trilogia da Sorbonne, iniciada com *Dezoito Conferências sobre a Sociedade Industrial* (pronunciadas em 1955-1956, publicadas em 1962).

Aron divisou o industrialismo como um feixe de quatro processos básicos: uma crescente divisão do trabalho; acumulação de capital para investimento; contabilidade e planejamento racionais; e a separação da empresa do controle familiar. Podem-se reconhecer com facilidade as fontes teóricas: Durkheim em primeiro lugar, Marx em segundo, Weber em terceiro, e Schumpeter em quarto. Acrescentem-se a propriedade privada dos meios de produção, o motivo do lucro e uma economia descentralizada, e se obtém o capitalismo. Mas, como bom sociólogo, Aron também reparou em algumas imperfeições da teoria social clássica, como quando censurou Tocqueville por deixar que sua preocupação com a igualdade o fizesse fechar os olhos à hierarquia industrial.

A sociologia política de Aron começa numa encruzilhada conceitual onde questões tocquevillianas alimentam uma espécie de análise inspirada por Elie Halévy (1870-1937) e Max Weber. O testamento intelectual de Halévy, *A Era das Tiranias* (1938), transmitiu a Aron o tema do despotismo moderno (fascista ou comunista), enquanto Weber, do conhecimento de cuja obra ele foi pioneiro na França, ofereceu-lhe perspectivas frutíferas sobre o poder, o Estado, e grupos de *status*. Assim armado, Aron desvendou as ornamentações da democracia representativa, dando muitas vezes início a avaliações que desbravavam o caminho do jogo do poder entre partidos e governos, por um lado, e de forças sociais como sindicatos e as *intelligentsias*, por outro.

O principal objetivo das conferências de Aron na Sorbonne não foi tanto a sociologia do industrialismo *per se*, quanto uma investigação das diferentes espécies de ordem política no interior do mundo industrial. O passo inicial do tríptico de Aron sobre a sociedade industrial foi a sua compreensão de que, contrariamente à imagem que faziam de si mesmos, os bolchevistas, longe de representarem os trabalhadores, eram uma nova classe governante. Em outras palavras, Mosca e Pareto (a classe governante, a circulação das elites) desmentiam Marx. Como divisou Robert Colquhoun, seu minucioso e competente comentarista, esse confronto Pareto/Marx e a teoria do crescimento econômico elaborada por Colin Clark e seu discípulo francês, Jean Fourastié, foram os dois principais elementos na base teórica de Aron para as *Dezoito Conferências* e o que se lhe seguiu.[55]

A trilogia de Aron alcança realmente sua conclusão lógica no fim do terceiro tomo, *Democracia e Totalitarismo* (1965; pronunciada em 1957-1958), onde ele apresenta uma dicotomia das ordens políticas industriais. Por um lado, os regimes constitucionais pluralistas têm uma constituição, competição partidária e pluralismo social reconhecidos. Por outro, nas ideocracias, há um monopólio do poder, revolução em vez de uma constituição em funcionamento, absolutismo burocrático, e o partido do Estado. Segue-se então uma tipologia da liberdade, com a posição de cada principal ordem política industrial para com os tipos de liberdade. Assim, os regimes constitucionais pluralistas garantem a liberdade enquanto segurança, liberdade de opinião e liberdade política, porém se preocupam menos com a liberdade no trabalho e com a mobilidade social. Por contraste, os regimes de partido estatal violam com muita frequência as primeiras três

---

[55] Robert Colquhoun, *Raymond Aron*, vol. 2, *The Sociologist in Society, 1955-83*. London/Bervely Hills, Sage, 1986, p. 85-86.

espécies de liberdade. Em resumo, as políticas livres são apenas moderadamente igualitárias, mas as ideocracias são realmente nefastas.

Outra dimensão da obra de Aron – também conhecida por sua extraordinária contribuição à política internacional – consiste precisamente numa reflexão cuidadosa sobre a liberdade em si mesma. Dois livros aqui se destacam: *Un Essai sur la Liberté* (1965) e *Estudos Políticos* (1972). Na segunda das coletâneas, entre outras coisas, Aron critica Hayek e Berlin em nome do realismo sociológico. Ambos os volumes contêm uma defesa e ilustração do que Aron chama de "a síntese liberal democrática" – um amálgama de direitos civis e políticos tradicionais com modernos direitos *sociais*, que ele representa como direitos-créditos (*droits-créances*). O que o sociólogo quer provar é que, em nosso tempo, o governo da lei simplesmente não pode esgotar as funções do Estado; a nomocracia de Hayek tem de abrir espaço para as inevitáveis tarefas sociais e de fornecimento de infraestrutura relacionadas ao Estado moderno.

Em sua velhice, abalado pelo renascimento do irracionalismo ideológico em 1968, Aron regressou a uma sua antiga preocupação: o fenômeno da "ideocracia", o impulso totalitário de regimes radicais. Tendeu a rejeitar a visão esquerdista da ditadura leninista como um "desvio" resultante do atraso social e político da Rússia. Em lugar disso, Aron corretamente retraçou as raízes do autoritarismo soviético até a própria desconfiança de Marx em relação ao dinheiro e às mercadorias: uma desconfiança que os seus seguidores dogmáticos puseram em prática para destruir a autonomia institucional e, portanto, a resiliência da economia. Um de seus últimos livros, *Plaidoyer pour une Europe Décadente* (1977), é uma polifonia conceitual sutil entre o declínio da *détente* Leste-Oeste, a depressão da década de 1970, a natureza do pensamento de Marx e, por fim, o papel do marxismo como ideologia estatal.

Aron foi um eminente intelectual *doublé* de um magistral jornalista político. Deixou uma grande obra errante, seminal em pelo menos três áreas: política externa, filosofia da história e sociologia política. Seu liberalismo lúcido, muitas vezes cáustico, sempre demasiado cônscio das contradições da modernidade, marca uma retomada *meritória* do melhor elemento na tradição do liberalismo francês: sua apreensão da história, sua habilidade de interpretar e avaliar amplas estruturas de mudança. Por muito tempo vitimado pelo fanatismo ideológico em seu próprio país, estigmatizado por Sartre e pelos comunistas como se fosse submisso aos interesses norte-americanos, tornou-se, no fim de sua vida, o santo padroeiro do notável renascimento liberal na França.[56]

Certa vez, Ralf Dahrendorf disse que Raymond Aron "habita seu panteão". O panteão é, de fato, respeitável: também inclui Humboldt, Tocqueville, Weber, Keynes, Beveridge e Schumpeter. Veremos a inspiração comum que Dahrendorf extraiu de tal plêiade. Nascido em 1929, o jovem Dahrendorf ganhou uma permanência num campo de concentração por ser demasiado travesso como colegial antinazista. Como estudante na The London School of Economics and Political Science, assistiu às aulas de Popper e do sociólogo T. H. Mashall, cujo livro *Citizenship and Social Class* (1950) contava a história do progresso moderno dos direitos: direitos civis conquistados no século XVIII, direitos políticos ganhos no século XIX, e os direitos sociais estabelecidos em nosso século. Dahrendorf, sempre um bom liberal-social, foi ativo em política, na Alemanha e na Comunidade Econômica

---

[56] Quanto a Aron, ver, especialmente, Gastón Fessard, *La Philosophie Historique de Raymond Aron*. Paris, Julliard, 1980; e Robert Colquhoun, *Raymond Aron*, vol. 1, *The Philosopher in History, 1905-55*, e vol. 2, *The Sociologist in Society, 1955-83*. London/Bervely Hills, Sage, 1986. Obras-chave de Aron a respeito do nosso curto exame são *The Opium of the Intellectuals*. New York, Doubleday, 1957; *Eighteen Lectures on Industrial Society* (1967) e *Democracy and Totalitarianism* (1986), ambos de Londres, Weidenfeld e Nicolson; *An Essay on Freedom*. New York, World, 1970; em português: *Ensaio sobre as Liberdades*. Lisboa, Aster, 1965; e *Estudos Políticos*, trad. Sérgio Bath, pref. José Guilherme Merquior, apres. Rolf Kuntz. Brasília, Ed. Universidade de Brasília, 1985.

Europeia, de 1965 a 1974, época em que se tornou um brilhante diretor da London School por toda uma década. É agora reitor de St. Anthony's College, em Oxford, e recentemente foi feito Cavalheiro.

O primeiro livro de Dahrendorf, *As Classes Sociais e seus Conflitos na Sociedade Industrial* (1955), tencionou proporcionar o capítulo não escrito em *O Capital*, de Marx: o capítulo sobre classe. Dahrendorf aceitou alegremente a ênfase marxista na luta de classes, mas mostrou que as classes antagônicas não precisam ser grupos econômicos. Pelo contrário, o conflito econômico é apenas uma espécie de um gênero: a luta pelo poder. Àquela altura, graças à influência de Parsons e de outros, todo discurso da principal corrente da teoria sociológica consistia na coesão social e na coparticipação em valores. Não, disse Dahrendorf: o conflito é endêmico, por causa de diferenças no acesso ao poder. A *qualidade* de tais diferenças muda; porém, o fato da assimetria do poder não muda. Em grande medida, Parsons vinha encobrindo o que Weber sabia: o quanto o poder molda a sociedade.

Mas enquanto Weber tivera alguns êxtases tolstoianos que o levaram a demonizar o poder, Dahrendorf apreciava não exatamente o poder, mas, pelo menos, o conflito (que gira em torno do poder). Num texto de 1962 sobre "Incerteza, Ciência e Democracia",[57] ele desenvolveu o argumento altamente "popperiano" de que a única resposta adequada à incerteza é a necessidade "de manter uma pluralidade de padrões de decisão, e uma oportunidade para que eles interajam *e entrem em competição*" (grifos meus). Contudo, o conflito, para ser frutífero, requer um mínimo de homogeneidade social. Na Alemanha de Weimar, por exemplo, as elites não foram capazes de articular essa saudável espécie de competição. Tudo o que puderam reunir foi um cartel de angústias, que solapava completamente o jogo

---

[57] Coligido de Ralf Dahrendorf, *Essays in the Theory of Society*. Stanford, Stanford University Press, 1968; em português: *Ensaios da Teoria da Sociedade*. Rio de Janeiro, Zahar, 1974.

democrático. Tal foi a tese do livro de Dahrendorf, *Society and Democracy in Germany* (1965).[58]

Seguindo as ondas de protesto dos últimos anos da década de 1960 e a depressão econômica da OECD (Organization for Economic Cooperation and Development) depois da primeira crise do petróleo em 1973, Dahrendorf ingressou numa tentativa persistente de analisar a nova condição das modernas democracias industriais. De alguma forma, ele se vê retomando o exame minucioso de Aron do industrialismo pós-guerra, e, de fato, poucos outros cientistas sociais mantiveram-se a par como ele, dono de uma compreensão muito profunda das tendências recentes. Três livros em particular encerram as opiniões do último Dahrendorf: *A Nova Liberdade* (1975), *Life Chances* (1979) e *The Modern Social Conflict* (1988). *Life Chances*, uma coletânea de ensaios, inclui um sobre a abdicação da social-democracia. Dahrendorf atribui um papel menor ao conflito e lamenta a perda de "vínculos", de raízes que dão sentido a "opções" individuais. Há uma desconfiança quanto ao crescimento e à modernização rápida. Como foi visto por John Hall, o tom não está distante do *éthos* "pós-industrial" do último Daniel Bell, embora Dahrendorf seja mais enfático no que diz respeito ao papel da iniciativa no "melhoramento da sociedade" que ele encara como uma cura para recentes males capitalistas.

The Modern Social Conflict tanto glosa como refina o diagnóstico do presente. Para Dahrendorf, o conflito social moderno ocorre entre os defensores de mais escolha e aqueles que demandam mais direitos. A oposição-chave está entre "provisões" e "intitulamentos". Provisões são "o suprimento de alternativas em determinadas áreas de atividade". São "coisas", passíveis de crescer ou de diminuir; é um conceito econômico. Intitulamentos, por outro lado, são bilhetes de entrada, direitos de acesso a quaisquer bens ou profissões. Dahrendorf toma o conceito de

---

[58] Para um excelente resumo das opiniões de Dahrendorf sobre o conflito social, ver John A. Hall, *Diagnosis of Our Time: Six Views of Our Social Condition*. London, Heinemann, 1981, cap. 5.

empréstimo a Amartya Kumar Sen, o perito de Oxford em pobreza e fome, que demonstrou que a maior parte dos episódios de fome na história não ocorreu por falta de alimento, mas por falta de *acesso* ao alimento. Diferentemente das provisões, que são relativas à capacidade de crescimento, os intitulamentos traçam linhas e barreiras. Como bilhetes de entrada, ou se os tem, ou não. A Revolução Industrial gerou uma revolução de provisões, enquanto a Revolução Francesa foi uma revolução de intitulamentos. A década de 1970 foi um período de política de intitulamento, enquanto a de 1980 testemunhou um desvio para provisões, para a escolha de preferências ao acesso. As reformas keynesianas concentraram-se na manutenção de intitulamentos – basicamente, o direito fomentado pelo Estado de trabalhar; na década de 1980, por contraste, Schumpeter prevaleceu, pois esses foram anos do empresário conquistador, da fé propriamente animal, "schumpeteriana", no crédito e na inovação.

Armado com esses dois conceitos básicos, Dahrendorf representa a sociedade contemporânea ocidental. (Não diz muito sobre o Japão.) Preocupa-se acertadamente com o "capitalismo de cassino" (na inteligente frase de Susan Strange) e com a teimosa presença de uma "subclasse" minoritária, mais visível nos Estados Unidos e na Grã-Bretanha do que na Europa, ainda assim dolorosamente não integrada em toda parte. Dahrendorf vê muitas pessoas entregues a "dois vícios": ganhar dinheiro fácil e drogas. Adverte contra os fundamentalismos nacionalistas e o "seu ataque às forças civilizadoras de cidadania em nome de direitos minoritários ou de autonomia cultural, religiosa ou étnica". Reflete sensatamente sobre conflitos anômicos de nossa sociedade, impregnada de violência e corrupção: de nações onde cidades internas têm áreas "proibidas" e de cultura social que agora também exibe áreas simbolicamente "proibidas", áreas "tabus", como a absolvição dos culpados e a descarada infração à lei que floresce entre a juventude.

Dahrendorf não oferece um juízo, digamos, moral a respeito dessa constelação de problemas. Antes, escreve como um preocupado *Aufklärer* das últimas luzes do século XX, ansioso por compreender e melhorar. O ensaio que escreveu sobre a década de 1980 restaurou completamente seu senso de conflito social sem abandonar o alarme cultural dos escritos dos anos 1970. Sublinhando ainda uma vez que "o conflito é liberdade (e) também uma condição de progresso", ele censura o corporativismo da década de 1970 por ter "transformado intitulamentos em interesses seccionais, paralisando assim o processo de provisões em expansão".[59]

Acima de tudo, Dahrendorf entende como poucos as tendências estruturais. Ele é muito hábil, por exemplo, no pensamento que desenvolve sobre o desemprego. Mostra que o desemprego é em grande parte efeito de profunda mudança tanto técnica como econômica. Apenas na Alemanha, enquanto o PIB multiplicou-se quatro vezes de 1950 a 1986, a soma de trabalho *per capita*, depois de crescer até os últimos anos da década de 1950, decaiu: assim, uma vasta nova riqueza foi produzida com muito menos esforço humano. Na época de Keynes, arranjar trabalho parecia a melhor maneira de remediar a depressão econômica e a miséria social: em nossos dias, no entanto, como declarado em *The Modern Social Conflict*, "o trabalho já não é a solução óbvia para os problemas sociais, mas uma parte do próprio problema".

O mundo que Dahrendorf tão bem descreve já não é, exceto residualmente, uma arena de luta de classes no sentido tradicional. As tensões entre "a classe majoritária" – os dominantes assalariados operários e executivos – e a subclasse não geram conflito em alinhamento. A situação contrária passou a ser a de "um dominante ânimo social-democrata representado por partidos políticos muito diferentes, e tentativas episódicas de fugir do grande consenso, seja por inovação ou arte do empresariado, seja por uma democracia fundamental e estilos de

---

[59] Ralf Dahrendorf, "*Tertium non Datur*: A Comment on the Andrew Shonfield Lectures", in: *Government and Opposition 24*, primavera de 1989, p. 133, 135.

vida alternativos".⁶⁰ Em resumo, há o arraigado bem-fazer social da classe majoritária, seus desafiantes thatcheristas e a contracultura: o partido *yuppie* e o partido neo-*hippie*.

Dahrendorf não está feliz com essas opções. Ele sonha com uma "alternativa radical liberal", decretando o caráter imprescindível de "sociedades civis no sentido clássico do termo", e isso como passos para uma sociedade civil *mundial*, capaz de lidar com o abismo que separa o Norte do Sul. Tais como os vê, os anos 1990 ameaçavam ser um período marcado por conflitos, uma prolongada batalha campal em torno de novas reivindicações de cidadania, contrastando com a aparente calma social dos anos 1980. Não se incomodem, diz *sir* Ralf, o Agonista: melhor aceitar e conter o conflito do que negá-lo ou ignorá-lo.

Esse liberalismo radical terá de ser sem dúvida bastante ambicioso em escopo e escala, definitivamente além da "ação de remediar socialmente aqui e ali", caraterística da ação popperiana. Pensando em seu panteão, Dahrendorf sugere que a inovação política pode advir, como aconteceu com Keynes e Beveridge, de receitas radicais específicas, conduzidas no interior de uma estrutura geral conservadora, não revolucionária. O essencial é mudar o sistema, não destruí-lo, e assim provocar consequências regressivas. De qualquer forma, "o liberal que deixa de buscar novas oportunidades deixa de ser um liberal". ⁶¹

Os neocontratualistas: Rawls, Nozick e Bobbio

As principais linguagens do liberalismo desde a guerra têm sido a crítica do historicismo (Popper), o protesto antitotalitário (Orwell e Camus), a ética do pluralismo (Berlin), o neoevolucionismo (Hayek) e a sociologia histórica (Aron). Por volta de 1970, estando o ar ainda

---

⁶⁰ Ibidem, p. 172.

⁶¹ Ibidem, p. 18.

impregnado do voluntarismo romântico das revoltas estudantis, havia espaço para uma nova espécie de discurso neoliberal: a linguagem dos direitos e do contrato social. Seu tom, no gigantesco tratado de John Rawls *Uma Teoria da Justiça* (1971), foi acolhido como o novo evangelho dos liberais – especialmente no sentido americano da palavra. E logo o tranquilo Rousseau de Harvard fez sensação quando, em nome do individualismo libertário, sua fórmula liberal foi ruidosamente contestada pela teoria de direitos de Robert Nozick. Entrementes, na Europa, o chefe da escola de Turim, Norberto Bobbio, alcançou um público internacional com seu contínuo diálogo com os clássicos do contratualismo.

Nascido em Baltimore em 1921, John Rawls tinha cinquenta anos de idade quando seu grande livro tornou-se assunto dominante na universidade. Tendo estudado em Princeton, Rawls já estivera em Harvard por uma década. Seu grande retorno à ética normativa rompeu ousadamente com as tímidas minúcias da abordagem linguística da filosofia moral. E *Uma Teoria da Justiça* não foi obra menos atrevida em seu objetivo, pois oferecia nada menos que uma alternativa plenamente desenvolvida para o utilitarismo. A natureza contratualista do empreendimento de Rawls mostrou-se num plano processual, já que foi nas técnicas que empregou para deduzir princípios de justiça que Rawls adotou uma posição contratualista. Assim mesmo, era um contrato social muito diverso do contrato social da primeira tradição moderna, pois seu propósito não consistia no estabelecimento de autoridade e obrigação legítimas, como em Hobbes, Locke ou Rousseau, mas em firmar regras de justiça.

A principal afirmação de Rawls é a de que podemos alcançar princípios sólidos de justiça social pensando em que regras adotaríamos, como seres racionais, numa hipotética "posição original". Em tal situação imaginária, as pessoas não conheceriam seu lugar na sociedade, nem seus próprios talentos e habilidades: antes, pelo contrário, teriam de agir cobertas por um "véu de ignorância". Assim, torna-se necessário garantir "justiça como equidade". Pois em tal condição, como eu não saberia se sou rico ou pobre, macho ou fêmea, branco ou preto, inteligente ou burro, eu deveria me sentir forçado a agir com prudência e, portanto, a escolher princípios que não favoreçam qualquer grupo à custa de outros. As pessoas na posição original não são altruístas – tudo o que sabem, devido ao véu de ignorância, é que seus interesses podem chocar-se num mundo em que a escassez tende a prevalecer. Além disso, sabem também que alguns "bens primários" – uns poucos direitos e liberdades, poderes e oportunidades, um mínimo de renda e respeito próprio – são meios necessários para uma vida decente e desejável.

Dada essa situação, é provável que o pactuante escolha dois princípios de justiça: (1) a cada um deve caber um direito igual ao máximo de liberdade compatível com uma medida semelhante à empregada para todos os demais; (2) só devem ser permitidas desigualdades sociais até onde beneficiem os membros menos favorecidos da sociedade. Trata-se do princípio que Rawls conceitualiza como "o princípio da diferença", em contraste com a série de identidade-de-liberdade que ocorre no primeiro princípio.

Segundo Rawls, indivíduos num limbo social deveriam preferir tais princípios porque seguiriam o princípio "maximínimo" (*the maximin principle*): estando inteiramente incertos quanto às consequências de sua opção, normalmente minimizarão o perigo de serem prejudicados. Por isso, considerarão uma hipótese de risco *máximo*, garantindo que cada desigualdade beneficie os *menos favorecidos* entre os pactuantes. O "maximínimo" é, portanto, uma apólice de seguro.

Rawls trilha um terreno familiar tanto no primeiro princípio (em que a liberdade é definida como autonomia enquanto independência mais direitos políticos) quanto ao atribuir ao primeiro princípio prioridade sobre o segundo, a despeito de todo o espírito igualitário do último. Na segunda parte de *Uma Teoria da Justiça*, que trata de instituições, é muito observável esse típico equilíbrio liberal americano, quando Rawls contempla uma democracia constitucional e uma economia livre – e, contudo, abre espaço para um regime liberal socialista.

Esse procedimento não agradou à esquerda. Rawls foi acusado de igualitarismo superficial, muito abaixo dos verdadeiros níveis de justiça distributiva.[62] Outros radicais divisaram no contrato de Rawls um reflexo do espírito do consumismo.[63] Na época, Ronald Dworkin, o filósofo jurídico, foi quase o único no campo "progressista" a saudar a "posição original" de Rawls como o fundador do direito para "respeito e cuidado iguais".[64]

Também não faltam críticas do lado liberal. Daniel Bell, o sociólogo de Harvard, escreveu um comentário no qual expressava sua admiração, mas não deixo de lamentar que Rawls tenha postulado uma economia estacionária.[65] Falando de modo geral, a fuga ao risco, no hipotético contrato social de Rawls, parece demasiado distante de uma sociedade moderna, individualista, para proporcionar uma norma relevante. Como é natural, dificilmente seria justo censurar Rawls por sua falta de realismo em seu confessado *Gedankenexperiment*. Contudo, os sociólogos não se podem impedir de questionar o grau de aplicabilidade de tais princípios a sociedades tão complexas quanto as industriais. Em sua obra mais tardia, Rawls historicizou consideravelmente a sua teoria, atribuindo seus "bens primários" a agentes morais kantianos, capazes de agir de acordo com a justiça social sem deixar de perseguir seus próprios ideais do bem.[66] Rawls

---

[62] Cf. Brian Barry, *The Liberal Theory of Justice: A Critical Examination of the Principal Doctrines in "A Theory of Justice" by John Rawls*. Oxford, Oxford University Press, 1973.

[63] Quanto à acusação de consumismo, ver C. B. Macpherson, *Democratic Theory: Essays in Retrieval*. Oxford, Oxford University Press, 1973, cap. 4, p. 3.

[64] Ronald Dworkin, *Taking Rights Seriously*. London, Duckworth, cap. 6.

[65] Daniel Bell, *The Cultural Contradiction of Capitalism*. New York, Basic Books, cap. 6 in fine.

[66] Cf. John Rawls, "Kantian Constructivism in Moral Theory", *Journal of Philosophy* 77, 1980; e "The Basic Liberties and their Priority",

manteve a sua posição antiutilitarista porque os rebentos de Bentham só admitiam um bem, isto é, a felicidade.

Robert Nozick, o mais jovem dos principais teóricos liberais aqui discutidos, nasceu no Brooklyn em 1938. Estudou em Columbia e Princeton e tornou-se professor em Harvard em 1965. Como Rawls, é autor de um só texto, *Anarquia, Estado e Utopia* (1974). Nozick elogia Rawls por ter cumprido "um grande progresso com relação ao utilitarismo". Mas, a partir desse ponto, ambos divergem de maneira crucial. A segunda parte de *Uma Teoria da Justiça* esboçou uma consideração de talentos individuais e seus frutos como ativos sociais e contemplou a legitimidade da distribuição da riqueza em largo alcance. Como libertário radical, Nozick discordou. De acordo com ele, cada pessoa está "intitulada" a conservar aquilo que tem – a menos que tenha sido injustamente adquirido – e o que quer que a isso se possa acrescentar no futuro. Nozick começa com um Estado da natureza, mais à moda de Locke do que de Hobbes. Na segunda parte do livro, que é como o tratado de Rawls, uma carta institucional, Nozick defendeu uma ideia "minarquista" do Estado (*miniarchist state*). Tem de haver um Estado, mas apenas protecionista e, em particular, sem direito a taxar. (Nozick equipara o imposto de renda ao trabalho forçado.)

Nozick está convicto, como diz logo de saída, de que "a questão fundamental da filosofia política, questão essa que precede outras questões sobre como o Estado deve ser organizado, é saber se é obrigatório que haja um Estado". O objetivo de *Anarquia, Estado e Utopia* consiste em desenvolver uma defesa do Estado mínimo em duas frentes. Contra os anarquistas, que não querem saber de qualquer Estado, Nozick empenha-se em demonstrar que *pode* haver um Estado legítimo compatível com a liberdade. Contra os anti-individualistas, por outro lado, ele quer demonstrar que o bom Estado não precisa cercear os direitos individuais naturais.

---

in: S. M. MacMurrin (ed.), *The Tanner Lectures on Human Values*. Salt Lake City, University of Utah Press, 1982, vol. 3.

Nozick é um mestre do raciocínio conjectural. Suponhamos, diz ele, que, numa dada sociedade, a metade da população tem dois olhos, enquanto a outra não tem nenhum. Não será extravagante pensar (presumindo que os transplantes de olhos não constituem problema) que cada pessoa pertencente à primeira metade deveria perder um olho em favor de cada pessoa do grupo sem olhos? Ora, como assiste a todos um direito à integridade do próprio corpo, o mesmo deve ocorrer com o que quer que seja feito ou produzido por ele: que cada pessoa conserve o que tem e qualquer propriedade que disso possa legalmente advir. Nozick opõe-se a "teorias padronizadas" da justiça, que estipulam a distribuição de riqueza ou receita conforme as características das pessoas (como os "menos favorecidos" de Rawls). Suponhamos, escreve Nozick, que todos numa comunidade igualitária decidam dar ao famoso desportista Wilt Chamberlain um quarto de dólar para fazê-lo jogar basquete. Isso proporcionaria a Chamberlain uma enorme fortuna – mas como manter o padrão sem frustrar a liberdade individual?

A legitimidade política, na verdade a legitimidade de todos os arranjos sociais, fundamenta-se para Nozick numa exigência absolutista de consenso voluntário. Como ele escreve, parafraseando Marx, "de cada um como escolhe, para cada um como é escolhido". Ou, de forma um pouco mais elaborada, "de cada um segundo escolhe fazer, para cada um segundo o que faz para si mesmo (talvez com a ajuda contratada de outros) e o que outros por ele fazem e resolvem lhe dar do que lhes foi previamente dado [...] e ainda não transferiram".[67] A regra principal é sempre o consenso individual livre. É óbvio que não se tem direito a uma bela mulher ou a um bonito marido só porque se necessita deste ou daquela; portanto, por que cargas d'água, pergunta Nozick, sente-se uma pessoa intitulada a uma receita de subsistência, só porque dela

---

[67] Robert Nozick, *Anarchy, State and Utopia*. New York, Basic Books, 1974, p. 160; em português: *Anarquia, Estado e Utopia*. Rio de Janeiro, Zahar, 1991.

necessita, se, para obtê-la, a liberdade dos outros tem de ser cerceada? Isso basta para velhos argumentos a respeito de necessidade e merecimento, e também quanto à tradicional ênfase social-liberal nas condições para a liberdade como autodesenvolvimento. Não espanta que essa espécie de rápido castigo tenha irritado intelectuais liberais nos Estados Unidos.[68] Para Nozick, a utopia só poderia ser (como ele explica na parte 3) uma condição libertária de negócios, com cada indivíduo escolhendo sua forma de vida.

Norberto Bobbio (nascido em 1909) é um ilustre teórico político. Amplamente traduzido na Alemanha, Espanha e América Latina, seus livros começam agora a receber a atenção que merecem na França e no mundo anglo-saxão. Pregando uma expansão da democracia para várias áreas da vida social, Bobbio afirma que a "passagem da democracia política para social-democracia" deveria ser considerada algo de melhor e mais viável do que propostas radicais de substituir a democracia representativa pela democracia direta. Em consequência, escreve, "o atual problema do desenvolvimento democrático já não se pode limitar apenas à questão de *quem* vota, mas de *onde* se vota".[69] O processo democrático de tomada de decisões fora da política e dos parlamentos é encarado com um bom complemento para as democracias liberais de nossos dias.

Bobbio adverte que não se deve transformar a democracia direta em fetiche. Pois nem os referendos, nem as assembleias populares, nem os mandatos imperativos de descendência rousseauniana são plenamente compatíveis com nosso ambiente moderno. Os referendos não teriam qualquer possibilidade de enfrentar toda a carga de

---

[68] Quanto a típicas críticas liberais, ver a resenha de Brian Barry em *Political Theory 3*, agosto de 1975. Para uma seleta crítica, ver Jeffrey Paul (ed.), *Reading Nozick: Essays on "Anarchy, State and Utopia"*. Oxford, Blackwell, 1982.

[69] Norberto Bobbio, *Quale Socialismo?*. Torino, Einaudi, 1976, p.15, 100; em português: *Qual Socialismo? – Debate sobre uma Alternativa*. Rio de Janeiro, Paz e Terra, 1983.

legislação complexa de uma sociedade tecnoburocrática; as assembleias populares são excluídas tendo em vista a escala demográfica da maioria dos países modernos. Os mandatos revogáveis poderiam ser vantajosos para o autoritarismo, e os mandatos imperativos já existem na forma de disciplina partidária parlamentar – em detrimento da democracia. Portanto, Bobbio concorda com o velho ataque de Kautsky contra o "democratismo doutrinário": na sociedade moderna, o ideal nobre, mas impraticável, do governo do povo *pelo povo*, revela-se uma "utopia reacionária".

Em O *Futuro da Democracia* (1984), Bobbio relaciona três obstáculos à democracia: o incremento de problemas políticos que requerem competência técnica para sua solução; a difusão da burocracia, instigada por exigências populares como as expressas pelo voto; e a própria pressão imposta por tais reivindicações sempre crescentes sobre a capacidade que assistiria aos governos de governar. Em resumo: tecnificação do governo, hipertrofia burocrática e queda da produção governamental.

Esses obstáculos, por sua vez, impedem a democracia moderna de liberar os bens que originalmente pretende: autogoverno transparente e fundado na cidadania autônoma. Disso advêm as "promessas não cumpridas" da democracia. Para começar, hoje em dia os atores politicamente importantes já não são indivíduos, mas grupos (como partidos e sindicatos). Enquanto a participação individual na escolha de representantes não passa de uma sombra do preceito liberal, a própria representação espelha o jogo de grupos de interesses *e não tem mais um caráter predominantemente político*. Por fim, a prática real das liberdades políticas não correspondeu ao sonho de Mill de educação através da democracia: a apatia, em vez do civismo inspirado, difundiu-se, largamente inculcada pelos *mass media* e pela indústria cultural.

Bobbio insiste em difundir tanta democracia quanto possível através de todo o tecido social. Esta combinação de realismo quanto aos limites de democracia e a busca de novos espaços democráticos levaram alguns críticos, notadamente o neomarxista Perry Anderson, a erroneamente interpretar a posição de Bobbio como um criptoconservadorismo.[70] Mas é essa própria ênfase na democracia que confere à categoria de liberalismo, própria ao pensamento de Bobbio, um sabor muito diferente das prévias encarnações italianas da ideia liberal, como o liberalismo econômico de Pareto e o liberalismo ético de Croce. O liberalismo de Bobbio é definitivamente de esquerda, como o de Gobetti, Rosselli e Calogero. Mas, diferentemente de todos eles, Bobbio atribui a primazia a um liberalismo de "direitos" aparentado com a tradição anglo-saxônica. Acima de tudo, Bobbio exibe algo de novo, em profundidade e em escala, com relação à época de Gobetti e Rosselli: uma nutrida polêmica com o marxismo.

O primeiro capítulo de *Qual Socialismo?* (1976) confronta a ausência, no marxismo, de uma teoria do Estado socialista e de democracia socialista. Por que motivo falta ao marxismo uma teoria do Estado? Bobbio pode pensar em duas razões. Em primeiro lugar, a *primazia do partido*. A verdade histórica consiste em que o movimento operário revelou-se mais interessado na conquista do poder do que em sua subsequente organização e exercício. Como consequência, devotou-se muita atenção ao partido revolucionário, mas praticamente nenhuma ao futuro Estado. Escreve Bobbio: "Se o Estado está destinado a desaparecer, o novo Estado oriundo das cinzas do Estado burguês destruído – a ditadura do proletariado – não passa de um Estado de transição. Se o novo Estado é transitório, e, portanto, efêmero, torna-se muito menos importante o problema do seu melhor funcionamento".[71] Por fim, Bobbio enfatizou que a forma pela qual o poder é conquistado não pode ser indiferente ao seu futuro exercício.

Em 1954, Bobbio entrou em choque com Galvano della Volpe (1895-1968), epistemologista marxista e

---

[70] Ver Perry Anderson, "The Affinities of Norberto Bobbio", *The New Left Review* 170, jul./ago. 1988, e minha refutação "Defensa de Bobbio", in: *Nexos* 1, Ciudad de México, 1988.

[71] Bobbio, *Quale Socialismo?* (ver nota 69 anterior), p. 10.

comentarista de Rousseau, quanto ao conceito de liberdade. Della Volpe salientara a necessidade de uma "maior liberdade" socialista muito além das liberdades civis de origem burguesa, que ele estigmatizou como puros "valores de classe". Bobbio convincentemente opôs-se a essa "identificação da doutrina liberal do Estado com uma ideologia burguesa do Estado". Insistindo em que reduzir os direitos civis a privilégios burgueses era cometer uma falácia genética, Bobbio declarou que a teoria liberal do Estado limitado – limitado ao mesmo tempo pelas garantias individuais e pelos controles institucionais – era uma barreira não apenas para a monarquia absoluta, "mas para qualquer outra forma de governo"; e que, visto que também era uma teoria do Estado *representativo*, o credo liberal significava a possibilidade de um acesso ao poder, aberto a todos os grupos sociais.[72]

A essência do pensamento político de Bobbio é um diálogo constante com os clássicos, de Platão, Aristóteles e Cícero a Weber e Kelsen. Tanto os antigos como também os primeiros clássicos modernos, como Maquiavel e Bodin, Althusius e Harrington, são encontrados em suas páginas com tanta frequência quanto Tocqueville e Mosca, Schumpeter, Dahl e Macpherson. Contudo, em Bobbio o constante diálogo com os mestres antigos da teoria política não é nunca uma repugnância à sociedade moderna, como foi, por exemplo, em Leo Strauss. A estrutura clássica é especialmente visível em *Estado, Governo, Sociedade* (1985), o que há de mais próximo, atualmente, de um compêndio ideal de teoria política moderno. Nele, Bobbio surge como um grande e sutil codificador, com muitas visões penetrantes acerca do pensamento político no conjunto da história ocidental.

---

[72] A resposta de Bobbio a Della Volpe, "Della Libertà dei Moderni Comparata a quella dei Posteri" (uma alusão espirituosa à famosa conferência de Constant) e o próprio texto de Della Volpe, "Il Problema della Libertà Egualitaria nello Sviluppo della Moderna Democrazia", estão reimpressos em Alessandro Passerin d'Entrèves (ed.), *La Libertà Politica*. Verona, Edizioni di Comunità, 1974.

Bobbio tem sido corretamente elogiado por haver "reorientado a teoria política italiana, desviando-a de sua preocupação tradicional, quase exclusiva, com jogos de poder (a linhagem maquiavélica) para um exame mais atento do Estado como um complexo institucional".[73] Mas também está muito alerta à distribuição *societária* do poder. Incorpora as observações de Mosca, no fim de sua *História das Doutrinas Políticas* (1933), quanto à resiliência e à desejabilidade de regimes em que os poderes político, ideológico e econômico estejam separados um do outro; e nota que o governo partidário monocrático do tipo leninista não manifesta distinção entre *regnum* e *sacerdotium*.

O bom Estado, segundo Bobbio, exibe cinco características. Primeiro, vive num ambiente *policrático*. Isso quer dizer que seu único monopólio de poder é o uso de força legítima – quanto ao resto, como um Estado liberal, resigna-se a ter perdido o monopólio da ideologia e da economia. Em segundo lugar, além de conhecer essas "limitações *ao*" poder estatal, ele também tem, não é preciso dizer, "limitações *do*" poder estatal: os pesos e contrapesos constitucionais, o conjunto de direitos civis invioláveis, e assim por diante. Em terceiro lugar, de um ponto de vista do direito público, é um Estado cujos súditos participam (não importa de que distância) na sua elaboração de normas; na linguagem kantiana de Kelsen, sua *nomogênese* é *autônoma*, não heterônoma. (Para Kelsen, o leitor se lembrará, é esse o sentido da democracia.) Em quarto lugar, é também democrático no sentido mínimo de que possui uma larga cidadania e de que seus cidadãos podem realmente escolher entre grupos políticos que competem em torno de postos temporários. E, em quinto lugar, é um Estado respeitoso dos direitos civis e cívicos, inclusive, é claro, dos direitos minoritários e da livre expressão de oposição.

Bobbio não é apenas um pensador político, mas um filósofo jurídico muito proeminente – um verdadeiro

---

[73] Anderson, "The Affinities of Norberto Bobbio" (ver nota 70 anterior).

sucessor de Kelsen e um igual de H. L. A. Hart. Antes de ensinar filosofia política em Turim, lecionou direito durante muitos anos (1938-1972) em Siena, Pádua e novamente em Turim. *Teoria della Norma Giuridica* (1958) e também *Dalla Struttura alla Funzione* (1977), entre outros, são marcos do pensamento jurídico moderno. *Dalla Struttura alla Funzione* é um audaz afastamento da abordagem estruturalista de Kelsen e Hart com o objetivo de compreender o novo papel desempenhado pelo direito no interior de uma paisagem social dominada pela economia mista e o Estado previdenciário.

Erudito completo, dominando o conjunto do quadro conceitual da teoria clássica, Bobbio investigou a história da ideia de sociedade civil a partir dos primeiros teóricos modernos do direito natural até Hegel e Gramsci. A aplicação por Bobbio do conceito a tendências modernas parte do agora familiar (e muito marxista) uso antitético: sociedade civil *versus* Estado. Em *Estado, Governo, Sociedade*, ele afirmou que o mundo contemporâneo testemunhou uma verdadeira *estatificação da sociedade* devido, *inter alia*, ao crescimento do Estado social. Por outro lado, o crescimento de grupos de interesse e organizações de massa capazes de pressionar o Estado e, muitas vezes, de participar de suas decisões *a latere* acarretou uma *socialização do Estado* igualmente enérgica. O comentário filosófico de Bobbio é impecável. Contrariamente à predição de Hegel, argumenta ele, não foi o Estado como uma totalidade ética que assumiu uma sociedade civil fragmentada. Em vez disso, numa grande medida, são as forças sociais de baixo que permearam a esfera mais alta da autoridade estatal.[74]

O elemento ascendente, o invasor social do Estado Moderno, tem com frequência uma natureza contratualista. Isso inspira mais um particularmente forte discernimento "jurídico" de Bobbio, tocando desta feita na

---

[74] Norberto Bobbio, *Stato, Governo, Società: Per una Teoria Generale della Politica*. Torino, Einaudi, 1985, p. 16, 41-42; em português: *Estado, Governo, Sociedade: Para uma Teoria Geral da Política*. Rio de Janeiro, Paz e Terra, 1988.

dicotomia *público-privado*, tão proeminente em direito. Weber divisara que há, por assim dizer, dois meios principais de alcançar decisões coletivas. Se é possível presumir que as partes sejam basicamente iguais no ponto de partida, prevalece o governo majoritário. Se não – como no *Ständestaat* medieval –, então os grupos de interesse tendem a estabelecer um acordo, evitando o jogo nulo de litígios resolvidos pela regra da maioria. Tendo em mente a política parlamentar italiana, Bobbio declara que essa lógica de acordo e (cripto)contrato verifica-se em muitos sistemas partidários hoje em dia, mais notadamente entre governos e forças sociais.[75] A alma do governo do Estado previdenciário é o contrato social.

Um ensaio inteiro em *O Futuro da Democracia*, "Contrato e Contratualismo no Debate de Hoje em Dia", estende-se sobre o crescente entrelaçamento da "lógica privatista do contrato" e a "lógica publicista da dominação". Mas, ao mesmo tempo, Bobbio se recusa a abrandar as diferenças entre o velho e o novo contratualismo. *Nossos* contratos sociais, adverte ele, nunca podem esquecer a base individualista da sociedade moderna – uma base, apressou-se a acrescentar, que não é mais "burguesa". Ele também assinala que o impulso ascendente da ideia do contrato social moderno implica uma base social muito mais ampla do que jamais foi permitido pelas relações de força (*rapports de force*) que prevaleciam no tempo dos castelos, guildas e Estados.

Tanto as dimensões políticas como legais da obra de Bobbio estão impregnadas de uma espécie moderna de social-liberalismo. De todos os contratualistas neoliberais vivos, Bobbio é o que mais se aproxima de uma combinação bem-sucedida entre busca da justiça e gosto pela igualdade no sentido forte de estruturas institucionais, tipos de regime, e seu respectivo valor, empiricamente avaliados. Ele não participa de qualquer porção da imediata

---

[75] Ibidem, p. 109; ver também Norberto Bobbio: *Il Futuro della Democrazia*. Torino, Einaudi, 1984, p. 132-38; em português: *O Futuro da Democracia: Uma Defesa das Regras do Jogo*, trad. Marco Aurélio Nogueira. Rio de Janeiro, Paz e Terra, 1989.

"estatofobia" de outros neoliberais, mais velhos (Hayek) ou mais jovens (Nozick) do que ele. A questão que Bobbio dirige à esquerda em geral – quais são as regras do governo? – não pode ser evitada pelos verdadeiros amigos da liberdade. Pois, como um de seus intérpretes mais competentes, Celso Lafer, observou, nenhum empenho pela libertação coletiva, por mais valioso que seja, pode jamais resolver automaticamente a questão torturante da *constitutio libertatis* – a natureza e estrutura do poder estatal.[76] Alguns tipos de Estado contêm controles institucionais do poder; outros simplesmente não os incluem em suas constituições. É porque compreende inteiramente esse fator que Bobbio afirma que *"toda democracia genuína é necessariamente uma democracia liberal"*.[77]

O liberalismo de Bobbio não cobre todos os principais problemas na agenda neoliberal. Se quisermos ponderar o papel do mercado ou as complicações do jogo internacional do poder, devemos antes voltar-nos para Hayek ou para Aron. Contudo, Bobbio fez algo de inestimável: ele reafirmou energicamente a ligação entre o liberalismo e a democracia. "A prática da democracia", diz ele, "é uma consequência histórica do liberalismo [...] todos os Estados democráticos existentes foram originalmente estados liberais". E Bobbio vê corretamente a atual redescoberta do liberalismo "como uma tentativa de justificação do liberalismo existente contra o socialismo existente".[78]

Enquanto nos anos do pós-guerra a humanidade comparou os muitos defeitos e as muitas deficiências da ordem liberal com as brilhantes promessas materiais e morais do programa socialista, quarenta anos mais tarde tornou-se impossível não levar em conta as desastrosas consequências do socialismo estatal e as imperfeições da

---

[76] Cf. Celso Lafer, *Ensaios sobre a Liberdade*. São Paulo, Perspectiva, 1980.

[77] Norberto Bobbio, *Política e Cultura* (ver nota 32 do capítulo 4), p. 178.

[78] Bobbio, *Il Futuro della Democrazia* (ver nota 75 anterior), p. 111.

social-democracia. Nos últimos anos da década de 1940, os socialismos fizeram o papel de juízes; nos últimos anos da década de 1980, eles próprios estão sendo julgados. Além disso, enquanto a comparação do pós-guerra foi um exercício de pensamento (já que um de seus termos era puramente ideal), a nossa está fadada a ser amplamente uma avaliação dos regimes alternativos existentes. Richard Bellamy diz que Bobbio enfrenta a seguinte questão: "que arranjos institucionais são necessários para que as pessoas não apenas mudem a sua condição social, mas para que optem por fazê-lo?".[79] Sua insistência na democracia real, sua compreensão da posição histórica do socialismo hoje em dia, alterada em relação às grandes expectativas do pós-guerra, podem irritar muitos radicais, mas elas permanecem a única oportunidade de sobrevivência para o liberal-socialismo como uma proposta significativa.

Nesse meio-tempo, as preocupações esquerdistas liberais de Bobbio acrescentam-se à resistência teórica às novas formas de liberalismo conservador. O ensaio de que extraímos nossa última citação, significativamente intitulado "Liberalismo: Vecchio e Nuovo", é de fato uma crítica breve dos liberalismos conservadores, vitorianos (Spencer) e contemporâneos (Hayek). Bobbio pretende que, negando ao Estado mesmo o menor propósito social, Spencer efetuou uma redução arbitrária do direito público a direito penal. Para Bobbio, como para Hegel, qualquer retraimento do direito público é sinal de decadência política, real (como no início da Idade Média) ou intelectual (como na teoria social de Spencer). Quanto a Hayek, Bobbio o ataca em virtude de sua ideia da história, tacitamente cíclica – seu ingênuo dualismo de boas e más fases (boas quando o Estado se retira; más sempre que cresce). Diferentemente de Rawls, o neocontratualismo de Bobbio desafia abertamente os neoliberais conservadores.

---

[79] Richard Bellamy, *Modern Italian Social Theory* (ver nota 31 do capítulo 4), p. 165-66.

Conclusão

O novo liberalismo de 1880 ou 1900 consistiu em três elementos essenciais: uma ênfase na liberdade positiva, uma preocupação com a justiça social e um desejo de substituir a economia do *laissez-faire*. Tal grupo de novos objetivos e pressupostos levou a uma nova visão política liberal, enquanto as velhas reivindicações de direitos individuais abriram espaço para exigências mais igualitárias. No período do entreguerras, esse liberalismo modificado recebeu novo impulso de vida graças a pensadores influentes como Kelsen e Keynes.

Em contraste, os triunfantes "neoliberalismos" de cerca de 1980 tinham uma mensagem muito diferente. Os neoliberais "hayekianos" tendem a desconfiar da liberdade positiva como uma permissão para o "construtivismo", julgam a justiça social um conceito desprovido de significado, defendem um retorno ao liberismo e recomendam um papel mínimo para o Estado. Quanto aos neocontratualistas que se alçaram à fama na década de 1970, alguns deles, como Rawls e Bobbio, estão espiritualmente próximos às inclinações igualitárias do novo liberalismo, enquanto outros, como Nozick, aparentam-se antes com os neoliberais. Também se podem interpretar os sociólogos liberais como pessoas que são sensíveis à nova dicotomia neoliberal. Enquanto Aron foi essencialmente o crítico do totalitarismo, partilhando muitos pressupostos ou prescrições liberais, a obra de Dahrendorf tomou corpo em reação à negligência neoliberal das reivindicações igualitárias.

Conclusão

Uma vista geral, mesmo tão necessariamente incompleta quanto esta, da história três vezes secular das ideias liberais mostra, acima de tudo, a impressionante *variedade* dos liberalismos: há vários tipos históricos de credo liberal e, não menos significantes, várias espécies de discurso liberal. Tal diversidade parece decorrer principalmente de duas fontes. Em primeiro lugar, há diferentes obstáculos à liberdade; o que assustava Locke – o absolutismo – já não era obviamente o que assustava Mill ou, ainda, Hayek. Em segundo lugar, há diferentes conceitos de liberdade, o que permite uma redefinição periódica do liberalismo.

Este livro tentou representar os delineamentos das principais linguagens e posições históricas do liberalismo. Iniciamos relembrando alguns elementos formativos, mais bem chamados *protoliberalismos*, e que remontam à primeira Idade Moderna ou mesmo, em alguns casos, à Idade Média ocidental, tais como a noção de direitos e as reivindicações de constitucionalismo, ou o humanismo da Renascença, como na ideologia cívica do primeiro republicanismo. O auge da primeira Idade Moderna, o Iluminismo, contribuiu com uma visão secular, progressiva da história, enquanto o movimento romântico subsequente salientou o valor do indivíduo.

O pensamento liberal clássico estabeleceu a doutrina construindo a teoria da liberdade moderna (Constant) e especificando a estrutura da ordem política livre, graças aos pais fundadores norte-americanos e sua redefinição do conceito de república em termos de governo representativo em larga escala. Entrementes, economistas clássicos, de Smith a Ricardo, legitimaram a liberdade econômica – outro tema principal do liberalismo em sua forma clássica. Além disso, os liberais clássicos acrescentaram dois novos focos: iniciaram a teorização da democracia, de Bentham a Tocqueville, e desenvolveram as preocupações libertárias do individualismo liberal, mais notadamente na obra de John Mill.

Em meados do século XIX, ocorreu uma importante inflexão na teoria liberal, quando o medo da democracia levou muitos pensadores proeminentes a defender um *liberalismo distintamente conservador*. Foi esta a posição que prevaleceu de Bagehot a Spencer. Esta posição compreendeu a maior parte das opiniões germânicas quanto ao *Rechtsstaat*, e também o impacto mais tardio dos influentes filósofos latinos Croce e Ortega. Falando em termos gerais, o liberalismo conservador produziu uma versão elitista da ideia liberal.

Os últimos anos do século XIX testemunharam um segundo importante desvio do paradigma clássico, desta feita no sentido das reivindicações igualitárias dos *novos liberais*, como afirmado por prestigiosos pensadores como Green, por volta de 1880, e Hobhouse, na altura de 1910. Muito de sua posição intelectual foi preservada pelos grandes liberais de esquerda do período do entreguerras, como Kelsen na Europa, Keynes na Inglaterra, e Dewey nos Estados Unidos. Os anos do pós-guerra assistiram à ascensão de uma crítica liberal do totalitarismo (a ser distinguida da crítica conservadora) nos escritos de Popper e de moralistas como Orwell, Camus e Berlin.

As últimas duas décadas tornaram manifesto um forte renascimento do liberalismo. Houve uma evidente retomada do discurso contratualista dos direitos, como em Rawls, Bobbio e Nozick. Uma escola muito diversa de pensamento desafiou a preocupação social do novo liberalismo, articulando uma poderosa defesa neoliberal do mercado e uma crítica convincente do burocratismo.

Na medida em que a investida neoliberal significa um regresso ao liberalismo, e até mesmo ao *laissez-faire*, esta parece estar muito bem entrincheirada numa época de liberalização corrente, como se tornou a nossa. No entanto, como os gloriosos acontecimentos na Europa Oriental em 1989 tornaram superlativamente claro, a vontade contemporânea de liberdade é um movimento amplo e parece valorizar a liberdade civil e política tanto quanto os mais altos padrões de vida dependentes de grandes influxos de liberdade econômica. Contudo, nem o surto ou o renascimento de mais liberdade econômica – a tendência *liberista* – significam o dobre de finados para impulsos igualitários, seja no campo da argumentação, seja na prática. Como foi observado por alguns distintos sociólogos como Aron e Dahrendorf, a nossa sociedade permanece caracterizada por uma dialética contínua, embora sempre em transformação, entre o crescimento da liberdade e o ímpeto em direção a uma maior igualdade – e disso a liberdade parece emergir mais forte do que enfraquecida.

CRONOLOGIA

1688	Revolução Gloriosa na Grã-Bretanha
1689	Locke, *Carta acerca da Tolerância*
1690	Locke, *Segundo Tratado*
1748	Montesquieu, *Do Espírito das Leis*
1762	Rousseau, *Contrato Social*
1775-1783	Revolução Americana
1776	Smith, *A Riqueza das Nações*
1787	Os Estados Unidos reúnem a Convenção Constitucional
1787-1788	*The Federalist Papers*
1789	Tomada da Bastilha; inicia-se a Revolução Francesa

Bentham, *Uma Introdução aos Princípios da Moral e da Legislação* |
| 1791 | Declaração de Direitos adotada nos Estados Unidos

Paine, *Os Direitos do Homem* |
1795	Kant, *A Paz Perpétua*
1799	Golpe do 18 Brumário na França: inicia-se o reinado de Napoleão I
1810-1816	Inicia-se a luta da Argentina pela independência
1814-1815	O Congresso de Viena cria a Confederação Germânica
1815	Napoleão derrotado em Waterloo

Constant, *Princípios de Política* |
1817	Ricardo, *Princípios de Economia Política*
1818	De Staël, *Considerações sobre a Revolução Francesa*
1820	James Mill, *Ensaio sobre o Governo*
1821	Napoleão morre em Santa Helena; o México conquista sua independência da Espanha
1828	Guizot, *História Geral da Civilização na Europa*
1830	Morre Simón Bolívar
1832	Aprovada na Grã-Bretanha a *Reform Bill*
1834-1848	Rotteck e Welcker, *Dicionário Político*
1835-1840	Tocqueville, *A Democracia na América*
1837	Vitória sobe ao trono britânico

1847-1853	Michelet, *História da Revolução: Da Queda da Bastilha à Festa de Federação*
1848	Revolução da França de 1848; tem início a Segunda República
1850	Herzen, *Da Outra Margem*
1852	Inicia-se o reinado de Napoleão III Humboldt, *Sobre os Limites do Estado* (obra póstuma)
1853	Nova Constituição promulgada na Argentina
1855-1861	Macaulay, *História da Inglaterra*
1859	John Stuart Mill, *Sobre a Liberdade* Jules Simon, *A Liberdade*
1860	Mazzini, *Os Deveres do Homem*
1861	John Stuart Mill, *Governo Representativo*
1867	Adotada na Inglaterra a *Reform Bill* Bagehot, *A Constituição Inglesa*
1868	Isabel II abdica e estabelece-se na Espanha uma monarquia constitucional
1871	Unificação da Alemanha
1884	Adotada na Grã-Bretanha a *Reform Bill* Spencer, *O Homem versus o Estado*
1885	Dicey, *A Lei da Constituição*
1886	Green, *Conferências sobre os Princípios da Obrigação Política*
1899	Bouglé, *Ideias Igualitárias*
1900	Jellinek, *Doutrina Geral do Estado*
1903	Renouvier, *Personalismo*
1906	Acton, *Conferências sobre História Moderna*
1909	Hobson, "A Crise do Liberalismo"
1911	Hobhouse, *Liberalismo*
1914-1918	Primeira Guerra Mundial
1917	Weber, *Parlamento e Governo*
1919	Assinatura do Tratado de Versalhes
1920	Kelsen, *Da Essência e do Valor da Democracia*
1924	Gobetti, *A Revolução Liberal*
1927	Mises, *Liberalismo* De Ruggiero, *História do Liberalismo Europeu*
1928	Rosselli, *Socialismo Liberal*
1929	Quebra da Bolsa de Valores nos Estados Unidos Ortega, *A Rebelião das Massas*

1930	Dewey, *Individualismo, Antigo e Novo*
1931	Keynes, *Ensaios em Persuasão*
1932	Croce, *História da Europa no Século XIX*
1933	Hitler ascende ao poder na Alemanha
1936-1939	Guerra Civil Espanhola
1939-1945	Segunda Guerra Mundial
1945	Popper, *A Sociedade Aberta e seus Inimigos*
1951	Camus, *O Homem Revoltado*
1958	Berlin, "Dois Conceitos de Liberdade"
1960	Hayek, *Os Fundamentos da Liberdade*
1962	Buchanan e Tullock, *O Cálculo do Consenso*
1965	Aron, *Um Ensaio sobre a Liberdade*
1971	Rawls, *Uma Teoria da Justiça*
1974	Nozick, *Anarquia, Estado e Utopia*
1979	Dahrendorf, *Oportunidades Vitais*
1984	Bobbio, *O Futuro da Democracia*
1987	Raz, *A Moralidade da Liberdade*

LEITURA COMPLEMENTAR

A bibliografia relativa ao liberalismo cresce mês a mês. As monografias, coletâneas e as sínteses históricas mencionadas nas notas aos cinco capítulos não voltarão a ser mencionadas aqui; em particular as histórias do liberalismo por De Ruggiero, Laski, Manning, Clarke, Girard, Mannent, Freeden e Burrow. Modernamente, podem se encontrar panoramas históricos em R. D. Cumming, *Human Nature and History: A Study of the Development of Liberal Political Thought* (Chicago, Chicago University Press, 1969); Nicola Matteuci, *Il Liberalismo in un Mondo in Trasformazione* (Bologna, Il Mulino, 1972); Massimo Salvadori, *The Liberal Heresy, Origins and Historical Development* (London, Macmillan, 1977); Georges Burdeau, *Le Libéralisme* (Paris, Seuil, 1979) e vol. 3 de Jean-Jacques Chevalier, *História do Pensamento Político* (Rio de Janeiro, Zahar Editores, 1982-1983). A abordagem de Salvadori, assim como o pequeno livro de J. Salwyn Schapiro, *Liberalism, Its Meaning and History* (New York, Van Nostrand, 1965), anterior a ele, concentra-se na ideologia social e na história das instituições liberais tanto quanto na teoria liberal. Esta é, por contraste, assunto do livro de Giuseppe Bedeschi, *Storia del Pensiero Liberale* (Bari, Laterza, 1990), uma história recente que cobre o liberalismo de Locke a Croce e Kelsen.

Reavaliações críticas do liberalismo escritas de um ponto de vista radical incluem Anthony Arblaster, *The Rise and Decline of Western Liberalism* (Oxford, Blackwell, 1984). Anterior a este, o livro de Robert Paul Wolff, *The Poverty of Liberalism* (Boston, Beacon Press, 1968), critica o pensamento liberal examinando os conceitos de liberdade, tolerância, lealdade e poder. O livro de Kirk F. Koerner, *Liberalism and its Critics* (London, Croom Helm, 1985), defende o liberalismo contra as críticas de Macpherson, Marcuse, Strauss e Oakeshott. O livro de John Gray, *Liberalism* (Milton Keynes, The Open University Press, 1986), acrescenta uma excelente análise conceitual da liberdade, mercado e Estado a um autorizado esboço histórico do pensamento liberal. O livro de John A. Hall, *Liberalism* (London, Paladin, 1987), é uma tentativa sóbria e penetrante de defesa moderada de ideias e instituições liberais em termos de sociologia histórica, embora também discuta as origens intelectuais da doutrina liberal.

A década de 1980 assistiu a notáveis respostas à restauração, por Rawls, do contratualismo. Enquanto o livro de Amy Gutman, *Liberal Equality* (Cambridge, Cambridge University Press, 1980), defendia um igualitarismo liberal próximo ao socialismo de mercado, Bruce Ackerman, em *Social Justice in the Liberal State* (New Haven, Yale University Press, 1980), retomava um contratualismo conjectural de forma extremada, imaginando um planeta de colonos pioneiros com sentimentos antiutilitários, nenhuma fortuna herdada e nenhum início de vida privilegiado. Por outro lado, a obra de Michael Sandel, *Liberalism and the Limits of Justice* (Cambridge, Cambridge University Press, 1982), questionava um princípio metafísico subjacente em tese a toda tradição liberal, inclusive à obra de Rawls: a prioridade ontológica do ego; e ele, por conseguinte, propõe uma substituição comunitária do individualismo liberal. A coletânea *Liberalism Reconsidered*, editada por Douglas Maclean e Claudia Mills (Totowa, New Jersey, Rowan & Allanheld, 1983), examina os pressupostos filosóficos do credo liberal em diversos ensaios. Entre outros, o livro conta com os autores Ronald Dworkin, Theda Skocpol e Christopher Lasch.

A obra de Harvey C. Mansfield, *The Spirit of Liberalism* (Cambridge, Harvard University Press, 1978), é um inteligente exame "straussiano" que termina com uma crítica ao "liberalismo" (*"cucumber liberalism"*) de Rawls e Nozick. O livro de Gottfried Dietze, *Liberalism Proper and Proper Liberalism* (Baltimore, Johns Hopkins University Press, 1985), examina Montesquieu, Smith, Kant e Jefferson como teóricos da liberdade responsável, respeitosa à lei. O livro de Michael Walzer, *Spheres of*

Justice: A Defense of Pluralism and Equality (New York, Basic Books, 1983), proporciona uma defesa nova e sensata da justiça distributiva fundada no pluralismo liberal. O mais insistente defensor do *liberalismo* com fundamentos libertários tem sido o discípulo americano de Mises, Murray Rothbard (*Man, Economy and State*, Menlo Park, California, Institute for Human Studies, 1970).

Os paladinos liberistas franceses são Guy Sorman (*La Solution Libérale* [Paris, Fayard, 1984]) e Henri Lepage (*Demain le Libéralisme* [Paris, Livre de Poche, 1980]). Serge-Cristophe Kolm (*Le Contrat Social Libéral* [Paris, PUF, 1983]) é mais igualitário, enquanto Jean-Marie Benoist (*Les Outils de la Liberté* [Paris, Laffont, 1985]) tende antes para uma vizinhança neoconservadora de pensamento. Os neoliberais franceses ainda na casa dos quarenta anos foram precedidos pela obra prolífica de Jean-François Revel, um crítico arguto do totalitarismo e do estatismo; mas, com exceção de Benoist, discutem o liberalismo de preferência como uma prática social, em vez de abordá-lo em suas premissas filosóficas. A política liberal também foi revista na Inglaterra por George Watson em *The Idea of Liberalism: Studies for a New Map of Politics* (London, Macmillan, 1985) e na América por Robert B. Reich em *The Resurgent Liberal and Other Unfashionable Prophecies* (New York, Random House, 1989). Finalmente, vale a pena mencionar que alguns desdobramentos da filosofia dita pós-moderna trataram da natureza de uma cultura liberal, mas conspicuamente na obra recente do filósofo americano Richard Rorty (*Contingency, Irony and Solidarity* [Cambridge, Cambridge University Press, 1989]).

Apêndice

O Autor[1]

José Guilherme Merquior estudou Direito e Filosofia no Rio de Janeiro antes de doutorar-se em Letras pela Universidade de Paris e em Sociologia pela London School of Economics and Political Science. Membro da Academia Brasileira de Letras, lecionou Ciência Política na Universidade de Brasília até 1982 e atuou como professor visitante no King's College, em Londres. Sua carreira diplomática o levou a Paris, Bonn, Londres, Montevidéu e Cidade do México, onde foi embaixador brasileiro de 1987 a 1989.

Escreveu, entre outras obras, *Rousseau and Weber: Two Studies in the Theory of Legitimacy* (1990), *Foucault* (1980) e *Western Marxism* (1986). Foi traduzido para várias línguas.

Atualmente ocupa o cargo de embaixador junto à Unesco, em Paris. O dr. Merquior é casado e tem dois filhos.

---

[1] Nota biográfica publicada na edição original, *Liberalism, Old and New*, em 1991. Como se trata de um documento, decidimos mantê-la sem fazer nenhum ajuste relativo a datas.

O Renascimento da Teoria Política Francesa[2]

José Guilherme Merquior

Luc Ferry e Alain Renaut: *La Pensée 68 – Essai sur L'Anti-humanisme Contemporain*, 1985, 293 páginas.

Luc Ferry: *Philosophie Politique*, vol. 1, *Le Droit: la Nouvelle Querelle des Anciens et des Modernes*, Paris, PUF, 1984, 183 páginas; vol. 2, *Le Système des Philosophies de l'Histoire*, Paris, PUF, 1984, 245 páginas; vol. 3, *Des Droits de l'Homme à l'Idée Républicaine*, Paris, PUF, 1985, 181 páginas.

Tornou-se coisa notória, entre os que conhecem o pensamento francês, que sua característica nos anos 80 tem sido uma repulsa às devoções estruturalistas e pós-estruturalistas. O que agora é amplamente conhecido é que o aspecto mais criativo dessa repulsa tomou a forma de um significativo ressurgimento da filosofia política. Seus protagonistas são dois jovens *agrégés de philo*, Luc Ferry e Alain Renaut. Eles respectivamente ensinam em Lyon e Nantes, mas fazem parte – com H. Wisman e Marcel Gauchet, um editor do jornal da Gallimard *Le Débat* – de um informal *collège de philosophie* em Paris. Abriram seu caminho para a fama entre os intelectuais parisienses

---

[2] Resenha publicada no número especial da *Revista Tempo Brasileiro* (109, abril/junho, 1992) dedicado à memória de José Guilherme Merquior. Agradecemos a Eduardo Portella a autorização para sua publicação, assim como dos textos que compõem esta fortuna crítica. Resenha traduzida por Henrique de Araújo Mesquita e Joaquim Ponce Leal.

com um trabalho conjunto, *La Pensée 68 – Essai sur l'Anti-humanisme Contemporain,* que logo atraiu muito fogo (ainda que pouca luz) dos campos pós-estruturalistas. Como um *succès de scandale, La Pensée 68* já parece obra destinada a ultrapassar o impacto da efêmera *nouvelle philosophie* nos últimos anos da década de 70. Contudo, como uma crítica da fé estruturalista representa precisamente a *pars destruens* de um esforço teórico mais amplo, incorporado nos três volumes da *Philosophie Politique* de Luc Ferry (o terceiro volume, sobre os direitos do homem, publicado em 1985, vem assinado por Ferry e Renaut). Tentarei transmitir o núcleo do argumento de ambos os livros.

Ao começo da *Pensée 68,* Ferry e Renaut previnem que a obra não abrange toda a filosofia francesa em meados e nos fins da década de 1960: não discute nem Ricoeur nem Lévinas, e, ao fim e ao cabo, não examina a incansável pesquisa de Raymond Aron sobre os mitos ideológicos. O que se tem em mente por "pensamento 68" é um conjunto de teorias lançadas entre 1965 e 1969, e que consistem nos trabalhos de Althusser, Foucault, Lacan, Bourdieu, Deleuze e Derrida. A ligação entre tais estrelas estruturalistas, paraestruturalistas e pós-estruturalistas e aquele famoso *annus mirabilis* da história política francesa foi frequentemente reconhecida por eles próprios, como quando Derrida, num colóquio em Nova Iorque, em outubro de 1968, referiu-se a *"les événements"* como "um novo horizonte histórico e político que condicionava e motivava o pensamento criativo francês.[3]

Contudo, nem todos esses gurus gostavam da revolta dos estudantes. Lacan, por exemplo – de grande influência na metamorfose do estruturalismo em pós-estruturalismo – permaneceu distante, enquanto Althusser partilhou as desconfianças que os comunistas tinham do movimento de maio. Para Ferry e Renaut, a essência do pensamento de 68 é seu anti-humanismo. A mais alta

---

[3] Jacques Derrida, "Les Fins de l'Homme", *Margins of Philosophy.* Chicago University Press, 1982 (1972).

sabedoria consistia, portanto, nas palavras de Althusser, na "eliminação da categoria do sujeito".[4] No entanto, paradoxalmente, os *slogans* de maio soaram como uma defesa apaixonada do homem contra o sistema em todas as esferas: sociedade, universidade, partido. Não se deverá interpretar isso como uma posição humanista?...

Para esclarecer as coisas, os autores se empenham numa ardente revisão das interpretações de maio de 68. Começam por notar o contraste entre a linguagem pública do protesto de maio e o atual recuo para interesses particulares. Mas qual foi o significado básico de maio: foi uma crise da civilização, como André Malraux, ou – no ponto de vista de Alain Touraine – uma nova espécie de conflito de classes? Foi, como Sartre disse a *Der Spiegel*, o levante da esquerda *social*, a sublevação da esquerda *social*, além e contra o aparelho da esquerda no *establishment* político? Será que ela realmente abriu, como Castoriadis pomposamente afirmou, uma nova idade na história mundial?

Ferry e Renaut preferem ater-se a asserções menos ambiciosas. Para Régis Debray, escrevendo com a compreensão de uma década de distância, o papel da revolta de maio foi o de introduzir os novos costumes "liberados" exigidos pela sociedade de consumo do industrialismo avançado. Isso é uma explicação grosseiramente teleológica e que tende, além disso, a ignorar a especificidade do contexto histórico gauliano; mas, ao menos, é dotada de um poder descritivo mais rico do que o excesso de entusiasmo de Lefort com a ajuda dos cânticos arendtianos à força fundadora da "ação" sobre a brecha *(la brèche)*, o cintilar da liberdade sustentado pela "nova desordem" de maio. Ferry e Renaut, sensatamente, atribuíram um valor maior ao pluralismo causal equilibrado de Aron, que tentou compreender e explicar maio de 1968 sem reduzir os acontecimentos a uma poderosíssima causa única, tal como a lógica do capital na análise de Debray.

---

[4] Louis Althusser, *Lenin and Philosophy*. London, New Left Books, 1971 (1969).

Não obstante, sentiam-se próximos de uma outra explicação por um simples fator, professada por Gilles Lipovetsky:[5] maio foi um cume e uma abertura num longo processo secular que conduzia a uma sociedade democrática fundada na soberania do indivíduo. Para Lipovetsky, os costumes hedonistas e permissivos que Debray discerniu como resultado da evolução de um capitalismo cego refletem a lógica da democracia. O próprio modernismo – a cultura antinômica que os conservadores culturais como Daniel Bell consideram uma ameaça à ordem liberal – aparece como um igualitarismo estético jungido ao individualismo da cultura social da alta modernidade.

Ferry e Renaut seguem Lipovetsky em encarar a cultura contemporânea como uma patuscada expressivista, narcisista, na qual o ego espontâneo substitui o temporário pelo voluntário. Portanto, um desenfreado individualismo desbasta o caminho para o anti-humanismo, pois o sujeito estável é solapado pelo frenesi hedônico-libertário. Humanismo, explicam os autores, em recente entrevista ao *Débat*,[6] significa acima de tudo *autonomia*. É o credo do sujeito moderno, em última instância livre de qualquer autoridade transcendental. O individualismo, por outro lado, substituiu a autonomia pela *heteronomia* – ele evita todas as normas, denunciadas como repressivas. Logo, o individualismo não é de qualquer maneira um humanismo e a linguagem hiper-libertária de maio de 1968 não contradiz a feroz expressão antissujeito da *pensée soixante-huitarde*.

Atrás da maior parte disso pairava a grande sombra de Heidegger. Foi Heidegger quem pôs de lado o humanismo como a terra sáfara de *die Technik,* a penúria humana imposta à modernidade pela teimosa asserção do caprichoso sujeito. Mas, mais geralmente, Ferry e Renaut moldam o padrão do pensamento de 68 mediante quatro traços. Em primeiro lugar vem o tema do fim da filosofia: uma necessidade (novamente muito

---

[5] Gilles Lipovetsky, *L'Ere du Vide*. Paris, Gallimard, 1983.
[6] *Débat,* março de 1986.

heideggeriana) de demolir a tradição filosófica. Em segundo lugar, há o impulso genealógico que pergunta, à moda de Nietzsche, "quem?", em vez de perguntar "que?". Em terceiro lugar, temos a vontade de dissolver o conceito de verdade. E, por fim, há uma proibição difundida dos universais, porque todos os anti-humanistas modernos são relativistas.

A joia mais cintilante em tal relativismo foi a clara negação por Foucault de continuidades na história da psiquiatria, do conhecimento e da penologia. Numa nota de rodapé, Ferry e Renaut saem-se bem concordando com a crítica de Aron a Paul Veyne, o autor versado nos clássicos que se tornou um epistemologista seduzido por Foucault; porque, como Aron mostra, a rejeição radical da unidade histórica por Veyne solapa nada menos do que a própria inteligibilidade histórica. Mas também nesse ponto nossos autores contribuem com análises originais. Entre as ideias que apresentam, uma das mais convincentes é a de que a razão, entre outras, por que o pensamento francês na década de 1960 voltou-se para Heidegger, residiu em que a visão "epocal" do mestre de Freiburg proporcionava alguma coisa que faltava ao estruturalismo de Lévi-Strauss, a saber, uma história de estruturas tão distantes quanto possível da historicidade sartreana, que lembrava tanto ao abominável sujeito consciente.

Quando a poesia simbolista de Mallarmé invadiu a Alemanha do *fin de siècle,* alguns homens de espírito falaram em *Gallia capta sed victrix.* Foi tão grande a influência de Husserl e de Heidegger na filosofia francesa desde a guerra que se sente tentado a inverter a brincadeira e dizer *Germania capta sed victrix.* Mas, *La Pensée 68* o faz com ênfase. Compreendendo a natureza epigônica da maior parte da grande teoria francesa, Ferry e Renaut não se contentam em assinalar a remoldagem de motivos teutônicos. Corretamente, eles caracterizam os ecos gálicos da filosofia germânica como uma inteligente *retorização* do pensamento, como quando agudamente descrevem a desconstrução de Derrida como uma "simbolização" da busca de Heidegger pela diferença ontológica.

Eles são igualmente convincentes em suas observações sobre o estilo do pensamento (pós) estruturalista: sua obscuridade voluntária, seu amor da "marginalidade", suas cansativas classificações maniqueístas. As citações apropriadas que eles fizeram permitem ao leitor localizar muitos absurdos atrás de toda a destruição do sujeito e posicionamento radical dos gurus de Saint-Germain de ontem. Lyotard, particularmente, recebe o que merece como uma espécie de novo vulgarizador de diversas maneiras preconcebidas de ver e de clichês do espírito anti-humanista.

La Pensée 68 desenvolve-se mediante vivas discussões críticas de Foucault (sob o rótulo de "nietzscheanismo francês"), Derrida ("heideggerianismo francês"), Bourdieu ("marxismo francês") e Lacan ("freudismo francês").[7] O capítulo sobre Foucault endossa uma crítica importante primeiro lançada por Gladys Swain e Marcel Gauchet em seu livro de 1980 sobre a relação entre o asilo e a revolução democrática, mas que, de alguma maneira, escapou à minha atenção em minha própria crítica de Foucault.[8] Segundo Swain e Gauchet, se foi apenas com a modernidade que a loucura se tornou um problema social, como afirmado por Foucault em *Loucura e Civilização* (1961), não se deu isso, como o quer Foucault, porque para nós, modernos, a loucura significa alteridade e como tal representa alguma coisa que é impossível à razão moderna assimilar (ver Heidegger: a razão moderna desaloja toda "diferença"). Antes, é porque na visão moderna o louco é um *alter ego*; para o espírito moderno, e somente para ele, o louco é um outro *homem*. Assim, o fundamento da psiquiatria não é uma alteridade de pária, mas uma humanidade comum – e a ideia do asilo espelha o utopianismo democrático de uma sociedade que quer estabelecer-se segundo o que o homem tem de melhor em sua natureza em vez de ser regida pela tradição.

---

[7] *La Pensée 68*, p. 185 e 191.

[8] José Guilherme Merquior, *Foucault*. London, Fontana, 1985.

Já foi mencionada a crítica de Ferry e Renaut a Derrida. Não é menos eficaz o capítulo que escrevem sobre Bourdieu. Mostra-se que a sociologia de Bourdieu só resulta numa substituição verbal daquilo que combate o determinismo de Althusser. Termina por ser ainda outra (e dotada de seu jargão) versão elegante de marxismo vulgar, na frase de Philippe Raynaud.[9] Por exemplo, em seu ensaio sobre Heidegger (1975), Bourdieu, como Adorno antes dele, procura explicar o erguimento da antologia de Heidegger, com a sua ênfase na apreensão do Ser e em "autenticidade", pelo interesse de classe de uma *Bildungsbürgertum,* os círculos acadêmicos na República de Weimar, social e economicamente ameaçados. Bourdieu insiste no dever de analisar a "alquimia" complexa que leva à sublimação de tal interesse de classe em ontologia irracionalista. Sua insistência, no entanto, não proporciona mais do que soluções verbais para o problema de evitar reducionismo, e os críticos estão muito certos ao dizer que, no fundo, a análise de Bourdieu permanece tão reducionista quanto a maioria das abordagens marxistas.

Esboçando uma crítica "popperiana" do método de Bourdieu, Ferry e Renaut acentuam as suas quedas constantes em afirmações que não são falsificáveis. Isso é especialmente visível em *La Distinction* (1981) e nossos autores, recorrendo ainda uma vez ao ataque devastador de Philippe Raynaud, não estão acima de fazer graça com as tergiversações de Bourdieu. Um excelente exemplo trata da análise de menus de classe média em *La Distiction.* Nesse ponto, Bourdieu se enterra num atrevido jogo de cara – eu venço – coroa – você perde – sofístico: se, ele diz, o burguês escolhe comer *andouillettes,* ele o faz apenas "para parecer gente comum" – um esnobismo burguês típico; por outro lado, se o mesmo burguês opta por salmão defumado, ele atua, é claro, como um inequívoco... burguês. Daí surge a questão: como é possível, dado tal dilema, que Bourdieu ainda não tenha morrido de fome?

---

[9] Ver *Espirit*, março de 1980.

Deixando Bourdieu com a sua dieta que é impossível e que, contudo, ele mesmo escolhe, Ferry e Renaut dão alguns bons golpes em Lacan, o homem que mais fez para aleijar o ego freudiano. Não lhes é difícil mostrar como esse movimento antiego contraria a letra, para não se falar no espírito, do ideal do próprio Freud em psicanálise. Redefinindo o sujeito a quilômetros de distância do ego, Lacan uniu-se à fobia pelo sujeito dos anti-humanistas em tudo a não ser a sua própria terminologia.

La Pensée 68 sugere que podemos botar o passivo *Dasein* de Heidegger e os determinismos sociológicos, como o de Bourdieu, no mesmo saco: a história que se conta é sempre a da morte do sujeito autônomo. Como o sujeito acéfalo de Lacan ou as "máquinas de desejar"[10] de Deleuze, o *Dasein* e sua prole teórica mais direta espelham, cada qual por sua vez, o indivíduo contemporâneo tal como retratado por Lipovetsky: são todos figuras de sujeitos zumbis, agravações patéticas do tipo de caráter dirigido por outrem que Riesman acha ser o cidadão natural das sociedades liberais afluentes.

Contudo, para Ferry e Renaut não nos é possível lançar ao mar a ética do Iluminismo. Embora, é claro, não haja retorno direto ao Século da Luzes, continuamos a necessitar de valores como a autonomia e o universalismo, tanto por causa da razão quanto por causa da liberdade. A posição deles neste ponto apresenta um grau de convergência com a brava polêmica de Habermas com arquirrelativistas como Foucault e Derrida.

Lançaremos um segundo olhar sobre o paralelo entre esses novos pensadores franceses e o mestre da "teoria crítica", quando considerarmos a *pars construens* do trabalho deles, a *Philosophie Politique*. Pelo momento, que nos seja permitido abandonar *La Pensée 68* reconhecendo o valor de sua apreciação crítica do estruturalismo e do pós-estruturalismo. Como um todo, o livro de Ferry e Renaut equivale a um verdadeiro *coup de grâce*

---

[10] Gilles Deleuze e Félix Guattari, *Anti-Oedipe: Capitalisme et Schizophrenic*. Paris, Minuit, 1972.

numa teoria na moda, ou ainda melhor, num modismo intelectual que muito necessita ser sepultado; e não é o menor dos méritos deles mostrar que, a despeito de toda a pompa do "pós-modernismo", o pós-estruturalismo de Foucault, Derrida ou Lyotard são basicamente tão vazios quanto os seus precursores imediatos, os discursos do estruturalismo francês clássico.

Há apenas dois pontos em que tenho de objetar à sua excelente crítica. O primeiro se refere ao relativismo (item quatro de sua lista de temas estruturais do pensamento de 68). Como tentei indicar numa recente crítica do estruturalismo e do pós-estruturalismo, o estruturalismo clássico não era de modo nenhum relativista.[11] Na verdade, o objetivo da antropologia estrutural de Lévi-Strauss é o de recuperar nessa ciência social a sua preocupação inicial com os universais humanos. Nesse sentido, a antropologia estrutural era tão universalista quanto a psicanálise clássica, e vale a pena sublinhar que Lacan também não era relativista. O afastamento dos universais só tem início com Foucault e Derrida – os mestres nietzscheanos do pós-estruturalismo. Com eles, a modificação das premissas estruturalistas chega a seu inteiro desenvolvimento. Eu assim faço essa observação como um condicionamento, e não como uma recusa da ideia de que o afastamento dos universais deva ser considerado como um traço definidor do pensamento francês da década de 1960.

Meu segundo ponto ainda é mais um mero condicionamento, uma vez que é em grande parte semântico. O que Ferry e Renaut, seguindo Lipovetsky, querem dizer com "individualismo" é um fenômeno tão feio quanto o que Christopher Lasch tão famosamente denunciou como a cultura do narcisismo. Contudo, na própria França há uma tradição de empregar o individualismo de um modo não derrogatório. Isso pode ser facilmente documentado, relembrando a teoria social do século XIX.

---

[11] José Guilherme Merquior, *From Prague to Paris*. London, Verso, 1986.

Assim, enquanto liberais como Tocqueville algumas vezes usaram a palavra num sentido pejorativo, solidaristas como Durkheim timbraram em fazer uma distinção entre individualismo como uma corrente normal da sociedade moderna e suas formas anômicas mórbidas. Agora, a oposição estabelecida em *La Pensée 68* entre humanismo e individualismo é bastante infeliz em sua formulação (embora não em substância), já que terminologicamente deixa de distinguir a (boa) espécie de individualismo da outra, e de reconhecer a legitimidade da primeira. Afinal de contas, o humanismo, como o *éthos* ideal do sujeito autônomo, só pode florescer numa cultura altamente individualista – embora não narcisista. Marcá-lo de outra forma equivale a convidar a sugestão de que há algo intrinsecamente errado na base social da cultura moderna, isto é, que é o seu próprio princípio, e não apenas o *statu quo* social, que é profundamente defeituoso – uma ideia romântica certamente de muita atração tanto para os críticos conservadores como socialistas, mas, tal como são as coisas, ainda desprovida de substância.

Historicismo *versus* Modernidade

O abrir fogo da *Philosophie Politique* de Luc Ferry é uma revigorante crítica da corrente antimoderna no pensamento contemporâneo. Seus dois alvos principais dificilmente poderiam ser melhor escolhidos: são Martin Heidegger e Leo Strauss. A decisão de Ferry de combater esses dois notáveis defensores do clássico (e, no caso de Heidegger, até mesmo do arcaico) contra a modernidade é ainda mais interessante porque ele com os dois partilham pelo menos uma posição: seu sólido anti-historicismo, sua inflexível rejeição do pensamento à moda de Hegel. Como Strauss, Ferry se coloca firmemente contra a transformação de valores na história e define o historicismo como uma tentativa de negar a irredutível diferença entre *Sein* e *Sollen*.[12]

---

[12] Luc Ferry, *Philosophic Politique*, op. cit., p. 42.

Para Heidegger, a metafísica era a alma da modernidade. Mas metafísica, por outro lado, significa a apoteose da vontade de poder identificada com o assalto da tecnologia. Quanto à razão moderna, ela incorpora o mesmo domínio de uma subjetividade obstinada e opressiva. Os coletivismos modernos não passam dessa subjetividade em grandes letras.

Strauss divisou o mal moderno a uma luz diferente. Para ele, a modernidade significou a prevalência da história sobre a natureza. Mas, por outro lado, o historicismo equivalia ao positivismo. O positivismo straussiano, contudo, não é cientificismo: ao contrário, salienta ideais e valores como alguma coisa, por definição, fora do escopo da razão. Ele, de modo que foi famoso, classificou Max Weber de "positivista", porque Weber colocou valores e seus conflitos além do campo da ciência; na verdade, Weber havia de fato de uma vez só requerido liberdade de valores na pesquisa e *valores declarados livres de demonstrabilidade científica* – aos olhos de Strauss um pecado capital.

Acima de tudo, Strauss viu a substituição da natureza pela história como um padrão de valor e uma perda de objetividade. Para ele a teoria política havia permanecido "clássica", isto é, sábia, enquanto acreditara, como Platão e Aristóteles, mas como Maquiavel ou Hobbes não acreditaram, num nobre *télos* da ação humana.

Para Strauss, o poder cognitivo e a força normativa estão inextricavelmente ligados. Mas a norma é, em sua opinião, "natureza", isto é, um reino objetivo que transcende toda a subjetividade. Desde que se entregue a norma à opção objetiva, o verdadeiro padrão de valor se perde.

Ora, isso lembra fortemente o retrato que Heidegger traçava da Grécia (arcaica) como um mundo a que faltava subjetividade. Com bastante agudeza, Ferry nota que Heidegger partilha a imagem que Hegel tinha da Grécia antiga como sendo uma época em que a liberdade não possuía profundidade interna – excetuando o pensar de Hegel, segundo o qual essa que seria uma desvantagem com relação ao cristianismo, torna-se agora uma virtude e um ponto positivo. Portanto, existe um fundo heideggeriano subjacente ao ataque de Strauss ao historicismo "positivista", porque o positivismo brota da ruptura do *télos* transcendental.

O problema consiste em que, numa tal perspectiva, não há lugar para alguma coisa que Ferry corretamente considera crucial para a defesa apropriada da liberdade moderna: os direitos do homem. Pois quando a norma é concebida como parte da "natureza", a justiça torna-se um equilíbrio cósmico, e não algo que nasce de uma força interior da razão subjetiva. "No mundo grego", diz Ferry, seguindo o jurista historiador Michel Villey, "não há obviamente lugar para o que chamamos atualmente de direitos humanos": a lei era vista como um remédio social destinado à restauração da ordem natural e, como tal, estava longe de ser entendida como uma norma de comportamento.

Desta forma, o antimoderno Strauss deixa de ver que a "natureza" não apenas obsta a "história" – ela também bloqueia os direitos. Strauss coloca uma alternativa demasiado estreita entre a ética arcaica da "natureza" e um vil "realismo histórico" ditado pelo colapso do direito natural clássico nas mãos do historicismo. A lição moral é clara: deve haver uma maneira de rejeitar o historicismo sem sufocar o próprio princípio da modernidade: subjetividade, aliás, autonomia. O direito natural de Strauss (o bem que ele opõe à história – o mal) é demasiado desumano. Consequentemente, a forma de evitar as suas imperfeições está no humanismo, a teoria do sujeito autônomo.

E entra neste ponto o próprio herói de Ferry, Fichte. Ele não era, segundo nos dizem, em absoluto, um arquissubjetivista. Os estudos de Alexis Philonenko põem um ponto final em tal tolice. O que deu tal impressão a tantos, e por tanto tempo, foi o fato de que Fichte – que, de qualquer forma, não é o mais claro dos escritores – começa do ego absoluto como um primeiro princípio. Não é assim, afirma Philonenko: a filosofia de Fichte partiu do ego absoluto *como uma ilusão transcendental*, à moda dos bem conhecidos paralogismos de Kant da razão pura. A verdadeira mensagem de Fichte é bastante diferente. Consiste em ter mudado o problema da *intersubjetividade*, que Kant pôs em primeiro lugar em sua estética, para o campo do direito e da política.[13] Assim ele descreveu a constituição da intersubjetividade logo no início de seu tratado sobre direito natural. Estamos longe da adoração idealista do que caracteriza o eu – tudo bem contado, Fichte começou sua segunda conferência *On the Vocation of the Scholar* anunciando sua intenção de refutar os "egoístas", quer dizer, os idealistas. O que ele parece esboçar é antes este hino de Habermas ao diálogo. E como não podemos ter diálogos sem verdadeiros sujeitos, temos aqui o que tristemente faltava tanto a Strauss como a Heidegger.

A despeito de seu regresso a Fichte, Ferry termina o seu primeiro volume com uma afirmação de que as críticas de Hegel ao eticismo em teoria social estão longe de ser tolas. Em outras palavras: se devemos adequadamente vencer o historicismo, seria melhor que nos igualássemos à sutileza da filosofia da história de Hegel. Por isso, o segundo volume de *Philosophie Positive* é inteiramente devotado ao estudo "dos sistemas das filosofias da história". Estes últimos se enquadram, na opinião de Ferry, em cinco modelos, que equivalem a um número igual de "ontologias da história". Em primeiro lugar, há um modelo *teórico*. Seu paradigma é o hiper-racionalista modelo hegeliano, que declara a racionalidade de toda história já que diz que o racional emerge daquilo que parece se lhe opor (o famoso mecanismo da "astúcia da razão"). Para Ferry, o historicismo hegeliano sob esse aspecto não está distante do progressivismo do pensamento liberal clássico. A astúcia da razão é uma prima conceitual da mão invisível. Falando politicamente, leva ao quietismo, e, diferentemente daqueles que veem na dialética de Hegel o berço da revolução, Ferry mantém o seu Hegel "muito mais próximo de Montesquieu do que de Stalin".

---

[13] Ibidem, p. 139.

No segundo, modelo *prático* de filosofia da história, *a práxis* é que está no centro. Os homens são vistos transformar a realidade no nome de uma fé moral que os constrange, embora nada garanta que seu programa será cumprido. É Fichte naturalmente o pensador que se associa normalmente com uma tal opinião. O terceiro modelo sonha com uma síntese das espécies teórica e prática. A teoria e a prática são unidas numa ciência revolucionária e de determinação da ação humana. O marxismo foi, desde o início, uma tentativa no sentido de uma tal síntese.

Um quarto modelo encara a história como nem racional nem amoldável: os eventos são vistos como estranhamente desprovidos de causa, uma misteriosa epifania do Ser. É Heidegger, nesse setor, naturalmente o mestre filósofo. Finalmente, há um quinto modelo. Ao contrário do terceiro, do modelo marxista, não procura combinar as ontologias teórica e prática da história. Ao contrário do quarto, heideggeriano, não os tenta abolir. Diferentemente, tenta limitá-los e uni-los. Por um lado, esse modelo de filosofia da história procura evitar a *hybris* racionalista do modelo hegeliano sem abandonar o ideal de explicar a história. Por outro lado, tenta evitar o terrorismo potencial da visão eticista (um perigo classicamente denunciado por Hegel) sem abandonar a avaliação ética da história.

Ferry pensa que os elementos de um tão saudável modelo de filosofia da história podem ser encontrados em Kant. Com Alain Renaut, ele vem escrevendo, de forma iluminadora, sobre a oportunidade de um "regresso a Kant".[14] Numa época de historicismos decadentes, o uso crítico da razão, jungido a um sentimento forte de ética universalista, parece a única maneira de evitar os alçapões de bulhento irracionalismo. De qualquer forma, uma longa seção final do segundo volume de Ferry tem o propósito de interpretar o pensamento do jovem Fichte como um prelúdio a um "sistema crítico" dos modelos básicos da filosofia da história. Uma grande parte dessa

---

[14] Ver Luc Ferry e Alain Renaut, "D'un Retour à Kant", *Système et Critique*. Brussels, Ousia, 1984.

seção é pesada para o leitor médio de teoria política, porque Ferry se empenha numa cuidadosa discussão de Kant e Fichte sobre a antinomia da liberdade e do determinismo, que culmina numa concentração brilhante da fenomenologia do corpo de Fichte.[15] Ainda assim, esse é um preço a ser pago com alegria, porque em tais perquirições, em forma de exegese, a prosa filosófica francesa recupera um grau de clareza e de coerência tristemente perdido desde que se ergueu o estruturalês.

Deve-se enfatizar que a assim chamada *nouvelle philosophie* – a liquidação de dogmas esquerdistas que, em linhas grossas, corresponde à maré baixa do estruturalismo – reagiu muitas vezes à ideologia marxista com as doutrinas contraideológicas mais grosseiras. Uma delas, divulgada por André Glucksmann no livro *The Master Thinkers,* apresentou os grandes metafísicos do idealismo clássico como ancestrais diretos do totalitarismo moderno.[16] Ferry e Renaut, embrenhados como estão, tanto como comentaristas como quanto tradutores, nos textos do idealismo alemão, não se preocupam em discutir tais frívolas rotulações da história da filosofia; mas a *Philosophie Politique* deles certamente proporciona uma soberba, embora tácita, refutação de indiciamentos apressados de clássicos idealistas.

Não obstante, eu me pergunto se Ferry foi tão generoso com Hegel como o foi com Kant e Fichte. O que sinto é que o historicismo de Hegel representa demasiado o papel de vilão tanto na *Philosophie Politique* quanto em *Système et Critique*. Não há dúvida de que a relação super-racionalista, necessitária da história declarada ou implícita em vários pontos por Hegel, não se aguenta. Mas dever-se-ia despender algum esforço para reconhecer o escopo e a profundidade de sua grande tentativa em elucidar a direção da história. O historicismo de Hegel poderia falhar como uma expressão convincente de uma alegada *lógica* da história sem necessariamente ser

---

[15] Johann Gottlieb Fichte, *The Basis of Natural Right*, 1796, cap. 2.
[16] André Glucksmann, *The Master Thinkers*, Paris, 1977.

prejudicado como uma compreensão astuciosa da *significação* da experiência ocidental. Ora, se emprestar sentido à história, com vistas a uma defesa da modernidade, é, na verdade, uma grande consecução da obra de Hegel, então a sua teoria do progresso merece uma melhor audiência do que recebe na *Philosophie Politique II*. Embora enfatizando corretamente o acerto da posição antiprogressista de Rousseau, Ferry poderia ter emprestado mais substância à sua discussão com os inimigos da história (e não apenas de historicismo barato) aproveitando as ricas compreensões de Hegel da história comparativa e das épocas do Ocidente – um feito ainda sem paralelos na análise filosófica da evolução institucional.

No entanto, sendo justo para com Ferry, deve-se ter em mente que a estratégia central de sua filosofia política estava destinada a torná-la muito mais abstrata, em termos de conteúdo histórico, do que o pensamento hegeliano. *Système et Critique* nos ajuda a esclarecer esse ponto, pois ali Ferry e Renaut deixam patente que o que é de valor incalculável na linha Kant-Fichte consiste em que, como o historicismo, ela permite que se recorra, de maneira não ingênua, a um conceito de humanidade muito necessitado, se devemos reconstruir, como devemos, a doutrina dos direitos humanos.[17] Os ideais de autonomia e de universalismo, como sustentados na tradição criticista e eticista de Kant, são as colunas básicas do moderno humanismo – e apenas o moderno humanismo pode resgatar aquele sentido do jurídico e do político[18] que deve ser o oxigênio da filosofia política.[19]

Os Direitos do Homem

Com o volume III da *Philosophie Politique*, trilhamos um terreno mais familiar em teoria política, porque Ferry e Renaut passam a concentrar-se nos direitos

---

[17] Op. cit., p. 219.
[18] Ibidem, p. 155.
[19] *Libre*, n. 7, 1980.

do homem. A premissa subjacente consiste em que necessitamos de um conceito adequado de direitos para escapar ao colapso do *Sollen* no *Sein* histórico. Mas o estudo deles também objetiva proporcionar uma sólida base para o renascimento francês da ideia de direitos humanos, um renascimento em parte defeituoso em autorreflexão filosófica.

Dois ensaios em particular, ambos publicados em 1980, assinalaram o retorno da ideia dos direitos na França: o de Claude Lefort, "Droits de l'Homme et Politique", e o de Marcel Gauchet, "Les Droits de l'Homme Ne Sont pas une Politique".[20] Gauchet suscitou a importante questão de saber se o novo gosto por conceito de direitos não contornava o fato de que a normal suposição de que existem implicava um conceito do homem que o pensamento estruturalista e paraestruturalista tudo fizera para solapar.

Seguindo essa pista num artigo de 1983 para *Esprit*, "Penser les Droits de l'Homme",[21] Ferry e Renaut perguntam por sua vez se a estrutura conceitual usada por Lefort em sua defesa dos direitos do homem (contra a crítica de Marx em *On the Jewish Question*) é realmente adequada. Lefort confia na ulterior ontologia de Merleau-Ponty e Heidegger, onde os fundamentos e o sujeito são noções antes negadas do que restabelecidas. Agora, já mencionamos a insatisfação de nossos autores com a ontologia de Heidegger. Em "Penser les Droits de l'Homme", eles chegam a detectar a falha historicista em Heidegger. Um inimigo do cisma entre dever e realidade, que ele descreve (em sua *Introduction to Metaphysics*) como um aspecto da (má) limitação do Ser, Heidegger está contaminado pela própria doença que ele combate em Hegel: o obscurecimento da divisão *Sein/Sollen*.

O mesmo artigo também examina e põe de lado uma possível alternativa à linha criticista esposada por Ferry e Renaut: a opção entre um retorno ao pensamento

---

[20] *Débat*, jul./ago. 1980.
[21] Reimpresso em *Système et Critique*, op. cit.

clássico para pensar acerca dos direitos. Mas aqui os autores estão em dificuldade para mostrar que, como vimos anteriormente, o direito natural, antigo, aristotélico, é pouco adequado à tarefa. O conteúdo do pensamento jurídico clássico é radicalmente diverso da inspiração da doutrina dos direitos humanos. Por exemplo, em vez de dar ênfase a uma natureza humana universal, Aristóteles pensa juridicamente em várias categorias desiguais de pessoas: homens livres, mulheres, escravos. Na mesma medida em que diferem suas naturezas, diferem suas finalidades – e, portanto, seus direitos. Assim, a ordem do cosmos – o principal pressuposto da maneira antiga de ver – não pode proporcionar uma norma universalista, o que o fundamento mesmo dos direitos do homem (numa nota de rodapé, Ferry e Renaut reconhecem que o estoicismo podia ser universalista; mas não desenvolvem o ponto). É claro que essa rejeição meditada do classicismo liga-se muito bem com a defesa fichteana, na *Philosophie Politique,* do progresso e da modernidade contra Strauss, Heidegger e outros grandes *laudatores temporis acti* ainda influentes em nosso meio (compreensivelmente o heideggeriano Lefort não está acima de elogiar Leo Strauss).

O volume III da *Philosophie Politique* põe-se firmemente do lado do direito *subjetivo*, em contradição com o direito natural objetivo dos antigos. Ferry e Renaut concordam com Villey em que Hobbes significa uma ruptura marcadora de época com o aristotelismo, já que os direitos se tornam um atributo do indivíduo. Mas, tendo esboçado o relacionamento entre direitos humanos e modernidade em Rousseau, Sieyès, Kant e Constant, os autores mudam de terreno. Em vez de proceder a qualquer nova análise do conceito de direitos humanos, eles na verdade devotam dois terços do livro a examinar as imperfeições tanto do liberalismo quanto do socialismo com relação à real importância política e jurídica dos direitos do homem.

O discurso dos direitos dos homens exprime valores democráticos – de onde parte a centralidade da redefinição de Rousseau da vontade geral. Ferry e Renaut corretamente recusam-se a acolher a cansativa acusação de prototototalitarismo feita ao *Contrato Social*. Eles avaliam melhor a mensagem democrática de Rousseau, ao meu ver, do que Jacques Julliard, em seu livro recente sob outros aspectos persuasivo, *La Faute à Rousseau*,[22] "um ensaio sobre as consequências históricas da ideia de soberania popular". Como Julliard, no entanto, eles endossam a penetrante representação por Carré de Malberg do criptorrousseaunismo de Sieyès. Pai da política de representação na França pós 1789, Sieyès inventou uma teoria constitucional em que a vontade geral passava do povo para a assembleia. O livro que provoca reflexão de Julliard é, em grande parte, uma apreciação crítica do mito que se seguiu da autoridade parlamentar.

Antijacobinos tais como Benjamin Constant certamente não foram justos ao colocar a vontade geral rousseauniana contra o grande tema liberal da autonomia da sociedade com relação ao Estado. Quanto ao próprio tema, ele tem um cerne de sabedoria e também uma grande medida de correção histórica quando explica a ascensão da sociedade moderna. Contudo, a bandeira da autonomia social não impediu muitos liberais de entrarem em choque com o ímpeto democrático da ideia dos direitos. Na tradição liberal, de Constant a Hayek, houve muitas vezes uma relutância em reconhecer ou legitimar o poder político das massas, enquanto a tradição socialista não se inclina a pensar na lei como um valor em si mesmo. Ferry e Renaut argumentam que o valor duradouro do liberalismo está em outra parte, mais especificamente em sua forma equilibrada de encarar a relação entre o Estado e a sociedade. Enquanto o socialismo reduziria a sociedade ao Estado e o anarquismo dissolveria o Estado na sociedade, apenas o pensamento liberal compreende a necessidade de preservar, e de limitar reciprocamente, os dois polos.

Ora, o princípio dos direitos humanos atua como uma mediação vital entre o Estado e a sociedade. O paradoxo

---

[22] Jacques Julliard, *La Faute à Rousseau*. Paris, Seuil, 1985.

bem conhecido consiste em que, enquanto a maior parte dos direitos é muitas vezes invocada contra o Estado, é apenas através do Estado que podem ser postos em vigor todos os direitos. Isso nunca foi apropriadamente compreendido, ou valorizado, pela maior corrente do marxismo, com o seu clássico desprezo por direitos que não sejam sociais e as suas perspectivas utópicas de um desaparecimento do poder estatal.

Ferry e Renaut dedicam um capítulo especial à antipatia de Marx pelos direitos humanos, juntamente com a alergia de Proudhon de instituições políticas. Distinguindo entre direitos "formais" e reais, Marx negou-se o reconhecimento da força social precisamente dos formais. Não obstante, a retórica universalista dos direitos do homem foi um poderoso propulsor de movimentos sociais, não apenas no passado mas em nosso tempo, desde Martin Luther King até o Solidariedade ou Soweto, ou às pressões liberalizadoras da sociedade civil na América do Sul faz poucos anos (no auge da repressão nos países do Cone Sul, a Igreja – diferentemente da maior parte dos marxistas – compreendeu a força do discurso sobre direitos; em consequência, goza agora de um prestígio social renovado). Falando politicamente, o marxismo terminou por ser uma doutrina quintessencial de justiça social, esquecida tanto do jurídico quanto do político.

O que dizer da rejeição quintessencial do conceito de justiça social – o neoliberalismo de Hayek? Numa seção à parte, Ferry e Renaut a consideram apenas um historicismo econômico: uma reafirmação da astúcia da razão por meio da mão invisível do criador. Sua principal crítica, que se poderia dizer ecoar uma observação muitas vezes expressa em inglês (por exemplo, por John Dunn no *Times Literary Supplement*) é a seguinte. Segundo Hayek, o progresso conduzido pelo mercado é um progresso cego de seleção cultural já que, em suas próprias palavras, "não devemos nossa moral à nossa inteligência", mas antes à aceitação involuntária, ao menos por alguns grupos, de certas regras benéficas de comportamento, que, em última análise, levam ao bem-estar do todo. Mas, se é assim, como podemos ter certeza de que qualquer instituição duradoura – mesmo que se contraponha à corrente do mercado – não é adequada e útil? Tudo bem contado, se uma tal instituição – digamos, o Estado social – sobreviveu, há um pressuposto, nos próprios termos do evolucionismo de Hayek, de que foi aprovada no processo de seleção cultural. Como, portanto, podemos nós com certeza declará-la prejudicial, como o fazem Hayek e os seus seguidores? O historicismo não tem uma verdadeira resposta para isso.

Na verdade, como Samuel Brittan assinalou brilhantemente,[23] o pensamento de Hayek combina duas correntes muito diferentes: o liberalismo, no velho sentido inglês (o governo da lei, a economia de mercado, governo limitado), e o conservadorismo burkeano (o valor essencial das instituições que sobrevivem), que Hayek reescreve numa linguagem evolucionista (o progresso como uma "seleção cultural"). A combinação é difícil, e o efeito muitas vezes justificou a recente afirmação de Kenneth Minogue[24] de que as opiniões de Hayek mostram uma propensão, característica do pensamento ideológico, para a abstração e o unilateralismo.

Tendo rejeitado tanto o marxismo como o neoliberalismo em nome do substrato liberal-democrático da religião dos direitos humanos, Ferry e Renaut terminam examinando duas tentativas concretas de uma síntese de direitos como liberdade e direitos como reivindicação (*droits-libertés* e *droits-créances,* na frase feliz de Aron). As duas tentativas – democracia social e republicanismo – são encaradas como algo entre princípio e contextos dados historicamente de política prática; são menos doutrinas políticas do que práticas políticas filosoficamente inspiradas. Ferry e Renaut enaltecem a crítica de Jaurès do blanquismo de Marx – o culto da revolução de classe – dando ênfase à compreensão que tinha Jaurès do papel

---

[23] *Times Literary Supplement,* 9 de março de 1984.

[24] Kenneth Minogue, *Ideas about Freedom.* Sydney, CIS Occasional Papers, 15, 1986.

positivo do Estado como uma arena de luta de classes (e não como um mero instrumento de domínio de classe). Inspirando-se, então, num notável estudo de Claude Nicolet,[25] eles discutem resumidamente o idealismo republicano de Ledru-Rollin, Gambetta, Jules Ferry, Jules Barny, Etienne Vacherot e Jules Simon, os principais portadores da bandeira dos direitos humanos desde 1848. Como estadistas ou intelectuais, esses homens recusam-se a perdoar tanto a separação liberal de liberdades de direito de reivindicações de direitos como o desprezo socialista pela retórica dos direitos humanos. Mas, enquanto o classicista Nicolet sublinhou o renascimento da ideia de liberdade de uma forma ciceroniana, durante a Terceira República, nossos autores, fiéis ao impacto teórico dos dois primeiros volumes da *Philosophic Politique,* preferem falar na "referência kantiana" subjacente ao pensamento republicano de ideólogos acadêmicos tais como Barni, Vacherot, Simon e Renouvier, assim como, mais tarde, Alain. Porque pregaram a virtude cívica numa estrutura liberal como o local de uma síntese entre liberdade individual e direitos sociais, os espíritos mais brilhantes do centro-esquerda republicano conquistaram os corações de nossos sociais-liberais fichteanos, Ferry e Renaut.

A filosofia política de Ferry e Renaut é conspicuamente macroteorética: nele há pouco da circunstanciada análise conceitual da obrigação ou legitimidade, do poder e da liberdade que usualmente se encontram na melhor tradição da filosofia política acadêmica em inglês. Além disso, o vasto escopo desses três volumes pode afastar a espécie de leitor que insistisse em que sua filosofia da história fosse tratada separadamente. Isso não pode ser um grande problema para o público normal da teoria política em países latinos, porque o que de melhor se produz na área tem uma forma mais solta, misturando com frequência excelente história de ideias com acuidade analítica, como em vários livros de Norberto Bobbio, ou ainda análise conceitual e investigação sociológica

---

[25] C. Nicolet, *L'Idée Républicaine en France.* Paris, Gallimard, 1982.

de primeira qualidade, como nos escritos do falecido Raymond Aron. O leitor de língua inglesa pode se sentir mais tonto e tentado a censurar a estrutura composta do *magnum opus* de Ferry. Mas, mesmo levando em conta tais diferentes padrões, ou paradigmas, de filosofia política, a obra de Ferry e Renaut pode suscitar numerosas perplexidades. Algumas vezes, todo o empreendimento parece uma *instauratio magna* com tantas promessas quanto realizações em termos de trabalho analítico. No entanto, os principais resultados do trabalho deles já são bastante recompensadores, e, se o seu escopo é tão vasto, deve-se ao fato de que o que está em jogo é tão alto. Havia realmente uma necessidade de erguer-se contra a sabedoria convencional daquela nebulosa mentalidade de *Kulturkritik* que, depreciando tanto a história como a liberdade, por tanto tempo assombrou, como teoria meio crua, o destino do pensamento na França contemporânea. Ferry e Renaut estão obviamente no centro: já se anuncia um quarto volume da *Philosophie Politique* (sobre historicismo e ciência social). Se o custo de seu acabamento é a crítica geral um tanto vagueante mas necessária que oferecem, então é um preço que todo amigo da razão deveria ficar contente em pagar.

Embaixador
Doutor em Letras pela Universidade de Paris
Membro da Academia Brasileira de Letras
Membro da Academia Brasileira de Filosofia

Posfácios à 3ª edição

FOREWORD

An overview of three centuries of the liberal idea can only be, in Arnold Toynbee's term, "panoramic instead of microscopic". As a result, this is a short book in the intellectual history where ideological summary takes precedence over philosophical analysis. In a way, however, I hope some virtue has been made of necessity. For most of liberal theory today tends to favor the analytical mold. There is a comparative scarcity of historical presentations of liberalism. Yet opting for the historical perspective has at least two immediate advantages. First, it allows one to show how, nearly since its inception, liberalism was plural and diverse. Old as well as new liberalisms offer a highly differentiated picture, not always remembered by friends and foes alike. Even without falling into the inconsistencies of eclecticism, it should be acknowledged. Second, historical description leads one naturally, not least the latest ones, to use much of the finest scholarship available, and there have been indeed many thoughtful recent reinterpretations of each major school of liberal doctrine. My debts to them are countless; and I should be glad if this book came to be read as an exercise in what the French call *haute vulgarisation*.

The diversity of liberalism is both intra- and international. Although liberal theory was and remains chiefly an Anglo-Saxon artefact, underpinned by a singularly continuous institutional practice — the "free institutions" in popular parlance — liberal thought received signal contributions from elsewhere in the West. In keeping with the European range of this series I have tried to discuss not just the traditional French classics, Montesquieu, Tocqueville, but also a generous number of names often neglected in standard accounts in English: Mazzini, Herzen or Sarmiento; Weber and Kelsen; Croce and Ortega; Aron and Bobbio, along with several minor figures. As a Latin American taught in the heartland of the faith, I thought I owed myself and the reader a non-ethnocentric view. But not a detached one; for I wrote in unabashed commitment to the heritage and ideals behind the "dirty word", liberal. This is a liberal book on liberalism. →2

Manuscrito original de *Liberalism, Old and New*.
Fonte: Arquivo José Guilherme Merquior/É Realizações Editora

CHAPTER ONE

A FEW DEFINITIONS

I. A first glance, with a bit of historical semantics

As Nietzsche used to say, it is only ahistorical beings that admit of a proper definition. By the same token, liberalism, a manifold historical phenomenon, scarcely be defined. Having itself shaped a good deal of our modern world, liberalism can but reflect the diversity of modern history, baffling as well as recent. Even to those who discuss it, as in the present case, as an ideology rather than a set of institutions, liberalism appears quite heterogeneous, thereby defying the limits of whatever tidy formula. The range of liberal ideas encompasses thinkers as different in background and motivation as Tocqueville and Mill or Dewey and Keynes, or again, nowadays, Hayek and Rawls, not to speak of those who, in D. J. Manning's apt phrase, were elected its ancestors, such as Locke, and Adam Smith, Montesquieu. No wonder it is far easier, and wiser, to describe it instead of attempting a short definition: for the latter, if clear and simple, would certainly be partial and if comprehensive, is bound to be contradictory. To suggest a theory of liberalism, old and new, one ought to proceed by a comparative description of its historical manifestations.

The historical essay of 1929, *The Revolt of the Masses*, the Spanish philosopher Ortega y Gasset famously declared liberalism "the supreme form of generosity: it is the right granted by the majority to minorities and hence the noblest cry that has ever resounded in this planet.[...]"

Manuscrito original de *Liberalism, Old and New*.
Fonte: Arquivo José Guilherme Merquior/É Realizações Editora

The determination to live together with one's enemies and what is more, with a weak enemy". Now Ortega's statement gives us a convenient way to start our historical approach because it nicely combines the moral and political meanings of the word liberal. While obviously denoting the liberal politics, liberal rules of the game between majority and minority, Ortega's dictum makes use of the first current meaning of the adjective "liberal", in any modern dictionary (thus the Webster: liberal (1) originally suitable for a freeman = now only in "liberal arts", "liberal education"; (2) giving freely, generous). Ortega restored the moral meaning to the political sense of the word — fittingly enough, since "liberal" as a political label was born in the Spanish Cortes of 1810, a parliament rebelling against absolutism; and for quite a long spell, in the mouth of conservative statesmen from Castlereagh (1769-1822) and Metternich (1773-1859) to Bismarck (1815-98), the liberal tag was a term of abuse, just as it is for radicals in our own time. In its golden age, the nineteenth century, the liberal movement operated at two levels, that of thought and that of society. It consisted of a body of doctrines and a bunch of principles underlying the functioning of several institutions, some old (e.g., parliaments), others new (e.g., the free press). By the historians' consensus liberalism is said to have emerged, the thing if not the name, in the political struggle against James II culminating in the Glorious Revolution (England, 1688). What was aimed by the winners of the Glorious Revolution were religious toleration and constitutional government. Both became pillars of the liberal order, spreading in due time throughout the West.

In the century between the Glorious Revolution and the great French Revolution of 1789-99 liberalism, or more aptly proto-liberalism, was constantly

Manuscrito original de *Liberalism, Old and New*.
Fonte: Arquivo José Guilherme Merquior/É Realizações Editora

associated with "the English system", that is, a polity based on limited royal power and a fair degree of civil (notably religious) freedom. (arbitrary rule had been checked and) Access to power was controlled by an oligarchy but there was more general freedom than anywhere else in Europe. Perceptive foreign visitors like Montesquieu (1730) realized that in England the alliance of law and liberty fostered a kind of society more robust and more prosperous than the either contemporary continental monarchies or the virtuous, martial but poor republics of early Antiquity. The thinkers of the so-called Scottish Enlightenment, David Hume, Adam Smith and Adam Ferguson, saw the advantages of regular government (and free opinion) and their connection with economic (and scientific progress) stemming from the unimpeded activities of a mobile civil society. The comparison with Britain convinced many a protoliberal that government should seek only a minimal action, providing peace and security. Society might be natural, but government came to be seen as something more necessary than natural.

Because liberalism was born out of a protest against the encroachments → After the French Revolution and its interlude of Jacobin dictatorship liberal thought, now already under that name, began to fear new threats to freedom. Bourgeois liberation fought aristocratic privilege but was not prepared to accept a wide franchise and its democratic consequences. Therefore the liberal polity embraced what the greatest liberal theorist of the early nineteenth century, Benjamin Constant, dubbed "le juste milieu": a political center halfway between old absolutism and new democracy. Liberalism became the doctrine of limited monarchy and an equally limited people's rule.

Manuscrito original de *Liberalism, Old and New*.
Fonte: Arquivo José Guilherme Merquior/É Realizações Editora

→ of state power, it sought primarily to establish both a <u>limitation</u> and a <u>division</u> of authority. A great antiliberal, the German jurist and political theorist Carl Schmitt, summed it up very well as he wrote (in his <u>Constitutional Theory</u> of 1928) that the liberal constitution displays two main principles: one distributive, the other organizational. The distributive principle means that the sphere of the individual freedom is <u>in principle unlimited</u>, whereas the ability of the state to intervene in this sphere is <u>in principle limited</u>.(1) In other words, whatever is not forbidden by law is permitted, so that the burden of justification falls on state intervention, not on individual action. As to the organizational principle of the liberal constitution, its purpose is the realization of the distributive one: it demands a <u>division</u> of power(s), a demarcation of (state authority into) spheres of competence (classically associated with the legislative, executive and judicial branches) in order to contain power through the interplay of "checks and balances". Authority is divided so that power may be kept limited.

Manuscrito original de *Liberalism, Old and New*.
Fonte: *Arquivo José Guilherme Merquior/É Realizações Editora*

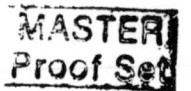

Definitions and Starting Points

name.

Many have argued that Rousseau was a kind of ideological schizoid, a begetter of individualism in culture on the one hand and a *of* totalitarianism on the other. But this notion is utterly ill founded. Rousseau never meant for democracy (or republic, the word he favored) to curtail freedom.[11] The true aim of his exaltation of democratic rather than liberal liberty was not to damage individualism but to destroy *particularism*. Particularism reflected the spell of an old force in French politics: *patrimonialism*.

The French monarchy, long beset by the problem of controlling a divided polity, had evolved a patrimonial concept of power. Sovereignty meant private property at large—and the king was the sole owner. Centralization was a greater problem for French kings than it was for English kings. In England the feudal aristocracy self-centralized and the crown built itself from the strong position afforded by the Norman conquest, but in France fragmentation was the rule. Hence, there were several regional Estates in France, in contrast to the old English *national* parliament. In its bid for centralization, the French Crown bought the aristocracy off with notoriously massive office-selling, and the upshot was a whole edifice of particularist interests and unequal strongholds.[12]

Early royalist political thought in France, such as Jean Bodin's 1576 *The Six Books of a Commonweal*, tried to use the concept of sovereignty, to fight feudal anarchy. But enemies of royal power, like the Huguenots in the sixteenth century, dreamed of strengthening the Estates as public institutions able to check the Crown. Rousseau's strategic contribution to the history of political discourse consisted in using Bodin's brainchild—undivided, indivisible sovereignty—to eliminate the power of rulers as a particularist source of oppression, rather than to strengthen it. In the apt words of Ellen Meiksins Wood, "Where Bodin subordinated the particlarity of the people to the (alleged) universality of the (royal) ruler, Rousseau subordinated the particularity of the ruler to the universality of the people."[13]

Rousseau articulated a powerful rhetoric on behalf of political or democratic liberty against the odium of privilege—something early liberals like Montesquieu were not above upholding. But Rousseau was so taken by the need to depatrimonialize power that he lost sight of the other key issue: the question of the *range* of power. For as Constant remarked, "the legitimacy of authority depends on its object as much as on its source."[14] Constant saw that by focusing almost exclusively on the source of authority (popular sovereignty), Rous-

11

Revisão final, feita por José Guilherme Merquior, das provas de
Liberalism, Old and New.
Fonte: Arquivo José Guilherme Merquior/É Realizações Editora

seau's social contract could be used as a weapon against freedom as independence, endangering privacy and the life of individuality. Political freedom was good, if only because it ensured individual independence. John Locke, a generation after Hobbes, had realized this. But if freedom was to be full freedom, it had to flourish beyond the civic sphere as well, in the silence of authority, so to speak. Montesquieu taught that authority had to be divided lest it be tyrannical; Constant warned that sovereignty had to be limited lest it be despotic. Rousseau had replaced autocracy with democracy. The next task was to prevent democratic despotism.

Germany

Very early in the nineteenth century, an outstanding German humanist and diplomat, Baron Wilhelm von Humboldt (elder brother of the great naturalist Alexander von Humboldt and founder of the Berlin university), called for limiting rather than simply controlling central authority. In *On the Limits of State Action*, Humboldt expressed a deep-felt liberal theme: the humanist concern for personality buiding and self-improvement. Educating freedom, and freeing in order to educate—this was the idea of *Bildung*, Humboldt's Goethean contribution to moral philosophy.[15]

The *Bildung* ideal is terribly inportant in the history of liberalism. Besides having a strong influence on epoch-making liberal thinkers like Constant and John Stuart Mill, it is the logical structure behind a long-prevalent German concept of freedom.[16] The concept is akin to political liberty in that it also stresses autonomy, yet it revolves not around political participation but around the unfolding of human potential.

Immanuel Kant, the Königsberg sage in whose austere rooms hung a portrait of Rousseau, asserted that man, not as an animal but as a person, ought "to be prized as an end in himself."[17] This was another key dimension of German concepts of freedom: *autotely*, or self-realization. Kant placed autotely at the center of morality. Though he never confused politics with morals, Kant advocated republicanism as a liberal polity in which personal independence would at least fuel a legal order closer to morality than the selfish warring monarchies of his time.

When G. W. F. Hegel (1770–1831), the greatest of the post-Kantian philosophers, wrote his *Philosophy of Right* in 1821, he transferred Kant's autotely from ethics to politics and from the person to

12

Definitions and Starting Points

the state. He then idealized the state as a worldly embodiment of the Spirit, a progress of reason through history. In Hegel's state there is freedom, but it is rational liberty—not simply freedom from coercion, but freedom as an unfolding power of self-realization, the very stuff of *Bildung* in a lofty political version. For as in Kant's morality and as in Humboldt's *Bildung*, so in Hegel's politics: in all three cases there runs a common drive, autotely. Such was the soul of the modern German concept of freedom. It was positive liberty, to be sure, since it was most conspicuously an instance of "freedom to"; but it was positive liberty with a cultural vengeance.

The English theory, put briefly, said that liberty means independence. The French (Rousseaunian) concept was that liberty is self-rule. The German school replied that liberty is self-realization. The political environment of the English theory was the classical liberal polity; the political environment of the French theory was the democratic principle; and that of the German theory was the "organic" state, a mix of traditional and modernized elements.

The Individual and the State

To come closer to concrete history, we need to sketch a further typology than this one. For it is possible to distinguish two main liberal patterns within the Western political evolution; specifically, two basic patterns in the relationship between state and individual.

Here there is an English paradigm and a French one. The distinction between two liberalisms with a national hue, one English and the other French, was made forcefully in Guido de Ruggiero's *History of European Liberalism*, which was the standard work on the subject during the interwar period. De Ruggiero noticed that while the English species of liberalism was all for limiting state power, the French variety sought to strengthen state authority in order to ensure equality before the law. The French version also sought the demolition of a "feudal" order well entrenched in social privilege and the power of the Church.

This difference has social roots. Although English social structure kept a strong class basis, the estates hierarchy characteristic of traditional society had early been eroded by the emergence of free farmers and the equally early conversion of the nobility to agrarian capitalism.[18] This, together with the early achievement of a unitary state, set a pattern in which the state rested on independent indi-

13

Revisão final, feita por José Guilherme Merquior, das provas de
Liberalism, Old and New.
Fonte: Arquivo José Guilherme Merquior/É Realizações Editora

Definitions and Starting Points

viduals, whose relationship with the state was more *associative* than subordinate. The English upper classes were masters of the state.

French society, by contrast, maintained a closed hierarchical structure for a long time. When the Revolution deprived this structure of its political legitimacy, the logic of the situation made it necessary *to use the state to free the individual*, guaranteeing his rights. The new state, allegedly embodying the general will, stood high and mighty as the sole legitimate authority, largely impervious to the mediation of associative institutions belonging to civil society. As a consequence, while in England the state-individual relationship was basically relaxed, in France it often became tense and dramatic, pitting the citizen against state power in heroic, defiant solitude, like a character in classical tragedy. Meanwhile, the state, made into a jealous seat of the general will by the fictions of omnipotent representation (assembléisme) and of plebiscitary rule (Bonapartism), oscillated between democracy and despotism.[19] Hence the concern of French liberals like Tocqueville to acclimatize in France an American-like associative fabric that would be able to put a brake on state power. We shall meet these two patterns again, especially the French one, as we trace the fortunes of liberalism in the two last centuries, both in Europe and elsewhere.

14

Revisão final, feita por José Guilherme Merquior, das provas de
Liberalism, Old and New.
Fonte: Arquivo José Guilherme Merquior/É Realizações Editora

A VISÃO DO MUNDO DE JOSÉ GUILHERME MERQUIOR: ESTA REEDIÇÃO

João Cezar de Castro Rocha

A ORIGINALIDADE DE MERQUIOR

No prefácio à edição brasileira de *O Liberalismo – Antigo e Moderno*, Roberto Campos desenhou com precisão o perfil intelectual de José Guilherme Merquior:

> Faltava-nos, em relação ao liberalismo, aquilo que Toynbee chamava de visão "panorâmica ao invés de microscópica". Essa lacuna foi preenchida pelo sobrevoo intelectual de Merquior, que cobre nada menos que três séculos. Seu livro será uma indispensável referência, pois que analisa as diferentes vertentes do liberalismo com sobras de erudição e imensa capacidade de avaliação. Mais do que uma simples história das ideias, é um ensaio de crítica filosófica.[1]

Eis aí, bem observada, a originalidade da obra do autor de *Formalismo e Tradição Moderna*. Esse traço merece ser mais bem discutido, pois implica um gesto intelectual ainda mais urgente hoje do que em 1991, ano da publicação de *Liberalism, Old and New*.[2]

---

[1] Roberto Campos, "Merquior, o Liberista". Ver, neste livro, p. 19-31. O lúcido ensaio, contudo, tropeça em seu título; afinal, como Merquior insiste ao longo do livro, ele *nunca se considerou um liberista*, porém um *liberal*. Enquanto o primeiro reduz a ideologia liberal à defesa do mercado e do livre comércio, o segundo confia no liberalismo como autêntica *Weltanschauung*.

[2] Curiosamente, anos após a publicação do livro de Merquior, veio à luz uma coletânea de ensaios com idêntico título. Ellen Franken Paul, Fred Miller Jr. & Jeffrey Paul (orgs.), *Liberalism: Old and New*. Cambridge, Cambridge University Press, 2007. Os organizadores, contudo, não mencionam o livro do brasileiro.

Tudo se esclarece na advertência do autor no final do livro: "A bibliografia relativa ao liberalismo cresce mês a mês".[3]
Explico o ponto.

Como já havia feito na escrita de *Foucault*,[4] *Western Marxism*[5] e *From Prague to Paris*,[6] Merquior enfrentou o desafio de uma atualização obsessiva com a bibliografia mais recente acerca dos tópicos tratados em seus ensaios. Isso sem mencionar a familiaridade com os textos clássicos atinentes ao assunto e, quase não é preciso recordá-lo, a minuciosa leitura cruzada da obra completa do autor estudado.

Contudo, a compreensão dominante desse método permanece muito aquém do alcance do procedimento. Sem dúvida, o afã do prodígio que ele foi nunca o abandonou de todo. Tal caracterização, porém, apenas arranha a superfície da verdadeira inovação representada pelo *éthos* intelectual de José Guilherme Merquior.

Esse é o elemento que deve ser mais bem compreendido.

(Finalmente.)

Recupere-se, nesse sentido, o título do livro.
Em 1819, Benjamin Constant nomeou um de seus ensaios mais conhecidos *De la Liberté des Anciens Comparée à celle des Modernes*,[7] aludindo à célebre *Querelle des Anciens et des Modernes*, que agitou a França de Luís XIV na

---

[3] Ver, neste livro, p. 268. No prefácio à edição original, o autor reafirmou seu esforço permanente de atualização: "Desde a conclusão deste livro, novas análises do pensamento liberal chegaram a meu conhecimento. Entre elas se encontram três textos de primeira grandeza [...]". Ver, neste livro, p. 36.

[4] José Guilherme Merquior, *Foucault*. 2. ed. Fontana Paperbacks, 1991. O livro saiu em 1985 e foi publicado na coleção Modern Masters.

[5] Idem, *Western Marxism*. Paladin, 1986.

[6] Idem, *From Prague to Paris: A Critique of Structuralist and Post-Structuralist Thought*. London, Verso, 1987.

[7] Benjamin Constant, *De la Liberté des Anciens Comparée à celle des Modernes*. In: Benjamin Constant, *De la Liberté chez les Modernes*. Org. Marcel Gauchet. Paris, Livre de Poche, 1980, p. 491-515.

polêmica que opôs Charles Perrault e Boileau. Em 1930, John Dewey publicou *Individualism – Old and New*, oferecendo uma vista d'olhos da noção que pretendia renovar e mesmo proteger em meio aos escombros da Grande Depressão posterior à crise de 1929.[8] Por fim, em 1981, Norberto Bobbio, um nome fundamental na reflexão política de Merquior, escreveu o influente artigo "Liberalismo: Vecchio e Nuovo".[9] Bobbio tomava partido nos conturbados anos 1980 através da proposição de um "liberalismo de esquerda", tão bem apresentado por Merquior.[10]

O ensaísta brasileiro realizou uma sutil apropriação da multissecular história das ideias liberais, reunindo as tradições francesa, italiana e anglo-saxã na síntese feliz de um título antropofágico. O movimento foi assinalado pelo autor:

> Restringindo-me ao âmbito europeu desta série, procurei examinar não somente os tradicionais liberais franceses, como Montesquieu, Constant e Tocqueville, mas também um número generoso de pensadores que são muitas vezes negligenciados nas exposições convencionais de língua inglesa: Mazzini, Herzen e Sarmiento; Troeltsch, Weber e Kelsen; Croce e Ortega; Aron e Bobbio, entre outras figuras menores.[11]

Porém, reitero, não se tratava "somente" de uma capacidade incomum de trabalho, tornada visível nas marcas de leitura de toda uma tradição.

Esse esforço, por si só notável, não faz jus à novidade da contribuição do autor de *A Astúcia da Mímese*.

---

[8] Eis uma edição recente: John Dewey, *Individualism – Old and New*. New York, Prometheus Books, 1999.

[9] Norberto Bobbio, "Liberalismo: Vecchio e Nuovo". *Mondoperario*, 1981, p. 11.

[10] "Nesse meio-tempo, as preocupações esquerdistas liberais de Bobbio acrescentam-se à resistência teórica às novas formas de liberalismo conservador. O ensaio de que extraímos nossa última citação, significativamente intitulado 'Liberalismo: Vecchio e Nuovo', é de fato uma crítica breve dos liberais conservadores, vitorianos (Spencer) e contemporâneos (Hayek)." Ver, neste livro, p. 258.

[11] Ver, neste livro, p. 36.

O aspecto decisivo é bem outro.

Posso esclarecê-lo recordando uma carta enviada por Francisco Costa Rodrigues a Merquior em 26 de janeiro de 1978. Num determinado momento, o missivista traz à baila o nome de Otto Maria Carpeaux, um dos tantos europeus que, ameaçados pelo avanço do nazifascismo, chegaram às Américas com a tarefa de tornar moeda corrente nomes e títulos até então desconhecidos. Poucos europeus viveram essa odisseia cultural com o brilho e o compromisso de um Anatol Rosenfeld, um Paulo Rónai e o próprio Carpeaux.

Na verdade, a carta foi escrita num momento difícil, pois Costa Rodrigues dava notícia do estágio avançado da doença do autor de *História da Literatura Ocidental*, que viria a falecer na semana seguinte. Logo, a referência era muito significativa.

Leia-se a passagem:

> Estou sem dormir há vários dias, pois Carpeaux sempre foi meu mestre, o meu grande mestre. [...] Quantas e quantas discussões tivemos sobre escritores que nos são queridos! Outro dia, quando estive lhe fazendo uma visita, falamos de você. Ele aprecia o seu trabalho e lembro-me de quando afirmou: *O Merquior é um crítico sério*.[12]

Eram lendárias a sisudez e a parcimônia do autor de *A Cinza do Purgatório*; portanto, a menção, embora sucinta, vale muito. No fundo, o ensaísta brasileiro inverteu completamente o modelo usual nas trocas simbólicas – modelo que ainda segue hegemônico e, por isso mesmo, importa explicitar o *éthos* do ensaísta brasileiro.

Isto é, em lugar do europeu civilizador que chegava aos tristes trópicos para fornecer bibliografia e atualizar o conhecimento, Merquior, ele mesmo, tornou-se, por assim dizer, numa espécie de Carpeaux dos próprios

---

[12] Francisco Costa Rodrigues. Carta enviada em 26 de janeiro de 1978. Arquivo José Guilherme Merquior/É Realizações Editora (meus destaques).

europeus, pois, em seus últimos ensaios, todos escritos em inglês, ele sistematizou a produção teórica disponível, articulando sínteses ousadas e elaborando elegantes panoramas transdisciplinares com a autonomia de quem desconsidera qualquer hierarquia que não se legitime intelectualmente.

(Ora, pouco importa a nacionalidade do ensaísta, só o que conta é a agudeza de sua escrita.)

Muito jovem, Merquior já havia assumido esse papel. Veja-se, por exemplo, o que escreveu no final dos anos de 1960:

> Tanto quanto possível, procurei separar a exposição do julgamento. Sendo as obras desses autores, em sua maioria, desconhecidas no Brasil, valia a pena consagrar mais espaço à *divulgação de seus conceitos*.[13]

Ou em 1973:

> À exceção dos "Fragmentos de História da Lírica Moderna", todos os ensaios contêm amplas referências bibliográficas. É esperança do autor que elas sirvam – tanto ou mais do que estes escritos – para a ampliação e o aprofundamento do debate universitário e extra-universitário sobre problemas estéticos no Brasil.[14]

Em alguma medida, a iniciativa de Merquior ameaçava deslocar a função tradicional dos "nossos" europeus, já que sua leitura ecumênica tornava redundante a missão divulgadora de um Otto Maria Carpeaux.

---

[13] No parágrafo anterior, contudo, ele esclareceu que *divulgar* não implica difusão *acrítica*, isto é, *deslumbrada*, da produção alheia: "O leitor verá que nem sempre, ao expor as teses dos críticos da cultura estudados aqui, estou de acordo com eles". José Guilherme Merquior, *Arte e Sociedade em Marcuse, Adorno e Benjamin*. Rio de Janeiro, Editora Tempo Brasileiro, 1969, p. 15 (meus destaques).

[14] José Guilherme Merquior, *Formalismo e Tradição Moderna*. Rio de Janeiro/São Paulo, Editora Forense Universitária/Editora da Universidade de São Paulo, 1973, p. 3.

E não é tudo.

Pois, num segundo momento, e sem qualquer espécie de hesitação, Merquior reiterou o gesto, agora no plano internacional. Podemos, então, finalmente, entender a subversão implícita nas palavras do prefácio à edição inglesa:

> Uma visão geral de três séculos da ideia liberal só pode ser, para usarmos os termos de Arnold Toynbee, "panorâmica ao invés de microscópica". [...] me alegraria se este livro fosse lido sobretudo como um exercício do gênero denominado pelos franceses *haute vulgarisation*.[15]

Divulgação de conceitos, para seus leitores no Brasil; *haute vulgarisation*, para todo o mundo. Como explica o coordenador da coleção na qual este livro apareceu, tal era o mesmo o seu propósito:

> A série "Twayne's Studies in Intellectual and Cultural History" consiste em estudos breves e originais sobre os principais movimentos da história intelectual e cultural europeia, dando ênfase às abordagens históricas da continuidade e das mudanças em religião, filosofia, teoria política, estética, literatura e ciência. [...]
>
> *Liberalism, Old and New*, de J. G. Merquior, é o primeiro volume da série.[16]

Como se sabe, Oswald de Andrade imaginou uma poesia de exportação e, com a antropofagia, chegou a vislumbrar os primeiros passos de uma teoria antropológica.

Na sua época, porém, não foi levado a sério.

Por que não reconhecer que a potência do gesto intelectual de José Guilherme Merquior retoma o legado do modernista e, ao mesmo tempo, amplia seu escopo?

O Liberalismo – Antigo e Moderno, nesse horizonte, obriga o leitor do século XXI a uma necessária reavaliação de sua própria atitude.

---

[15] Ver, neste livro, p. 35.
[16] Michael Roth, "Prólogo". Ver, neste livro, p. 33-34.

Uma visão do mundo

O autor principia este livro com uma advertência oportuna:

> Nietzsche disse que apenas seres a-históricos permitem uma definição no verdadeiro sentido da palavra. Assim, *o liberalismo, um fenômeno histórico com muitos aspectos, dificilmente pode ser definido*. Tendo ele próprio moldado grande parte do nosso mundo moderno, o liberalismo reflete a diversidade da história moderna, a mais antiga e a recente.[17]

O cuidado metodológico leva longe.

Ao opor o espírito de definição à consideração da historicidade das formas e dos conceitos, Merquior definiu o impulso que animou sua escrita ensaística. No caso, em lugar de investir em concepções estanques, ele apostou no caráter idealmente rapsódico da cultura.

(Glossário de J. G. M.: *Cultura*: complexo de valores e ideias em transformação constante.)

A crítica, portanto, deveria esposar o liberalismo – na perspectiva de Merquior, bem entendido. Explique-se a noção para evitar reações previsíveis: a crítica deveria ser *vocacionalmente liberal* na exata proporção em que o estudioso não renuncie ao princípio de manter-se disponível para alterar seus pontos de vista, reavaliando suas conclusões.[18] Tal possibilidade sugere o desenvolvimento de *uma história das ideias propriamente heraclitiana*.

---

[17] Ver, neste livro, p. 40 (meus destaques). No princípio do segundo capítulo, Merquior reitera o ponto: "neste livro de perspectiva histórica". Idem, p. 62.

[18] É valioso, nesse contexto, o depoimento de um dos mais destacados críticos literários mexicanos: "Perguntando-me como eu mesmo me converti em liberal, com olhar retrospectivo, dou grande importância à influência de Merquior, aos seus livros, mas também à pessoa que entrevi fugazmente, uma das mais rigorosas e sedutoras com que esbarrei". Christopher Domínguez Michael, "Escada para o Céu: José

(Máximas de J. G. M.: Todo pensador deve ser *macunaímico* – ou não será suficientemente crítico.)

Essa opção moldou o pensamento de Merquior, chegando a constituir o esboço de uma visão do mundo, cujas consequências foram decisivas especialmente em suas reflexões estéticas.

Tal convicção determinou o método de organização deste livro, concentrado numa escolha precisa:

> É muito mais fácil – e muito mais sensato – *descrever* o liberalismo do que tentar defini-lo de maneira curta. Para sugerir uma teoria do liberalismo, antigo e moderno, deve-se proceder a uma descrição comparativa de suas manifestações históricas.[19]

Tal método ilumina a originalidade da "teoria de exportação" de José Guilherme Merquior, nosso mais autêntico pensador oswaldiano.

Releia-se, nesse contexto, a afirmação:

> [...] o liberalismo, além de ser uma doutrina política, *era também uma cosmovisão*, identificada com a crença no progresso. O Iluminismo presenteou o liberalismo com o tema do progresso, principalmente teorizado pela economia clássica.[20]

Merquior bateu incansavelmente nessa tecla: liberalismo, entendido como visão do mundo, não se reduz a liberismo, compreendido como louvor incondicional do mercado. Eis a razão subjacente à caracterização do mal-entendido de Giuseppe Mazzini: "Porque a seus olhos o liberalismo não significava mais do que um vulgar liberismo materialista, Mazzini considerava-se um opositor da escola liberal".[21] De igual modo, parece sugerir o

---

Guilherme Merquior Hoje". In: José Guilherme Merquior, *A Estética de Lévi-Strauss*. 2. ed. São Paulo, É Realizações, 2013, p. 145.

[19] Ver, neste livro, p. 40 (destaque do autor).

[20] Ver, neste livro, p. 87.

[21] Ver, neste livro, p. 133.

ensaísta, os intelectuais latino-americanos costumavam incorrer em semelhante reducionismo nas polarizadas décadas de 1970 e 1980. E isso, muito provavelmente, por desconhecerem a história multifacetada da ideia liberal, confundindo-a com mero liberismo.

Merquior esclarece ainda mais enfaticamente sua posição mediante a leitura de outro pensador italiano:

> Em seu ensaio "Liberalismo e Liberismo" (1928), Croce salientou que, enquanto o liberalismo é um princípio ético, o liberismo não passa de um preceito econômico que, tomado equivocadamente por uma ética liberal, degrada o liberalismo a um baixo hedonismo utilitário.[22]

Ideia-chave desdobrada num ousado paralelismo:

> Quanto mais se mede a distância que separa o Iluminismo do jacobinismo, mais se valoriza o chão comum que pisavam o Iluminismo e o liberalismo. [...] A *mesma feliz combinação de Iluminismo e liberalismo pode ser encontrada na mais pura arte da época, de Goya a Beethoven*.[23]

Portanto, e eis que se atam as pontas da vasta produção de Merquior, uma visão liberal implica tanto uma forma de pensamento como favorece um impulso estético. Em ambos os casos, valoriza-se a autonomia frente a dogmas, estimulando-se o experimentalismo frente a tradições cristalizadas.

O gesto era radical e sua ambição ainda não foi plenamente reconhecida.

Compreende-se, assim, insisto, a distinção entre liberalismo e liberismo, essencial para o entendimento de seu projeto. Liberismo pressupunha tão só a "liberdade econômica".[24] Já liberalismo envolvia toda uma *Weltanschauung*, cujo princípio motor encontra-se na

---

[22] Ver, neste livro, p. 174.

[23] Ver, neste livro, p. 89 (meus destaques).

[24] Ver, neste livro, p. 174.

raiz da inesperada autodefinição proposta pelo autor de *Saudades do Carnaval*.

Recordo a entrevista concedida a Caio Túlio Costa. Inquirido sobre sua posição política e ideológica, Merquior manteve-se à altura de sua fama de implacável polemista.

Eis como se apresentou: *um anarquista cultural*.

O jornalista reagiu com prontidão:

"O que significa José Guilherme Merquior ser um anarquista cultural?"

A resposta acusou o golpe, mas não fugiu do desafio:

[...] o que chamei talvez um pouco pitorescamente de posição anárquica no plano cultural é o pleno reconhecimento de que você vive num mundo em que ciência, arte, isto é, conhecimento, produção estética – até mesmo sob certo ponto de vista moral em comportamento – são coisas submetidas a revisões muito rápidas, a mudanças não menos rápidas e a uma flexibilidade muito grande, conforme esse prisma caleidoscópico de valores sociais que caracteriza a alma da sociedade moderna. A alma da sociedade moderna é por definição essa coisa fragmentada, prismática.[25]

O anarquista cultural dispunha de uma argumentação muito sólida. Além disso, George Orwell uma vez se definiu como um "*tory* anarquista",[26] e o paradoxo parece ter inspirado o ensaísta brasileiro. Na política britânica, os *tories* apoiam o Partido Conservador; logo, ser um "*tory* anarquista" exige agilidade mental de malabarista. Ou, em termos mais apropriados, demanda uma consciência em permanente autoexame.

---

[25] Caio Túlio Costa, "Merquior, 'um Anarquista na Cultura'". *Folhetim*, 12/12/1986, p. 5.

[26] Ver, neste livro, p. 218.

O autorretrato era, por assim dizer, perfeitamente *liberal*; ao menos na acepção defendida pelo anarquista das ideias:

> Uma vista geral, mesmo tão necessariamente incompleta quanto esta, da história três vezes secular das ideias liberais mostra, acima de tudo, a impressionante *variedade* dos liberalismos: há vários tipos históricos de credo liberal e, não menos significantes, várias espécies de discurso liberal. Tal diversidade parece decorrer principalmente de duas fontes. Em primeiro lugar, há diferentes obstáculos à liberdade; o que assustava Locke – o absolutismo – já não era obviamente o que assustava Mill ou, ainda, Hayek. Em segundo lugar, há diferentes conceitos de liberdade, o que permite uma redefinição periódica do liberalismo.[27]

O anarquista cultural brasileiro, a seu modo, atualizava o princípio-chave dos *whigs* ingleses:

> Àquela altura já havia um elenco reconhecível de posições *whigs*. Em primeiro lugar, figurava um latitudinarismo moral, uma relutância em aceitar que há uma melhor maneira de viver ou um bem comum suscetível de definição por qualquer monismo ético.[28]

Para dizê-lo com palavras que traduzem o credo de um dos mestres de Merquior, "o universo é inexoravelmente plural; daí o segundo erro da tradição filosófica ocidental – seu *monismo*".[29] A lição de Isaiah Berlin bem pode ser lida como o *leitmotiv* da vida e obra do pensador brasileiro.

Há outro modelo igualmente decisivo; ao fim e ao cabo, a pluralidade dos valores desaconselha dialogar com um único mestre. Não é casual que este livro tenha sido dedicado, *in memoriam*, a Raymond Aron.

Na síntese de Merquior:

---

[27] Ver, neste livro, p. 262.
[28] Ver, neste livro, p. 105.
[29] Ver, neste livro, p. 224.

[...] ele deixou sua primeira marca no cenário internacional com uma crítica penetrante da ideologia "progressiva". Em *O Ópio dos Intelectuais* (1955), ele atacou quatro mitos: o mito da esquerda, o mito da revolução, o mito do proletariado e o mito da necessidade histórica.[30]

A definição do perfil de Aron bem poderia servir de epígrafe a uma biografia do próprio brasileiro: "Seu liberalismo lúcido, muitas vezes cáustico, sempre demasiado cônscio das contradições da modernidade".[31]

O leitor já sabe aonde vou: nas entrelinhas, *O Liberalismo – Antigo e Moderno* transforma-se numa inesperada autobiografia intelectual de José Guilherme Merquior.[32]

(No fundo, seu testamento.)

Esta edição

Esta nova edição de *O Liberalismo – Antigo e Moderno* destaca-se pelo acréscimo de um aparato crítico rigoroso.

Em primeiro lugar, recuperamos tanto a introdução do autor à edição original, quanto a apresentação do editor da coleção na qual o livro veio à luz. Elas haviam sido suprimidas na edição anterior em português. No entanto, são textos relevantes para resgatar a história do livro. Ademais, uma passagem da introdução é mencionada na epígrafe do ensaio de Roberto Campos, o que produzia um efeito curioso, pois justamente ela não se encontrava no livro traduzido. E, como um documento acerca da recepção da obra de Merquior, também reproduzimos a nota biográfica publicada na edição inglesa.

---

[30] Ver, neste livro, p. 236.

[31] Ver, neste livro, p. 239.

[32] Autobiografia parcial, esclareça-se: a curiosidade onívora do autor de *Formalismo e Tradição Moderna* não pode ser reduzida a uma única dimensão.

Mantivemos o ensaio introdutório de Roberto Campos, publicado na edição da Nova Fronteira. De igual modo, preservamos a "orelha", escrita por José Mario Pereira para a mesma edição. Os dois foram amigos diletos e profundos conhecedores da obra de José Guilherme Merquior.

Reunimos uma fortuna crítica de grande significado, a fim de resgatar a importância de O Liberalismo – Antigo e Moderno.

Devemos um agradecimento muito especial ao acadêmico e ensaísta Eduardo Portella por ter autorizado a publicação dos artigos reunidos no número especial da *Revista Tempo Brasileiro* dedicado à obra de José Guilherme Merquior.[33]

Em primeiro lugar, resgatamos um texto do próprio autor, "O Renascimento da Teoria Política Francesa", uma longa resenha que deve ser lida como um desdobramento do livro que ora reeditamos, além de comprovar seu esforço diuturno de atualização.

Tratemos, agora, ainda que muito brevemente, da fortuna crítica.

Celso Lafer, com a elegância intelectual típica de seus textos, assim caracteriza a relevância deste livro: "Ilumina com grande competência analítica, capacidade de síntese e argúcia crítica, porque a visão liberal é mais rica, complexa e heurística que o seu catecismo".[34]

Por sua vez, Hélio Jaguaribe descortina um amplo panorama da história do liberalismo, a fim de destacar o alcance do ensaio de Merquior: "Este livro constitui o mais abrangente estudo contemporâneo sobre o processo do liberalismo, em curso nos últimos três séculos, representando uma verdadeira enciclopédia crítico-expositiva do tema".[35]

---

[33] Trata-se da *Revista TB* 109, organizada por João Ricardo Moderno, publicada em 1992.

[34] Celso Lafer, "O Liberalismo Militante de José Guilherme Merquior". *Revista TB* 109, 1992, p. 59.

[35] Hélio Jaguaribe, "Merquior e o Liberalismo". *Revista TB* 109, 1992, p. 81.

Joaquim Ponce Leal oferece informações valiosas sobre *Liberalism, Old and New* e sua versão brasileira: "traduzido pelo seu colega do Itamaraty, Henrique de Araújo Mesquita, tradutor, aliás, escolhido pelo próprio Merquior".[36]

Numa extraordinária síntese da trajetória múltipla do autor deste livro, Sérgio Paulo Rouanet realiza a proeza de sistematizá-la numa frase: "A tarefa para Merquior consiste em tornar o homem mais livre, em aumentar sua racionalidade, e em refinar sua sensibilidade artística, num mundo em que a beleza seja irmã da razão e inseparável da liberdade".[37]

Por fim, oferecemos ainda ao leitor uma série de documentos inéditos, extraídos do "Arquivo José Guilherme Merquior/É Realizações Editora", e diretamente relacionados ao livro que ora reeditamos.

Cumprimos, assim, o propósito maior de nossa iniciativa: situar *O Liberalismo – Antigo e Moderno* no calor da hora do debate das ideias no Brasil do século XXI.

---

[36] Joaquim Ponce Leal, "José Guilherme Merquior". *Revista TB* 109, 1992, p. 100.

[37] Sérgio Paulo Rouanet, "Merquior: Obra Política, Filosófica e Literária". *Revista TB* 109, 1992, p. 146.

O LIBERALISMO MILITANTE DE JOSÉ GUILHERME MERQUIOR

Celso Lafer

Um dos efeitos dos combates políticos no plano do debate intelectual é o reducionismo simplificador dos catecismos. Durante muitos anos o esforço de esquerda para organizar a cultura a partir da expansão hegemônica de sua perspectiva misoneisticamente estruturada em torno da obra de Marx teve como subproduto a forte presença na discussão pública de uma fraca "vulgata" marxista. Hoje a derrocada do "socialismo real" e a consequente crise da esquerda vêm provocando, quase que simetricamente, a insatisfatória organização da agenda na forma de um catecismo liberal.

Nesta homenagem à vida e obra de José Guilherme Merquior, parece-me válido, em primeiro lugar, tratar de seu último livro *O Liberalismo – Antigo e Moderno,* pois um dos muitos méritos deste trabalho, que ele infelizmente não chegou a ver publicado, é a sua oportunidade. Ilumina com grande competência analítica, capacidade de síntese e argúcia crítica, porque a visão liberal é mais rica, complexa e heurística que o seu catecismo. Isto tem a ver com uma tradição intelectual, pois o liberalismo é pluralista desde as suas origens. Caracteriza-se pela multiplicidade dos seus clássicos e pela variedade de suas distintas elaborações, que respondem a problemas colocados por contextos sócio-político-culturais heterogêneos no tempo e no espaço. Por esse motivo, tem vertentes econômicas, políticas, jurídicas e culturais muito variadas nos seus propósitos, razão pela qual convém falar em liberalismos no plural e não no singular.

Uma só etiqueta uniformizadora em verdade não cobre adequadamente o que, ao mesmo tempo, no âmbito da família liberal, une e diferencia, para exemplificar,

Kant e Adam Smith, Humboldt e Tocqueville, Benjamin Constant e John Stuart-Mill, Hayek e Bobbio, Raymond Aron e John Rawls, Octavio Paz e Karl Popper, Dahrendorf e Isaiah Berlin.

Com efeito, se o liberalismo, como o próprio nome indica, tem como aspiração unificadora a liberdade que permeia a reflexão de seus grandes pensadores, esta não é una, mas múltipla, como mostra José Guilherme desde o início do seu livro, ao discutir, no capítulo I, definições e pontos de partida. Ora – e este é o meu argumento – só uma erudição abrangente – que dominava a linguagem da política, da filosofia, da literatura, do direito e da economia – e à vontade em múltiplas tradições culturais, como foi a que singularizou José Guilherme, poderia lidar com o senso de complexidade inerente ao liberalismo e à liberdade, sem incidir em reducionismos. Por isso escrever um livro que escapa da estreita bitola convencional daqueles que tratam o liberalismo apenas como uma criação anglo-saxã com os usuais ingredientes franceses dados por autores como Montesquieu, Benjamin Constant e Tocqueville, ignorando que o *corpus* da doutrina liberal abrange também os temperos dados por Croce e Einaudi, Jellineck e Kelsen, Sarmiento, Herzen e Ortega y Gasset. Daí a multifacetada competência analítica que permeia a tessitura deste livro, que representa assim uma instigação ao debate sobre o papel da doutrina liberal no mundo.

É o José Guilherme crítico literário e historiador da literatura que sublinha que uma das dimensões da liberdade, contempladas pelo liberalismo é a vocação goetheana, que Von Humboldt articulou, da liberdade como *Bildung* – como autorrealização da pessoa. Por isso, liberalismo e romantismo têm em comum a valorização do indivíduo – uma das notas identificadoras da modernidade. Foi isso o que levou à afirmação de Victor Hugo, evocada por José Guilherme: "o romantismo é o liberalismo na literatura".

É o José Guilherme que manejava os códigos das diversas disciplinas das ciências humanas em múltiplas tradições culturais e que tinha o sentido das diferenças, que identificou por que, no século XIX, os liberais ingleses foram basicamente economistas, epistemólogos e filósofos da moral; os franceses historiadores e analistas políticos e os alemães juristas, realçando, assim, as causas da rica diversidade do liberalismo clássico.

É o José Guilherme, estudioso da política comparada, que explica por que, nos Estados Unidos, a dimensão continental, a diversidade e a economia exigiram uma reelaboração da tradição republicana dos pequenos Estados, para contemplar o bem das partes componentes do todo e ensejar a construção de instituições adequadas para a moral de uma sociedade comercial.

É o José Guilherme historiador das ideias e escritor de talento que traçou, neste livro, perfis intelectuais tão interessantes e explicitou em poucas palavras, sempre "aquém do jargão" e "além do chavão", o essencial. Por exemplo: de que maneira Montesquieu, com a sua percepção sociológica do direito e da política, deu à tradição contratualista uma profundidade analítica de que ela carecia, ou como Adam Smith, ao associar os problemas do direito natural aos da teoria do desenvolvimento, através de uma nova economia política, enunciou a profundidade socioeconômica do tema "iluminista" do progresso; ou, ainda, como a doutrina liberal incorporou, com Mazzini, os ingredientes do nacionalismo e da juventude, com Herzen, a visão libertária e com Sarmiento e Alberdi, a dimensão da construção do Estado-nação.

A vocação analítica pode levar, na sua arguta garimpagem, à dispersão centrífuga. Não era isso o que ocorria com José Guilherme, que no seu percurso intelectual sempre a associou a uma fulgurante e centrípeta capacidade de síntese. Neste livro, estas duas grandes virtudes intelectuais mesclaram-se, com muito equilíbrio, na trama de sua redação que oferece, assim, ao seu leitor, a percepção tanto das árvores quanto da floresta da doutrina liberal.

Na identificação dos contornos da floresta, José Guilherme mostrou como o protoliberalismo que deita as suas origens na reforma protestante, no jusnaturalismo contratualista, na Ilustração, preparou a agenda do liberalismo clássico que foi dominada pelos temas dos direitos naturais, da economia de mercado, do republicanismo cívico, do utilitarismo, do evolucionismo histórico e da sociologia histórica. Mostra, também, que, se hoje a linguagem do neoliberalismo é o *liberismo* da economia de mercado, para usar a terminologia de Croce, e do qual são expoentes teóricos autores como Von Mises e Von Hayek, cuja relevância ele sublinha, o liberalismo a isto não se reduz. Fala, também, desde o segundo pós-guerra, os idiomas da crítica de Popper ao historicismo determinista; do protesto antitotalitário de Orwell e Camus; da ética de pluralismo de Isaiah Berlin; da sociologia histórica de Raymond Aron, do radicalismo liberal de Dahrendorf, ao que a década de 1970 acrescentou a linguagem dos direitos e do contrato social de Rawls, Nozick e Bobbio. Destaco, quanto a este último, a importância da contribuição que deu – muito bem apontada por José Guilherme – ao vínculo que une o liberalismo à democracia, quando o gosto da igualdade está associado ao sentido do papel das instituições.

A tradição da razão como instrumento de uma visão crítica não conformista à qual José Guilherme estava filiado – pois afirmou o antiformalismo contra o formalismo, a racionalidade contra o irracionalismo e a modernidade contra o imobilismo da tradição – pode levar a leituras de obras, autores e períodos que ora são mais "a favor" ou ora são mais "contra". No percurso de José Guilherme, a dimensão do "contra" prepondera nos livros que antecedem *O Liberalismo – Antigo e Moderno,* como é o caso de *O Marxismo Ocidental, De Praga a Paris – Uma Crítica ao Pensamento Estruturalista e Pós-Estruturalista* e *Michel Foucault ou o Niilismo da Cátedra.* Esta dimensão "contra" prepara, para assim dizer, a dimensão "a favor" que permeia este seu último livro. Isto não significa que *O Liberalismo – Antigo e Moderno* não seja, medularmente, um livro dentro da melhor tradição crítica. Ele o é, tanto que José Guilherme mostrou, com infinita acuidade, como existem liberalismos de harmonia e de dissonância; liberalismos conservadores e de inovação. Esta crítica, no entanto, é construtiva, pois exprime a sua visão madura das coisas e do mundo, uma vez que o pluralismo um tanto centrífugo da doutrina liberal – como já tive a oportunidade de observar – ajustou-se à multiplicidade dos seus interesses, dando consistência aos temas recorrentes de seu excepcional percurso intelectual.

Por esse motivo, *O Liberalismo – Antigo e Moderno* é o livro de sua ilustrada maturidade intelectual. Nele, *virtù* e *fortuna* encontram-se, dando a José Guilherme a oportunidade de, em função do tema, harmonizar os seus múltiplos talentos num texto elaborado e acabado que faz justiça à multiplicidade de seus talentos e do vigor do seu intelecto.

Uma palavra final sobre a militância liberal de José Guilherme parece-me imprescindível para arrematar este texto, posto que esta militância é esclarecedora de sua personalidade e de seu perfil. No plano da razão vital, integrou ele a família intelectual dos grandes carnívoros, cuja *forma mentis* não obedece à vocação dos ruminantes. Contribuiu, assim, José Guilherme, para o debate intelectual contemporâneo no Brasil e no mundo. Neste debate, teve ele a firme coragem moral de suas convicções e a preocupação salutar com o futuro que faz vigiar e combater, de que falava Tocqueville num texto que era do agrado de Raymond Aron. Faço esta menção, porque para José Guilherme – que teve em Aron um dos seus paradigmas tanto que à sua memória dedicou este livro que hoje estou comentando – a postura liberal não significa indiferença ou indulgência, acepções que podem ser negativamente atribuídas ao valor tolerância, que integra a constelação axiológica da doutrina liberal. Traduziu-se kantianamente no uso público da própria razão, com o objetivo de fazer da liberdade de pensamento e de opinião um meio de testar, à boa maneira liberal, as verdades parciais que foi sedimentando no correr do seu caminho.

Nestes testes, a inteligência combativa e combatente de José Guilherme muitas vezes entestou com os seus interlocutores. Daí as múltiplas polêmicas em que se meteu. Nelas, se por vezes incidiu na sobranceria, jamais se deixou conduzir pelas "baixas paixões", que não tinha, do ressentimento e da inveja. Foi sempre capaz de reconhecer a qualidade intelectual dos que com ele não concordavam e de ver e aplaudir os méritos dos novos e velhos trabalhos dos seus adversários da véspera. Esta dimensão generosa de sua personalidade que é, aliás, um atributo liberal – Ortega, neste sentido, dizia que o liberalismo é até institucionalmente uma forma superior de generosidade, porque parte do pressuposto de que a maioria deve garantir e respeitar a minoria – me leva a fazer uma última observação.

A desqualificação, como se sabe, é o procedimento mediante o qual, numa confrontação, busca-se deliberadamente minar a integridade e a legitimidade do adversário. Visa-se com isso, provocar para machucar.

A combatividade de José Guilherme gerou, em relação a ele, inúmeras tentativas de desqualificação movidas algumas pelas paixões ideológicas, outras pelas "baixas paixões" que ele, até sem querer, instigava com a força de sua superioridade intelectual. A elas, em vida, sempre deu pronta e contundente resposta. Agora, no entanto, que ele só pode explicar-se através de sua obra, acho fundamental dizer que um grande e generoso intelectual como foi José Guilherme merece, e sua reflexão deve ser tratada, inclusive por aqueles que dela discordaram e discordam, em consonância com o padrão de moralidade do discurso público. Este padrão, formulado com tanta clareza por Stuart Mill em *Sobre a Liberdade* na linha do melhor pluralismo da tradição liberal, requer a calma para ver e a honestidade para informar quais foram realmente as opiniões de José Guilherme, nada exagerando, em seu descrédito, e não dando as costas a nada que deponha, ou se suponha depor, a seu favor.

Membro da Academia Brasileira de Letras
Professor da Universidade de São Paulo
Ex-ministro das Relações Exteriores

Merquior e o liberalismo

Hélio Jaguaribe

O intelectual engajado

José Guilherme Merquior (1941-1991), falecido antes de completar cinquenta anos, numa fase de máxima criatividade foi, reconhecidamente, no país e no exterior, um dos mais bem dotados ensaístas de nosso tempo. Combinando uma inteligência aguda e rápida com uma excepcional erudição, percorreu, com a maior competência, lucidez e fino espírito crítico, os mais amplos domínios da cultura. Sua produção vai da crítica literária à história crítica das ideias, da filosofia à sociologia e à ciência política, abrangendo, ainda, a área das relações internacionais, teoricamente, como ensaísta e operacionalmente, como excelente diplomata. Seus últimos postos foram a chefia de nossa Embaixada no México e de nossa delegação junto à Unesco.

Intelectual multifacético e poliglota, que logrou, extraordinariamente bem, essa rara façanha de combinar imensa erudição com excepcional agilidade de espírito, Merquior foi também um intelectual politicamente engajado. Não no sentido da militância partidária, mas no da militância das ideias e dos interesses públicos. Atraído, na juventude, por um ideário social-democrata, o estilo de San Tiago Dantas, experimentou, como Roberto Campos, um profundo desencanto com a máquina do Estado, que o levou ao campo do liberalismo. Um liberalismo, inicialmente, de corte conservador, que o aproximaria de Von Mises e de Hayek. Mas um liberalismo que evoluiu, em seus anos maduros, para um social-liberalismo, na tradição de Thomas Green e de John Hobson, próximo às ideias de Raymond Aron e Ralf Dahrendorf.

Tive a oportunidade de participar, com ele, de um seminário em Paris, sobre o Brasil, em dezembro de 1990. Já estava irremediavelmente afetado pelo câncer que o vitimaria, no mês seguinte. Pôde, assim mesmo, num heroico esforço do espírito, superando as mais precárias condições físicas, pronunciar uma extraordinária conferência, num francês impecável, sobre os sucessivos projetos de organização nacional do Brasil, desde a Independência, com José de Bonifácio, até nossos dias. Foi um duplo deslumbramento. O da fina inteligência crítica, analisando o sentido e alcance das grandes propostas que se sucederam, com o parlamentarismo do Segundo Reinado, o positivismo republicano, a ideologia dos tenentes, o Estado Novo, o liberalismo democrático da Constituição de 1946, o saintsimonismo das duas décadas militares, a frustrada democracia social da Nova República. E o deslumbramento da vitória do espírito sobre as debilidades do corpo, permitindo àquele ser tão enfraquecido entoar, admiravelmente, o que seria seu canto do cisne.

Ademais dessa conferência – cuja publicação por Ignacy Sachs está sendo ansiosamente aguardada –, a outra derradeira obra de Merquior, cujas últimas provas tipográficas pôde corrigir, mas cuja publicação não pôde ver, foi *Liberalism, Old and New* (Boston, Twayne's Studies in Intelectual and Cultural History. N. I., 1991; tradução brasileira da Nova Fronteira – Rio, 1991). Esse livro constitui, de certa forma, o testamento intelectual do ensaísta engajado. Procederei, nas linhas seguintes, a um sucinto comentário crítico dessa obra.

Visão geral

O Liberalismo – Antigo e Moderno constitui o mais abrangente, embora seletivo, levantamento expositivo e crítico do pensamento liberal, no curso dos três últimos séculos. O livro está organizado em cinco amplos capítulos: (1) Definições e Pontos de Partida, (2) As Raízes do Liberalismo, (3) Liberalismo Clássico, 1780-1860,

(4) Liberalismos Conservadores, (5) Dos Novos Liberalismos aos Neoliberalismos. A esses capítulos se seguem uma breve Conclusão geral e copiosas notas e referências.

O estudo de Merquior ostenta as características de uma enciclopédia crítico-expositiva do pensamento e dos movimentos liberais. Duas notas são particularmente distintivas desse *opus magnum*. De um lado, a superação do terreno a que usualmente se circunscrevem os estudos sobre o liberalismo, excessivamente voltados para o pensamento anglo-saxônico. Ademais deste, Merquior contempla as contribuições francesa, alemã, italiana, espanhola, além de outras, e inclui pensadores argentinos, como Sarmiento e Alberdi. A segunda marca distintiva desse livro é a capacidade que se revela, em todas as suas páginas, de combinar uma admirável síntese do pensamento de cada uma das figuras importantes das várias correntes liberais, desde o protoliberalismo medieval e renascentista, com uma lúcida crítica do sentido da contribuição de cada qual, no contexto de seu lugar e tempo.

O livro, fiel a seu propósito de ser uma objetiva exposição crítica das múltiplas correntes e personalidades do pensamento liberal, no curso dos três últimos séculos, não apresenta, expressamente, as próprias ideias do autor. Sentem-se, entretanto, as linhas mestras das convicções e predileções de Merquior, no carinho com que trata o liberalismo social do Novo Liberalismo, de fins do século XIX a nossos dias, no respeito com que aborda o Neoliberalismo liberista de Von Mises e de Von Hayek, e no apreço que dedica a Raymond Aron e Ralf Dahrendorf.

O QUE É O LIBERALISMO?

O que é o liberalismo? Em que medida é possível encontrar características constantes num movimento de ideias e de iniciativas práticas que se desenvolve no curso de três séculos e frequentemente apresenta, na mesma época, tendências bastante diversas?

Merquior se propõe essa questão inicial e lhe dá uma resposta afirmativa. O liberalismo não é uma expressão oca mas, dentro de suas variações de época e de escolas, mantém-se, embora em proporções diferenciadas, fiel à sustentação de quatro liberdades fundamentais. São elas: (1) liberdade (negativa) de não sofrer interferências arbitrárias; (2) liberdade (positiva) de participar nos assuntos públicos; (3) liberdade (interior) de consciência e crenças e (4) liberdade (pessoal) para o autodesenvolvimento de cada indivíduo.

Essas quatro liberdades constarão sempre, ainda que em doses diferentes e, algumas vezes, de forma mais implícita do que explícita, do elenco histórico do pensamento liberal. Este, visto no seu conjunto, do século XVIII aos nossos dias, apresenta diferenciações, basicamente em função das características de cada época, no que diz respeito à maior ou menor ênfase dada a cada uma dessas quatro liberdades e no que se refere ao relacionamento entre o indivíduo, a sociedade e o Estado. Por outro lado, o pensamento liberal, também contemplado no seu conjunto, reflete as tendências predominantes nas culturas nacionais em que se desenvolve.

No que tange ao desenvolvimento histórico do liberalismo, Merquior identifica, inicialmente, um protoliberalismo, que mergulha suas raízes mais remotas na defesa medieval dos direitos e no humanismo do Renascimento. Poderia ter se referido à emergência da liberdade interior, com Sócrates e Platão, e dos direitos universais do homem, com os estoicos. Em seguida, Merquior diferencia seis principais correntes no liberalismo: o liberalismo clássico, o conservador, o novo liberalismo, o neoliberalismo, o neocontratualismo e o liberalismo sociológico.

No que concerne às escolas do pensamento liberal, influenciadas pelas características das principais culturas nacionais em que se desenvolveu, Merquior distingue três linhas. A escola inglesa, de Hobbes e Locke a Bentham e Mill, para a qual a liberdade é principalmente a independência pessoal. A escola francesa, a partir de Rousseau, para a qual a liberdade é, fundamentalmente, autogoverno. E a escola alemã que, com base em Humboldt, encontra a essência da liberdade na autorrealização pessoal.

Raízes do liberalismo

Em última análise, segundo Merquior, o cristianismo, de um modo geral e, particularmente, a Reforma e a Revolução Francesa, constituem os fundamentos a partir dos quais se desenvolve o liberalismo.

As raízes mais remotas do liberalismo podem ser encontradas no pensamento medieval, com Marcilio de Padua (1275-1343) e seu *Defensor Pacis* (1324) introduzindo o requisito de consentimento dos governados, para a legitimidade dos governos. Ockham (1300-1349), Francisco Suárez (1548-1617), Hugo Grotius (1583-1645) e Johann Althusius (m. 1638) são importantes precursores de muitos dos aspectos do liberalismo. Modernamente, deve-se a John Locke, com seu *Second Treatise on Government* (1659) a implantação das bases do pensamento liberal.

Merquior reconhece, entre os antecedentes remotos, a influência do conciliarismo eclesiástico na configuração do pensamento constitucionalista. Faltou-lhe referir, como precedentemente mencionado, o legado grego em matéria de liberdade interior, um dos fundamentos do pensamento liberal e, por outro lado, o mesmo legado grego na construção da democracia, como regime político. Haveria que acrescentar a relevante contribuição dos estoicos, precedendo o cristianismo no entendimento da dignidade universal do homem, independentemente de sua cidadania e condição social.

Sem embargo de suas raízes remotas, o liberalismo, como movimento de ideias e de práticas societais, procede da Ilustração. Esta, em última análise, levantou a problemática fundamental da relação homem-sociedade-Estado, que é, por um lado, a exigência da liberdade, tanto negativa, no sentido de não coerção, quanto positiva, no sentido da participação pública. Por outro lado, a exigência da racionalidade pública, opondo-se às modalidades populistas e clientelistas da democracia. O século XVIII oscilou, por isso, entre os direitos públicos da cidadania, enfatizados pela Revolução Francesa, e as exigências de racionalidade pública, enfatizadas pelo chamado "despotismo esclarecido" – de Frederico, o Grande ou do Marquês de Pombal – que, não tendo sido efetivamente despótico, mereceria a denominação de autoritarismo esclarecido.

Liberalismo clássico – 1780-1860

O liberalismo clássico é uma reflexão sobre as condições de formação e de legitimidade do Estado e uma defesa das liberdades negativa e positiva, ante o governo e no âmbito do Estado. Hobbes sustenta que a preservação da incolumidade das pessoas e de seus direitos básicos conduz à delegação de todo o poder ao príncipe, como administrador desses valores. Locke contrapõe, no contrato social básico, a exigência do consentimento dos governados, como condição de legitimidade do poder.

Os *whigs*, primeiro partido organizado de tendência liberal, incorporam as exigências de consentimento, de Locke, moderando-as com algo de Hobbes, na preservação da autoridade do príncipe.

O liberalismo clássico produzirá um brilhante elenco de pensadores: Benjamin Constant e Alexis de Tocqueville, na França; John Stuart Mill, na Inglaterra; Giuseppe Mazzini, na Itália; Alexander Herzen, na Rússia.

Locke, moderadamente influente na Glorious Revolution, será decisivamente influente na formação do pensamento liberal da Independência americana.

Liberalismo conservador

Os excessos da Revolução Francesa, quer no populismo de Marat e Danton, quer no jacobismo de Robespierre e do Terror, culminando no imperialismo autoritário de Napoleão, levam o pensamento liberal de fins do século XVIII e primeira metade do XIX a uma reação conservadora. É preciso proteger a sociedade das oscilações entre um populismo irresponsável e um dogmatismo repressivo.

Edmund Burke (1729-1797), com sua crítica da Revolução Francesa dá o tom do liberalismo conservador. Será seguido, na Inglaterra, por Thomas Macaulay (1800-1859), John Dalberg, barão Acton (1834-1902), Walter Bagehot (1826-1877), o grande editor do *Economist* desde 1861 até seu falecimento, e pelo evolucionismo social-darwinista de Herbert Spencer (1820-1903).

Na França, o liberalismo conservador será introduzido por François-René de Chateaubriand (1768-1848). O liberalismo francês de tendência conservadora distinguirá, na grande revolução, seu momento positivo, 1789, do negativo, 1793. Com variantes vinculadas às vicissitudes políticas da França, são inseríveis na categoria do liberalismo conservador personalidades como Michelet (1798-1874), que apoiará o Segundo Império, Rémusat (1797-1875), que apoiará Thiers, mas manterá sua preferência por uma monarquia constitucional, Edgard Quinet (1803-1875), que sustentará um liberalismo sem reivindicações de classe, e Ernest Renan (1823-1892), que defenderá um liberalismo não democrático.

O quarto capítulo de *O Liberalismo – Antigo e Moderno*, que aborda o liberalismo conservador, inclui uma seção tratando de uma particular vertente desse liberalismo, sob a denominação de liberalismo de construção nacional, analisando a obra e as atividades públicas de dois eminentes pensadores argentinos: Domingo Faustino Sarmiento (1811-1888) e Juan Bautista Alberdi (1810-1884).

Sarmiento, herdeiro das preocupações da Ilustração, no tocante à compatibilização entre as liberdades negativas e positivas do cidadão e o imperativo de racionalidade pública, mostra como a condição dessa compatibilização é a universalização da educação popular, através da escola pública. Em seu clássico, *Facundo, Civilización y Barbarie* (1845) coloca-se decisivamente a favor daquela, contra o caudilhismo rural.

Alberdi se defronta com uma Argentina invadida por imensas ondas migratórias e se preocupa em salvaguardar a nacionalidade, denegando direitos políticos aos imigrantes. Natalio Botana, citado por Merquior, define Alberdi como o Edmund Burke da imigração europeia. Sua proposta é a de uma modernização conservadora, que favorece a industrialização e o progresso, em condições que protejam a república da irracionalidade das massas e da desnacionalização dos imigrantes.

Constitui uma valiosa inovação, por parte de Merquior, ter superado o preconceito de restringir a discussão das grandes ideias públicas, ao universo euro-norte-americano, introduzindo, em sua grande obra, uma fina análise de Sarmiento e Alberdi. É de lamentar-se, por outro lado, que essa lúcida e despreconceituosa abertura não tenha incluído referências fundamentais ao liberalismo mexicano, com Benito Juárez e o liberalismo conservador-progressista de Porfirio Díaz, não tenha contemplado o liberalismo brasileiro, de Antonio Carlos de Andrade a Ruy Barbosa, nem o pensamento e a atuação chilenos, no extraordinário esforço de *nation-building* de Diego Portales.

O estudo do liberalismo conservador de Merquior se encerra com uma análise do pensamento alemão, vinculado à ideia do *Rechtsstaat*, incluindo uma penetrante discussão de Max Weber. A essa análise se seguem outras duas, abordando o pensamento de Benedetto Croce na Itália e de José Ortega y Gasset, na Espanha.

O pensamento alemão é pautado por duas grandes linhas; o conceito de Wilhelm von Humboldt sobre os limites do Estado, visto como "guarda noturno" das liberdades cívicas e o conceito de Kant sobre a autocultivação, como supremo objetivo da pessoa, requerendo apropriada tutela do Estado.

Avulta, nesse pensamento, a figura de Max Weber (1864-1920), que combina, admiravelmente, a tradição historicista germânica com as exigências, tingidas de positivismo, de uma sociologia científica. Dentro dessa perspectiva, Weber se dá conta de que o processo de modernização consiste numa expansão da racionalidade instrumental, cujo agente social é a burocracia. As sociedades modernas se defrontam, assim, com um duplo perigo: o despotismo burocrático e, na contestação a este, o do autoritarismo carismático. Para superar esse duplo risco Weber enfatiza a necessidade do parlamentarismo como forma democrático-racional de seleção de lideranças políticas.

Benedetto Croce (1866-1952) é outra figura eminente analisada por Merquior. Croce, a partir de um profundo historicismo (que resgata a figura de Giambattista Vico) sustenta um liberalismo como exigência moral, em oposição ao liberalismo econômico do utilitarismo. A grande contribuição de Croce foi a identificação, no processo histórico, de um crescimento cumulativo, embora não linear nem ininterrupto, da liberdade. Esse compromisso com a liberdade, como exigência moral, mas também como tendência evolutiva da história, levou Croce a uma consistente posição antifascista.

A análise do pensamento de Ortega (1883-1955) encerra a discussão, por Merquior, das grandes personalidades do liberalismo conservador. Ortega se defronta com exigências contraditórias. Por um lado, seu profundo liberalismo, como decorrência necessária de seu abrangente humanismo. Por outro lado, sua crítica ao homem-massa, não entendido como membro do proletariado, mas como um tipo psicocultural, que se encontra em todas as classes sociais, consistente no homem sem ideais superiores, que se esgota na busca do bem-estar. O liberalismo de Ortega o leva a apoiar os esforços iniciais da República e a se opor, concomitantemente, ao franquismo e ao comunismo. O elitismo psicocultural de Ortega o conduz, a meu ver, a uma modalidade própria de liberalismo conservador, que se poderia definir como uma sustentação universal das liberdades negativas e uma abordagem seletivamente meritocrática para as liberdades positivas. Escapou à análise merquioriana esse aspecto do pensamento de Ortega, que me parece extremamente relevante.

Concluindo sua magistral discussão do liberalismo de seu momento clássico ao conservador, Merquior diferencia, no processo, cinco principais expressões: (1) os direitos naturais, com Locke e Paine; (2) o humanismo cívico, de Jefferson e Mazzini; (3) o das etapas históricas, com Smith e Constant; (4) o utilitarismo, com Bentham e Mill; (5) o sociologismo histórico, com Tocqueville.

O liberalismo é um processo que parte do whiguismo, como mera demanda de liberdade religiosa e governo constitucional, para atingir a democracia. Os excessos desta preocupam os liberais conservadores, que querem moderar a democracia e se constituem em *neo-whigs*.

Daí resultam em três modalidades de liberalismo: (1) o idioma burkeano, de Macauley, Maine, Alberdi, Renan, Acton; (2) a linguagem darwinista, de Spencer; (3) o historicismo, com suas implicações elitistas, de Weber e de Ortega.

O NOVO LIBERALISMO

Albert Dicey, citado por Merquior, observa que o reformismo legal, na Inglaterra, teve duas fases no século XIX. A primeira, de 1825 a 1870, encaminhou-se para defender e expandir a independência individual. A segunda, de 1870 em diante, teve por objetivo a justiça social.

O novo liberalismo, do fim do século passado em diante, teve um forte cunho social, tornando-se um social-liberalismo. A grande figura britânica, nessa linha de pensamento, foi Thomas Hill Green (1836-1882). A partir de um hegelianismo kantiano, Green sustenta a necessidade de, mantendo-se o princípio da liberdade, liberdade de qualquer coerção, encaminhar-se para a liberdade positiva, para assegurar a todos os homens a plenitude de seu autodesenvolvimento – a *Bildung* dos alemães. O objetivo da ação pública deve ser o da melhoria social. Isto significa agregar, à defesa dos direitos individuais, a exigência de igualdade de oportunidades e de uma ética comunitária.

John Hobson (1854-1940) e Leonard Hobhouse (1864-1929) prosseguem na linha de Green. Hobhouse insiste na exigência de liberdade positiva. Hobson se tornará famoso com seu *Imperialism*, de 1902, atribuindo este à excessiva acumulação de riquezas e poupança, que passam a exigir a conquista coercitiva de novos mercados.

As ideias de Green foram mantidas e postas em prática por William Beveridge (1879-1963). A partir do Reform Club, em 1942, Beveridge elabora os "Estatutos Originários" do estado de bem-estar social britânico.

O liberalismo social assumiu, na França, a forma do republicanismo. O que estava em jogo era a reconstrução das instituições depois da derrocada do Segundo Império, sem incidir no populismo da Comuna, nem no retorno ao monarquismo conservador. As ideias básicas do movimento são lançadas por Claude Nicolet em *L'idée Républicaine en France*, de 1870.

O liberalismo social, na França, se subdivide em diversas modalidades: neogirondinos, com Quinet; neodantonistas, com Michelet e Victor Hugo; republicanos positivistas, com Jules Ferry e Gambetta, e republicanos espiritualistas, com Charles Renouvier.

O liberalismo social, na França, tomou a defesa de Dreyfus. Seus expoentes mais recentes foram Émile Durkheim (1858-1917) e Leon Duguit (1859-1925). A expressão final dessa tendência adquire, com Alain (Émile Chartier, 1868-1951) um sentido super-individualista, beirando o anarquismo. Alain será extremamente influente na formação do pensamento de Sartre, de Simone Weil e de Raymond Aron. Essa tendência, com coloração mais social, será mantida por Albert Camus (1913-1960) em seus romances.

O liberalismo social tem importantes defensores, na Itália, com Piero Gobetti (1901-1926), antifascista, numa posição de social-liberalismo idealista, baseado nas massas e Cario Roselli (1899-1937), que busca um socialismo democrático, liberado do marxismo. Na Espanha, com Salvador de Madariaga (1886-1978), dentro de uma visão organicista da democracia.

Na Alemanha, o liberalismo social se identifica com o apoio à República de Weimar. Seu mais eminente expoente será Hans Kelsen (1881-1973). Em seu trabalho de 1920 *Sobre a Essência e o Valor da Democracia*, o eminente jurista sustenta que a essência desta consiste na autonomia da geração da norma, em condições de pluralismo político.

Os Estados Unidos dão uma relevante contribuição ao liberalismo social com Woodrow Wilson (1856-1924) e seu programa da "New Freedom" e John Dewey (1859-1952), com sua ênfase sobre a educação.

Mais recentemente, os britânicos dão nova importante contribuição ao social-liberalismo, com Keynes (1883-1945) e o romancista George Orwell (1903-1950). Karl Popper, de tendência conservadora e perspectiva neopositivista, desenvolve, em termos antiestatistas, uma preocupação com a superação da miséria. Seu famoso dito: "minimizem a miséria, em vez de tentar maximizar a felicidade". Dentro dessa linha, destaca-se a importância intelectual de Sir Isaiah Berlin, cujo *Two Concepts of Liberty*, de 1958, diferenciando a liberdade negativa da positiva, salienta o imperativo de perseguir objetivos racionais, evitando todas as formas de autoritarismo.

NEOLIBERALISMO

Enquanto o que Merquior designa de "New Liberalism" se caracteriza pela impregnação da preocupação social no pensamento liberal, o neoliberalismo toma sentido oposto, constituindo uma dura crítica do paternalismo estatal. Von Mises (1881-1933) com seu libelo *Socialismo*, de 1922, denunciando os abusos da regulação social, Von Hayek (1899-1992) sustentando um liberalismo de mercado, em condições de governo mínimo, juntamente com Milton Friedman (1912-2006) e sua irrestrita defesa do mercado, marcam a linha extremamente conservadora do neoliberalismo.

O neoliberalismo retoma a temática individualista do liberalismo clássico, dentro da postura do liberalismo conservador de Burke, Macauley e Bagehot. E conhecida a grande influência exercida por essa linha de pensamento na política contemporânea, a partir de Thatcher, na Grã-Bretanha, e de Reagan, nos Estados Unidos, irradiando-se para o restante do mundo, notadamente em muitos países do Terceiro Mundo. O fato de governos economicamente neoliberais, ainda que frequentemente fundados num autoritarismo político, terem conquistado, no Sudeste Asiático e em países latino-americanos, como o Chile de Pinochet (numa orientação continuada pelo governo democrático de Patricio Aylwin) e o México, importantes êxitos econômicos, conferiu à ideologia neoliberal uma grande audiência.

Merquior analisa, com muita competência, as principais personalidades do pensamento neoliberal. É de lastimar-se que não tenha introduzido as necessárias qualificações, no tocante à diferenciação que importa fazer, entre a comprovada validade de uma economia de mercado, dinamizada pela empresa privada, como condição de boa alocação e gestão de recursos, dos aspectos puramente ideológicos do neoliberalismo, demonizando o Estado e, por conta de sua desmontagem, instaurando a lei da selva em sociedades cuja estabilização se devera aos sadios efeitos do Welfare State.

LIBERALISMO SOCIOLÓGICO

O quinto e último capítulo do livro de Merquior contém duas seções finais. Uma tratando do que se poderia denominar de "liberalismo sociológico", que consiste, fundamentalmente, numa análise crítica do pensamento de Raymond Aron e de Ralf Dahrendorf. A outra, abordando o neocontratualismo de Rawls, Nozick e Bobbio.

Em sentido estrito, não se pode falar de liberalismo sociológico em relação a Aron e a Dahrendorf. Tal denominação só teria sentido aplicada ao liberalismo de Spencer e de Durkheim. Aquele, por seu determinismo evolucionista. Este, por seu determinismo social. Aron e

Dahrendorf são eminentes sociólogos e convictos liberais. Em ambos o liberalismo não decorre de postulados sociológicos ainda que, certamente, a condição de competentes sociólogos os leve a superar os aspectos meramente ideológicos de várias modalidades de liberalismo, tanto de esquerda quanto de direita.

Aron (1905-1983), tão multifacético como Merquior – que sobre este emitiu a famosa frase *"ce garçon a tout lu"* – sustenta um liberalismo moderadamente conservador, na relação indivíduo-sociedade-Estado, enfatizando as liberdades negativas e a relevância do mercado. Por outro lado, tem consciência da necessidade de uma prudente regulação, pelo Estado, das relações econômicas (medidas anticíclicas) e sociais (igualdade de oportunidades e proteção de setores carentes). Sua militante denúncia das falácias do comunismo e dos populismos de esquerda lhe valeram, durante largo anos, a hostilidade da maioria dos membros da *intelligentzia*. Sua extraordinária honestidade intelectual, sua enorme competência e excepcional lucidez acabaram lhe conquistando a admiração geral de todos os intelectuais sérios, ainda antes de o colapso do comunismo no Leste Europeu e na União Soviética confirmar, historicamente, a procedência de suas críticas.

A análise de Aron, por Merquior, se concentra, sobretudo, na sua obra histórico-sociológica e menos nas suas concepções a respeito do liberalismo, estas predominantemente veiculadas através de sua ampla contribuição ao jornalismo.

Ralf Dahrendorf (1929-2009) compartilha, com Aron, a análise da sociedade industrial contemporânea e estuda os conflitos que lhe são próprios. Particularmente importante, a esse respeito, é seu livro *The Modern Social Conflict* (1988). Mostra Dahrendorf como, na contemporânea sociedade industrial (tornando-se pós-industrial), os conflitos de classe, ao estilo do século XIX, foram superados por outro tipo de conflito. As diferenciações de classe ficaram extremamente reduzidas pela universalização da educação e de um estilo de classe média para, praticamente, toda a população. Formou-se, assim, um amplo estrato de assalariados, tanto de *blue* como de *white collars*. O próprio empresariado, sem embargo de seus proventos e poder decisório, decorrentes do capital, participa desse estrato como executivo das empresas. O novo conflito social, nas sociedades contemporâneas avançadas, é o conflito entre "provisões" e "titularidades". A legislação social e os acordos sindicais conferem "titularidades", independentemente de específicas "provisões" para atendê-las, ocasionando, assim, frequentemente, conflitos entre direitos adquiridos e meios para dar-lhes atendimento. Os atuais debates no Brasil, em torno das aposentadorias, são uma boa ilustração desta questão. Esse tipo de conflito suscita dois movimentos sociopolíticos opostos. De um lado, a classe majoritária (o amplo assalariado), com as demandas de suas titularidades. De outro lado, os "thatcheritas", ciosos da proteção das provisões disponíveis, impondo disciplina às titularidades.

Nesse quadro, Dahrendorf, como Aron, preconizam um liberalismo radical, que assegure um sadio equilíbrio entre provisões e titularidades.

Os neocontratualistas

John Rawls (1921-2002) conquistou fama tardiamente, com seu livro *A Theory of Justice* (1971). Retomando a tese do contrato social, Rawls assinala que o que está realmente em jogo não é tanto a questão da legitimidade do poder, de que se ocupavam os utilitaristas, mas as regras de justiça. O contrato social de Rawls é expressamente hipotético. Trata-se de saber o que pessoas racionais contratariam se, ignorando os recursos de cada qual e o lugar que lhes fosse dado ocupar na sociedade, tivessem de estabelecer as regras de justiça.

Segundo Rawls, tal situação conduziria à adoção de dois princípios: (1) cada qual deve ter igual direito ao máximo de liberdade compatível com a liberdade dos demais; (2) desigualdades sociais podem ser admitidas, sempre que beneficiem os menos favorecidos membros da sociedade. Tais posições conduzem Rawls a um social-liberalismo.

Robert Nozick (1938-2002), em seu *Anarchy, State and Utopia* (1974) adota posições divergentes, sustentando, também a partir de premissas neocontratualistas, a necessidade de minimização do Estado, que o inserem na linha do neoliberalismo.

Norberto Bobbio (1909-2004), uma das maiores figuras intelectuais de nosso tempo, se preocupa com o futuro da democracia e com o tipo de boa sociedade e de bom governo realisticamente realizáveis. Seu livro *Estado, Governo e Sociedade* (1955) é, possivelmente, o melhor compêndio contemporâneo de teoria política.

Segundo Bobbio o bom Estado deve apresentar cinco características básicas: (1) inserir-se num contexto poliárquico; (2) conter limitações de poder; (3) assegurar aos cidadãos participação na adoção de normas; (4) dispor de procedimentos democráticos para a eleição dos líderes e (5) respeitar os direitos civis e cívicos.

Como Rawls, Bobbio é um social-liberal e um democrata liberal.

Conclusões

Num breve comentário final, José Guilherme Merquior apresenta uma síntese de seu próprio livro. O liberalismo é um processo de ideias e de práticas que se desenvolve no curso dos três últimos séculos. Para o entendimento desse longo e variado processo, importa destacar seis principais pontos:

(1) *Protoliberalismo*
Vêm da Idade Média as noções de direitos e de bitolamento constitucional. O Renascimento contribui com a ideologia do humanismo e da cidadania. A culminação do processo formativo do liberalismo se dá com a Ilustração do século XVIII. Neste se gera um entendimento

secular e progressista da história. A partir dessas bases, o romantismo enfatiza a importância do indivíduo.

(2) *Liberalismo clássico*
O liberalismo clássico contribui com a teoria da liberdade moderna (Constant) e do sistema político moderno ("Founding Fathers" dos Estados Unidos). Formula-se a economia clássica (Smith, Ricardo) e a tese da liberdade econômica. Constroem-se, igualmente, a teoria da democracia, com Bentham, Tocqueville e a teoria do liberalismo individual, com John Mill.

(3) *Liberalismo conservador*
A partir de meados do século XIX, ante os excessos da Revolução Francesa e o fenômeno Napoleão, busca-se uma proteção aos aspectos negativos da democracia. Bagehot, Spencer, os alemães do *Rechtsstaat*, Croce e Ortega preconizam um liberalismo elitista.

(4) *Novo Liberalismo*
A partir de fins do século XIX, surge um liberalismo carregado de preocupações sociais. Green, Hobhouse, Kelsen, Keynes e Dewey formulam as posições do social-liberalismo. Os totalitarismos comunista e fascista geram, por outro lado, uma contraofensiva liberal, com Popper, Orwell, Camus e Berlin. Os neocontratualistas, Rawls e Bobbio, preconizam nova modalidade de liberalismo social.

(5) *Neoliberalismo*
Opondo-se ao social-liberalismo, o neoliberalismo retorna a posições conservadoras, preconizando a minimização do Estado e o livre mercado.

(6) *Liberalismo sociológico*
Os grandes pensadores contemporâneos da sociedade moderna, Aron e Dahrendorf, salientam a necessidade de um liberalismo equilibrado. Equilíbrio entre titularidades e provisões e entre o crescimento da liberdade e uma maior equidade social.

O Liberalismo – Antigo e Moderno, a última obra do grande ensaísta José Guilherme Merquior, é também a publicação mais representativa de sua imensa erudição, de sua excepcional agudeza de espírito, de sua lucidez intelectual e, ainda que implicitamente, de suas convicções políticas.

Este livro constitui o mais abrangente estudo contemporâneo sobre o processo do liberalismo, no curso dos últimos três séculos, representando uma verdadeira enciclopédia crítico-expositiva do tema. Teria sido desejável, como precedentemente se observou, que a despreconceituosa inclusão, no estudo, de importantes pensadores latino-americanos, como Sarmiento e Alberdi, houvesse sido mais ampla, abrangendo os mais importantes representantes das ideias e práticas liberais de países como Brasil, Chile e México.

José Guilherme Merquior transitou, em suas convicções pessoais, de uma posição inicial de tendência social-democrata, segundo o modelo de San Tiago Dantas, para uma severa crítica das limitações do Estado, que o conduziram a um liberalismo conservador e, em sua maturidade, a um liberalismo social. O alto apreço que manteve pelos grandes representantes do liberalismo conservador, notadamente Hayek, contribuiu, a meu ver, para não induzi-lo, em *Liberalism, Old and New* a uma apropriada crítica dos elementos ideológicos contidos no neoliberalismo.

Tive oportunidade, em minhas amplas conversações com José Guilherme Merquior, de constatar a medida em que sua excepcional lucidez e sua honestidade intelectual o levaram ao reconhecimento crítico da forte carga ideológica de que está imbuído o neoliberalismo. Como Aron e Dahrendorf, Merquior sustentava um liberalismo de equilíbrios entre a maximização da liberdade e uma ampla exigência de equidade social. A crítica ao ideologismo neoliberal, embora não expressamente constante de *O Liberalismo – Antigo e Moderno*, ademais de presente na mente de Merquior, está claramente implícita nos seus comentários sobre o novo liberalismo e sobre a obra de Aron e Dahrendorf.

Os episódios relacionados com a publicação, pelo ex-presidente Collor, de uma série de artigos na perspectiva social-liberal, iniciada em fins de janeiro de 1992, com base em um texto sobre esse tema que lhe havia sido dado por Merquior, em fins de 1990, ilustram taxativamente a posição social-liberal da última etapa do pensamento de Merquior.

Membro da Academia Brasileira de Letras
Ex-secretário Nacional de Ciência e Tecnologia
Sociólogo
Membro do Instituto de Estudos Políticos e Sociais

José Guilherme Merquior

Joaquim Ponce Leal

José Guilherme Merquior, o diplomata doutor em literatura, o literato doutorado em ciência política, o acadêmico e brilhante ensaísta, em suas andanças e aventuras de escritor e embaixador inscreveu-se, como ele mesmo sempre o admitiu, na lista dos racionalistas entre os intelectuais brasileiros de sua geração; mas, como ele também reconheceu, suas posições sofreram retiradas e progressões, conforme as circunstâncias da atmosfera cultural onde acontecia sua formação.

Ficou muito clara a elevada noção de honestidade intelectual para consigo mesmo na entrevista que concedeu a José Mario Pereira por ocasião de seu ingresso na Academia Brasileira de Letras. Naquele diálogo, José Guilherme confessou, por exemplo, que ao início de seu trabalho intelectual, não percebeu logo que sua adesão à teoria literária de Lukács – filósofo jamais afastado das trincheiras de dialética de Marx, embora mais tarde se tornasse um semi-herético entre os marxistas – implicava uma contradição, porque Lukács, tão frequente em paradoxos, não abandonava, antes escolhia e adotava os instrumentos do irracionalismo, isto é, do marxismo mesmo que, juntamente com a psicanálise e o vanguardismo, José Guilherme, nas voltas de seu aprofundamento como pensador, iria considerar três expressões do pensamento irracionalista.

Mas vai ser fácil compreender-se que a flexibilidade encontrada no pensar de José Guilherme significa tão somente a evolução da linha passante através dos diversos marcos que, necessariamente, balizam o percurso de um caminhar filosófico. De um tênue, alegórico marxismo evoluiria para o existencialismo heideggeriano, impressionado com a teoria do *Ser* desse pensador alemão que viu e compreendeu o homem como um ente separado do ambiente inerte e material que o envolve – o *Dasein*, conforme sua denominação – e apreendendo o que Heidegger transmitia como ansiosa tomada de consciência diante do futuro; e das províncias do pensamento desse grande filósofo, sua incansável meditação o conduziu ao semi-iluminado caminho do neoliberalismo. Mas essa evolução aconteceria sem que ele perdesse sua lucidez para pesar os valores dessas correntes do pensamento, e nem se deixasse arrastar pelas marés montantes da moda do pensar filosófico na Europa, como muito bem observou Miguel Reale em artigo. Essa, ademais, foi sua atitude constante, filha de sua louvável preocupação de não se ver sufocado pelas ondas do irracionalismo trazido no meio dos avanços das mitologias de nosso tempo.

Suponho que as mais modernas conclusões de Merquior, as que o conduziriam às planícies do neoliberalismo, tenham sido dirigidas pelos pensamentos de Max Weber e Raymond Aron. E no seu último livro escrito em inglês – *Liberalism, Old and New* (traduzido pelo seu colega do Itamaraty, Henrique de Araújo Mesquita, tradutor, aliás, escolhido pelo próprio Merquior) –, em que se trata das questões mais importantes da filosofia política contemporânea, como está dito no prefácio, e onde realiza um esforço para mapear o reflexo do pensamento liberal – em homens como Alberdi e Sarmiento – nos teatros onde mais hegemônica foi a existência caudilhesca, percebe-se a curva de seu pensar até atingir um novo platô do entendimento liberal.

Esse progresso não parece ter muito a ver com o que Miguel Reale observou evoluir em Merquior, partindo de Kant e o levando a uma concepção universal, "à maneira de Hegel", disse Reale.

José Guilherme nos diz, por exemplo, que em sua concepção de liberalismo, Norberto Bobbio – além de haver sustentado uma porfia com o marxismo –, por sua valorização da democracia, toma por um caminho muito diferente do dos diversos estágios da ideia liberal na península italiana, porque não se trata do liberalismo econômico de Pareto, nem tampouco do liberalismo ético de Croce.

Assim, estaremos distanciados muitas milhas do liberalismo francês que, para Merquior, permaneceu histórico porque, antes e acima de tudo, não conseguiu libertar-se do eterno diálogo com os fantasmas da Revolução Francesa; e também ficaremos muito longe de Locke, de sua teologia dos direitos naturais, de sua preocupação com o primado da Lei.

Mas mesmo se compreendendo as sinuosidades naturais do progresso de um intelectual aderido ao método filosófico, se tem de parar um pouco para perguntar qual é a força de atração que aproxima, às vezes, homens situados, pelas ideias e temperamentos, em áreas conflitantes. Isto é, se tem de perguntar como foi em algum momento possível a um José Guilherme Merquior, que não poderia jamais simpatizar com o lado escuro da aplicação prática das ideologias, aproximar-se de Lukács. Bem sei que essa aproximação se circunscreveu a "certas posições" estéticas do grande crítico. Mas pergunto se até essas posições não estariam contagiadas por outro aspecto, o pior de Lukács. Porque este foi sempre alguém em conflito permanente consigo mesmo e comprometido definitivamente com as necessidades revolucionárias do marxismo-leninismo. Essa adesão ao teórico húngaro reduziu-se ao campo da estética, num tempo em que – ele mesmo o reconheceu – faltava ainda a Merquior sólidos alicerces epistemológicos e, afinal, é um episódio desimportante na biografia cultural de José Guilherme. Mas, assim mesmo, é bom notar, mais do que um contraste, uma violenta oposição entre esses dois temperamentos: José Guilherme era um homem em busca da verdade, não transigindo nunca com a ação sangrenta em nome da revolução ou do Estado, enquanto Lukács foi um pensador que aceitava como legítimos o terror e a crueldade, empregados como métodos revolucionários para a conquista do Poder, mesmo se, depois, tenha dito que essa submissão à ética comunista era "o maior sacrifício que a revolução exigia de nós".

E, a propósito, lembro que a Thomas Mann não iria passar despercebido esse aspecto vulgar, cruel, sombrio, eu quase diria expressionista de Lukács. Mann o observava de longe e sua agudeza psicológica de romancista encontrou nele um exemplo e modelo perfeitos para criar Naphta, seu personagem judaico-jesuítico a contracenar com os outros protagonistas do mundo por ele inventado em Davos, em seu livro *Montanha Mágica*.

Uma certa mobilidade ou instabilidade comum ao espírito desse tipo de intelectual, no caso de José Guilherme era quase um resultado da própria inteligência. Porque vai ser esta espécie de inquietude que abrirá caminho rumo à lucidez necessária para se enxergar algo muito óbvio, mas sempre tão escondido nas névoas da paixão política ou nos dogmas das ideologias: o vazio das pretensas definições que traçavam um mapa político, ou antes, político-filosófico, impondo-o como a única e verdadeira carta, cujo Este e Oeste se limitavam nas jurisdições do que se entendia como a direita e a esquerda.

E a esquerda brasileira, José Guilherme a viu como uma tribo refugiada de pavor, fome e frio, no fundo das cavernas do Paleolítico, sem fôlego para perceber o enorme e esplêndido movimento evolucionista das esquerdas europeias.

Foi essa clareza de sua mente que o fez antever e anunciar o fim do sistema comunista na URSS e o surgimento de um capitalismo liberal nos países do Leste europeu, assim como foi essa inteligência que o manteve bastante acordado para assistir ao nascer do sol das novas ideias liberais e tornar-se partícipe da euforia da grande libertação do pensamento político, surgida justamente no momento em que estão sendo incinerados e sepultados os últimos filhos do socialismo totalitário.

José Guilherme esteve entre os primeiros a compreender – não só entre nós, mas também na Europa – a amplitude e a significação do neoliberalismo e dos impositivos trazidos por este mundo moderno, o mundo nascido de guerras e revoluções, mas certa e principalmente transformado em profundidade pela revolução tecnológica que está impondo novas e definitivas formas à organização da vida e à estruturação do Estado.

O neoliberalismo vem para compor este cenário, e José Guilherme o compreende como um liberalismo livre de sua fisionomia antiga, renascido após lutas travadas em escala mundial e batizado no fogo dessas guerras. Esse será um liberalismo despojado de suas velhas ingenuidades, em que a liberalização na ordem econômica terá de coexistir e de se harmonizar com a liberdade na esfera política, reconhecendo-se que a liberdade em economia não mais poderá ser aquela dos tempos em que o Estado era apenas o espectador neutro, porque agora terá de tornar-se o resultante do *liberismo,* como ele o chamou, isto é, um Estado não inteiramente distanciado dos complexos processos econômicos.

Nascido durante o segundo conflito mundial, Merquior é um representante típico da geração que teve e terá de enfrentar o problematismo desse mundo onde se liquefizeram antigas estruturas e onde se está assistindo à limpeza de resíduos ideológicos do século XIX, e, igualmente, à liquidação de tudo o que criara o inumanismo comunista, segundo uma visão protagórica da política em que o homem, na verdade, passa a ser, de fato, o parâmetro de todas as instituições da *pólis.*

Assim, José Guilherme foi uma flor nova da revolução e fermentação antigas que se refletiram no Brasil e riscaram uma trajetória de muitas antinomias, marcada pelos pensamentos de Jackson de Figueiredo, Oliveira Vianna, Vicente Ferreira da Silva, Miguel Reale, Gilberto Freyre e San Tiago Dantas.

Gostaria de dizer de José Guilherme – o crítico – que era um homem à altura dos livros, e não resisto a classificá-lo como um espírito fáustico. Mas preciso ainda acrescentar que dava a impressão de nele coincidirem e coexistirem o aluno para sempre nostálgico de uma escola aristotélica e um filho da cultura mágica, vendo as diferenças das coisas inanimadas como efeito de magia num mundo dirigido por um supremo Kismet.

Passo a passo, José Guilherme acompanhava a evolução do pensamento moderno, inteirando-se das bibliografias mais recentes em curso nas universidades europeias e norte-americanas, revelando seu conhecimento suficiente das matérias das polêmicas de nosso tempo.

E por falar em polêmica, Merquior, como é próprio dos racionalistas, amava a discussão, era indisfarçável seu gosto pelo que chamarei de a "beligerância da opinião".

Lembro-me de um debate em que José Guilherme, sem desconhecer a luz que Freud trouxe como um recurso para iluminar a psicologia do homem, fazia restrições à psicanálise como terapêutica. Essa foi uma discussão terminada com a intervenção de Hélio Lima Carlos, ao dizer que, mesmo se a psicanálise não for reconhecida como processo terapêutico, certamente é magnífico método de diagnóstico, auxiliar da medicina.

E me recordo também de outra polêmica – desnecessária – em que colocou nos devidos termos a validade atual da notável obra de Werner Wilhelm Jaeger, a *Paideia,* sob certos pontos de vista uma criação inexcedível. Nesse mesmo artigo creio haver lido que, na fase normativa da ciência moderna, se encontrava o nominalismo. E que ao adotar essa visão a ciência reconhecia o colapso da metafísica essencialista aristotélica. E o helenismo que se seguiu a Platão e Aristóteles parece adiantado a essa perspectiva porque parte significativa das filosofias da Grécia não aceitava o realismo essencialista semiplatônico dos discípulos do Estagirita.

Essas são afirmações de Merquior. Acredito, entretanto, que os que estão em dia com a problemática da metafísica contemporânea não terão enxergado essa "ruína" – foi o termo que ele empregou – na metafísica de Aristóteles, porque o máximo que se poderia haver notado seria um esbater, um esmaecer dessa concepção de metafísica, mesmo porque o que se nota hoje é um ressurgimento das exigências do realismo aristotélico no próprio domínio da ciência moderna.

O campo de leitura de Merquior, como é notório, era vastíssimo, abrangia um mundo de matérias onde estavam tanto as que devia conhecer por dever de ofício de agente diplomático, como as que, embora distanciadas das necessidades imediatas da carreira, completavam seu saber enciclopédico, tornando José Guilherme um diplomata perfeito. E, ademais, a repercussão de suas produções intelectuais no estrangeiro abriu muitas portas a seu trabalho de homem do Itamaraty.

Tenho em mãos cópias do capítulo *Patterns of State-Building in Brazil and Argentina*, que escreveu em inglês para *States in History*, coletânea assinada por vários especialistas. Nessas páginas José Guilherme revela-se fascinante, percuciente e profundo conhecedor da formação dos dois países, das diferenças e analogias entre o Prata e o Império do Brasil. Com muita segurança estuda o dramático protagonismo da caudilhagem platina assim como os fatores econômicos intervenientes nesse drama, e a grande e continuada luta para implantar-se um governo nacional capaz de conter as agressões dos movimentos secessionistas e garantir definitivamente a unidade nacional.

E, então, se vê José Guilherme tratar, de um ponto de vista moderno, do que foi o grande tema do *Facundo*, e, também, como ele diz, "dos tipos de relacionamento entre a periferia e o centro", isto é, do conflito entre o campo e a cidade, como eu teria preferido dizer, e como de fato o disse em meu ensaio histórico-cultural *O Conflito Campo-Cidade no Brasil – Os Homens e as Armas* (1980 – 2ª edição: 1988).

Nessas páginas a respeito do país rioplatense e o Império apareceu diante de mim outro José Guilherme, o conhecedor das causas históricas que, posteriormente, condicionaram a evolução sociopolítica na Argentina e no Brasil, no momento em que ambas as nações viviam o processo de construir seus Estados. Nesses penetrantes parágrafos sobre as regiões que formam um ângulo fundamental do interesse de nossa política exterior, é possível perceber-se os delineamentos de um livro que

Merquior poderia vir a escrever com sua visão – atual – do antigo problema do Brasil em face do Prata.

Para mim, é preciso dizer, esse texto foi motivo de uma satisfação muito especial, ao descobrir em José Guilherme um escritor tão familiarizado com a questão do equilíbrio do Prata e de seu relacionamento com os negócios brasileiros nessa área do continente. Ele já tocara de leve no assunto em parágrafo do capítulo sobre o modernismo, inserido em seu volume de *Crítica – 1964-1989 – Ensaios sobre Arte e Literatura*, em que mostra o peso da heterogeneidade intranacional no Brasil e a consequente falta de unidade das classes que dominam, o que, por sua vez, fez retardar o aperfeiçoamento estrutural do Estado, causa, segundo Merquior, de só mais tarde o país haver penetrado no período do que Max Weber denominou de estatificação – a "construção do Estado".

E a satisfação tornar-se-ia ainda mais viva ao encontrar em Merquior um ilustríssimo ensaísta de história política, a desenhar, com mão de mestre, um quadro onde as semelhanças de pontos de vista, as analogias e paralelismos das análises coincidiam com o que eu próprio havia escrito sobre o fenômeno caudilhesco rioplatense em suas conexões com a política externa e a presença brasileira *vis-à-vis* da Argentina.

José Guilherme observa com agudeza os problemas enfrentados pela república vizinha com a guerra de 1939 e, depois, com a paz de 1945. As vantagens concedidas aos agricultores norte-americanos, em virtude do plano Marshall, expulsaram do mercado europeu o trigo argentino. E assim se inicia uma dramática reação em cadeia: o violento sentimento anti-saxão surgido na república rioplatense, a desaristocratização do exército, o aparecimento de Perón e de sua *clique* de oficiais, ao lado de Evita com seus sindicatos e "descamisados", seguida de sua transformação em ídolo; isto é, a história de um autoritarismo rompido com o tradicionalismo e revestido de *slogans* revolucionários. Em outras palavras: o drama argentino tornou-se mais intensamente dramático com a perda do mercado europeu para suas grandes colheitas de trigo.

Faltou-me oportunidade para dizer a José Guilherme o que eu pensava sobre a causa de os argentinos haverem perdido sua posição. A Argentina sempre fora um semidomínio britânico circulando na mesma órbita das unidades da *Commonwealth*. E alguns anos antes da guerra de 1939, Merquior mesmo o conta, tornar-se-ia o Sexto Domínio de Sua Majestade, em virtude de um tratado que garantia o mercado da Inglaterra para a produção argentina. Mas o desequilíbrio das forças políticas durante a guerra e a nova composição política após 1945 afrouxaram os laços do Império Britânico e enfraqueceram seu poder. A república do Rio da Prata conservara uma neutralidade suspeita enquanto o Brasil participara da luta contra as potências do Eixo. Agora, a aproximação com os Estados Unidos seria impossível: os brasileiros continuavam com Washington a aliança não escrita existente desde os tempos de Rio Branco. Aderir ao império soviético seria impensável. E desligada da órbita do Império Britânico a Argentina via-se como um corpo perdido no espaço e todos os problemas subjacentes na sociedade rioplatense – os violentos contrastes na distribuição da renda, a injustiça social – têm, assim, o clima necessário para se fortalecerem, tornando-se um aríete contra a ordem da oligarquia dominante, dando início a vários decênios de instabilidade, com avanços e recuos, golpes e contragolpes, ditaduras e redemocratizações, o peronismo no poder e a retomada deste pela reação da Marinha.

Não pude cumprimentar Merquior por esse seu notável ensaio, e lhe dizer o meu modo de ver. E nem teria sido possível quando pelo telefone falei com ele em Paris: "Estou partindo para Bordeaux. Vou ao lançamento da edição francesa do livro de Miguel Reale. Gostaria de falar pessoalmente com você".

Foram as últimas palavras que, à distância de um oceano, ouvi de José Guilherme.

E José Guilherme Merquior desapareceu. A nossa cultura perde um dos seus mais elevados valores e a Academia um dos membros mais distintos. O Brasil não mais conta com o diplomata que tanto e tão bem soube servi-lo. E todos nós que, aproximadamente ou mais distanciados, o admirávamos e o queríamos, perdemos um grande amigo.

Historiador e Professor

Merquior: obra política, filosófica e literária[1]

Sérgio Paulo Rouanet

I

Em seu discurso de posse na Academia, José Guilherme Merquior cita o aforismo inglês segundo o qual o bom poeta põe um mundo em poucas palavras, enquanto o bom orador, de poucas palavras extrai um mundo. O tema que me foi proposto por Marcondes Gadelha tem mais a ver com a poesia que com a oratória, segundo essa definição: a tarefa quase acima das forças humanas, que ele me confiou, consiste não em criar um mundo com minhas palavras, mas em evocar em pouco mais de meia hora um mundo já pronto, altamente complexo, quantitativa e qualitativamente: o mundo intelectual de José Guilherme Merquior.

A tarefa seria desesperada se o próprio Merquior não nos fornecesse um fio condutor. No prefácio a *As Ideias e as Formas,* ele se pergunta: "E possível atacar o marxismo, a psicanálise e a arte de vanguarda sem ser reacionário em política, ciências humanas e estética?". A resposta de Merquior é evidentemente afirmativa. Tanto a pergunta como a resposta equivalem a um verdadeiro roteiro para o pensamento do autor. O que Merquior está nos dizendo, em síntese, é que sua obra é vertebrada por três linhas de força, uma reflexão sobre a política, sobre o homem e sobre a arte; que nessa reflexão, o autor toma partido pelo progresso e pela modernidade; e que nessa tomada de partido, ele rejeita o marxismo, o freudismo e o formalismo estético.

---

[1] Texto originalmente apresentado no Fórum Merquior, promovido pelo Instituto Tancredo Neves.

Se conseguir estruturar minha palestra em torno dessa problemática, espero corresponder, bem ou mal, às intenções dos organizadores deste Fórum.

II

Em política, Merquior aderiu sem reservas à democracia liberal. Num meio como o nosso, fortemente saturado pela tradição socialista, isto significou, em primeira instância, uma vigorosa rejeição do marxismo. Para ele, a grande contribuição histórica de Marx foi ter feito a síntese do industrialismo de Saint-Simon, apolítico, com o impulso revolucionário dos primeiros comunistas, desinteressados pela gestão econômica da sociedade. Com isso, ele politizou a economia, o que traria consequências nefastas para as sociedades organizadas segundo um modelo marxista. Nos regimes do socialismo real, o princípio da politização da economia significou a subordinação da instância econômica à direção do Estado, o que levou invariavelmente ao despotismo, além de ter gerado a ineficiência. Com isso, uma doutrina que pretendia emancipar o homem da opressão política e da pobreza material submeteu-o à mais implacável das tiranias e condenou-o à perpetuação da miséria.

O totalitarismo já está em germe na teoria de Marx, e nesse sentido o *gulag* não é uma perversão e sim a realização de uma tendência imanente do marxismo. A tentação totalitária é inevitável numa doutrina que concebe a evolução da humanidade segundo um *télos* necessário inscrito na própria história: nada mais lógico, segundo essa ótica, que uma política a serviço desse objetivo, e a instalação no poder de um mandarinato que detendo o saber absoluto da história seja capaz de orientar a sociedade segundo as grandes linhas desse processo evolutivo. Foi esse um dos preços que o marxismo teve que pagar pela incorporação a seu *corpus* teórico da metafísica hegeliana da história. Outro grande *topos* de Hegel assimilado pelo marxismo reforçou essa tendência antidemocrática: a teoria da alienação. Para Hegel, o Espírito se separa de si mesmo, exteriorizando-se na história, e volta a si depois de concluída sua peregrinação, superadas todas as divisões. Marx vê essa mesma alienação como uma consequência da divisão capitalista do trabalho, que expropria a classe operária dos seus instrumentos de produção e dos produtos de sua atividade, e concebe o fim da alienação como um estado além da história, alcançado o reino da liberdade, no qual o homem estará emancipado da divisão do trabalho. Subjacente a esse diagnóstico existe a ideia de que toda divisão é um mal, e a utopia correspondente propõe o modelo de uma sociedade unitária, não mais habitada pela ameaça e pela virtualidade do conflito. Ora, esta é a imagem mesma do totalitarismo, cujo ideal é a implantação de uma comunidade harmônica, e que mobiliza todos os meios para expulsar a diversidade do organismo social.

A instauração por Lênin da ditadura do partido é uma consequência lógica dessas premissas. É necessário um estrato de profissionais capazes de decifrar as leis imanentes da história, e de conduzir os homens, pela supressão metódica de toda dissidência, à utopia da vida não antagonística, em que toda dissidência se tornará supérflua, porque toda divisão estará extinta. Esses funcionários da história são também os burocratas da utopia. Seu partido é um partido *gnóstico,* na terminologia de Merquior, isto é, detém verdades superiores, inacessíveis aos não iniciados, e que são essenciais à salvação. A aversão de Merquior ao leninismo levou-o a polemizar com um dos seus muitos amigos marxistas, Carlos Nelson Coutinho, que tinha tentado o empreendimento ingrato de basear em Lênin sua argumentação a favor de um marxismo democrático.

Por maiores que fossem suas objeções a Marx, Merquior reconhecia a grandeza histórica do pensador alemão. Marx, pelo menos, tinha admitido a importância da ciência e do progresso econômico. O chamado "marxismo ocidental" não se beneficia dessas circunstâncias atenuantes, e por isso não encontra a mínima indulgência aos olhos de Merquior. Depois de se ter encantado, na juventude, por pensadores como Adorno e Marcuse, Merquior passa a escrever coisas devastadoras contra todos esses autores. O Lukács de *História e Consciência de Classe* é demolido. Gramsci é tratado com alguma deferência, mas Merquior é implacável com a Escola de Frankfurt, desde seus fundadores até Habermas, e não poupa sarcasmos aos althusserianos. Para Merquior, os pecados de origem do marxismo ocidental são sua *Kulturkritik* pessimista, não baseada em nenhuma análise concreta, e sua rejeição sumária da modernidade e da ciência. Merquior não perdoa os autores da *Dialética do Esclarecimento* por terem atacado o Iluminismo, e considera frívola a crítica adorniana contra o progresso científico. A "grande recusa" de Marcuse é um ataque irresponsável contra uma modernidade que, longe de ser unidimensional, assegura possibilidades de escolha até então insuspeitadas pela humanidade. "Tudo bem considerado", fulmina Merquior, "a época desse marxismo foi apenas um episódio na longa história de uma antiga patologia do pensamento ocidental: o irracionalismo".

A alternativa de Merquior, seja ao socialismo real seja ao marxismo ocidental, é conhecida: o liberalismo. Mas como ele próprio indica em seu livro póstumo, *O Liberalismo – Antigo e Moderno*, há tantos liberalismos como há socialismos, o que nos obriga a especificar a natureza do liberalismo merquioriano.

Merquior certamente não pertence à família dos liberais que consideram indiferente a forma de organização econômica, desde que os direitos civis e políticos estejam assegurados. Ele sempre deixou claro que a economia de mercado é o regime econômico que mais convém ao liberalismo em seu sentido integral. Ao mesmo tempo, ele estava longe de filiar-se ao liberalismo conservador de Bagehot e Spencer, que radicalizaram o medo à democracia que já havia em embrião na primeira geração dos liberais, como Constant e Tocqueville. Partilhava a preocupação com a igualdade de liberais modernos como Bobbio, Nozick e Rawls. Enfim, para ele a democracia política era crucial. Na grande revolução europeia de 1989, ele não viu apenas a luta pela evolução dos padrões de vida, mas também a luta pela implantação do pluralismo democrático.

Merquior sabia que a liberdade econômica garante a liberdade política, mas sabia também duas outras coisas, frequentemente esquecidas pelos pretensos liberais. A primeira é que sacrificar a liberdade política para assegurar a economia de mercado, como ocorreu no Brasil durante a ditadura militar e no Chile de Pinochet é a mais grosseira das falsificações do liberalismo. A segunda é que a liberdade política será sempre precária sem o aperfeiçoamento da igualdade. Como bem observou Celso Lafer, Merquior mostra que "se hoje a linguagem do neoliberalismo é o liberismo da economia de mercado... o liberalismo a isto não se reduz". O verdadeiro liberalismo é inseparável de uma certa concepção da igualdade, e é com essa ideia que Merquior arremata seu livro. "Nossa sociedade", diz ele, "permanece caracterizada por uma dialética contínua, embora sempre em transformação, entre o crescimento da liberdade e o ímpeto em direção a uma maior igualdade – e disso a liberdade parece emergir mais forte do que enfraquecida".

III

Merquior sempre aderiu a uma concepção iluminista do homem, fundada no primado da inteligência sobre as paixões. A razão é o mais alto atributo do homem. Ela pode e deve ser usada para varrer a noite, como faz Sarastro na *Flauta Mágica,* e não é ela própria vulnerável às investidas da obscuridade. A ideia de uma razão "possessa", que parecendo lúcida está a serviço do delírio, era profundamente alheia a Merquior. Por isso ele evitava usar o conceito marxista de ideologia, falsa razão a serviço do poder. E rejeitava com todas as suas forças o conceito de racionalização, pela qual o sujeito mente sem saber que está mentindo. A grandeza e a dignidade do homem estão em sua consciência, e a hipótese de que grande parte da vida psíquica do indivíduo se dê numa esfera inconsciente era para Merquior um escândalo intolerável. Em grande parte, é o que está por trás do seu visceral antifreudismo.

Merquior negava em primeiro lugar qualquer estatuto científico à psicanálise. Suas teorias mais notórias, como a interpretação dos sonhos e o complexo de Édipo, carecem de toda base empírica. Ao contrário do que se passa com uma verdadeira ciência, tanto mais verificável quanto mais coisas exclui, a psicanálise é infinitamente inclusiva, e nesse sentido é infalsificável, no sentido de Popper. Ela é onívora, absorve tudo, devora coisas inconciliáveis, e por isso seu animal totêmico deveria ser o avestruz. Ela devora, inclusive, as críticas que recebe: elas são interpretadas como resistências à análise, e portanto quanto mais é refutada, mais irrefutável ela se proclama.

Ele criticava, em segundo lugar, a ilusão terapêutica da psicanálise. As estatísticas demonstram que as taxas de recuperação dos analisandos são baixíssimas. Além disso, tudo indica que a própria terapia induz à moléstia: influenciados por seus terapeutas, os pacientes sucumbem aos sintomas postulados pela teoria psicanalítica.

Merquior multiplica os ângulos de ataque. Critica os analisandos obsessivos, que querem interpretar todos os atos falhos e deitar num divã todos os amigos. Critica os analistas, sacerdotes de um ritual esotérico. Critica os pacientes, todos de origem burguesa, que pagam emolumentos altíssimos para submeter-se a massagens do Ego. E por tabela não se esquece de criticar Lacan, impostor incorrigível, responsável por frases como "o inconsciente é estruturado como uma linguagem", o que é ou uma banalidade ou uma rematada tolice.

Que dizer de tanta virulência? Os que passaram pela experiência analítica sabem como é difícil discutir com os que não a viveram. O diálogo acaba sendo um diálogo de surdos, porque o interlocutor simplesmente está falando de coisas sobre as quais não tem um conhecimento direto. Além disso um *fair play* mínimo nos impede de usar intuições que devemos ao processo psicanalítico. Dizer que a veemência de nosso interlocutor se deve a uma atitude defensiva, à angústia diante da análise, seria possivelmente verdadeiro, mas irrelevante, porque as regras do jogo da argumentação pública nos proíbem de invocar no debate um saber privilegiado e incomunicável.

Estaremos em terreno mais seguro se dissermos que, descartando Freud, Merquior abriu mão de um valiosíssimo aliado na cruzada iluminista. Freud é o último e mais radical dos iluministas. Sua divisa poderia ser a de Kant: *sapere aude*! Ousa servir-te de tua razão! Mas seu racionalismo vai mais longe que o do Iluminismo. Pois este se limitava a dizer que o homem já era, de saída, racional, e por desconhecer os limites da razão deixou o homem indefeso diante da desrazão. Freud descobriu esses limites e com isso armou o homem para a conquista da razão. Ela não é um ponto de partida, mas de chegada. Onde havia Id, que passe a haver Ego. Onde havia caos, que passe a haver sentido. Onde havia impostura, que passe a reinar a verdade. E a mais alta afirmação dos direitos da inteligência, e ao mesmo tempo todo um programa de luta contra o obscurantismo: *écrasez l'infâme*. Por ignorar Freud, Merquior privou-se da ajuda desse Voltaire da alma, e reduziu seu poder de fogo diante dos verdadeiros inimigos do espírito.

Mas Merquior era tão diabolicamente inteligente que tinha razão mesmo quando não a tinha. O freudismo não é irracionalista, e nisso sua crítica estava fora de foco, mas está cercado de irracionalismo por todos os lados, e por isso essa crítica provocou devastações saudáveis. Quando ouvimos em certos institutos de formação psicanalítica palavras como *satori*, mais associadas ao budismo zen que aos ensinamentos de Freud, ou somos informados de que a relação de transferência é uma corrente mística, uma "singularidade inefável", que circula de inconsciente a inconsciente, somos tentados a dar razão a Merquior, e consagrar-nos ao sânscrito, à pesca submarina ou à filatelia – a tudo menos à psicanálise. Se ouvisse essas enormidades, Freud daria as mãos a Merquior, e os dois completariam alegremente a desmoralização daquilo em que a psicanálise se transformou.

IV

Merquior consagrou a melhor parte de sua vida a questões estéticas. Foi de crítica literária seu livro de estreia, *Razão do Poema*, e seu último livro publicado em vida, *Crítica*, é uma coletânea de ensaios sobre arte e literatura.

Em seus primeiros ensaios, Merquior cultiva com mestria a técnica do *close reading*, que ele aprendera com a nova crítica americana. Ele parece ignorar, com isso, tudo o que se situa fora e além do texto, todas as articulações da vida psíquica e social. São justamente essas as dimensões que mais interessam ao Merquior maduro, cada vez mais impaciente diante de qualquer manifestação de formalismo. Podemos falar numa ruptura entre duas fases?

Evolução, sem dúvida; ruptura nunca. A deslumbrante análise textual da "Canção do Exílio", depois de escandir os iambos e anapestos da métrica de Gonçalves Dias, desemboca em considerações nada formalistas sobre o amor à pátria. Através da análise meticulosa, verso por verso, da "Máquina do Mundo", Merquior desentranha em Drummond toda uma visão humanista. Não há dúvida: o menino-prodígio de 1965 já era tão antiformalista quanto o quarentão que nos anos 1980 declarava guerra às vanguardas estéticas.

Na essência, a crítica de Merquior é que o euromodernismo tomou o partido do hermetismo, da forma pura, e com isso desprendeu-se de qualquer compromisso com o homem. A vanguarda é uma forma extrema de arte pela arte, e nisso é herdeira do romantismo. Mas enquanto os românticos, como Shelley, Lamartine e Hugo, acreditavam no progresso, os modernistas são socialmente reacionários. É o caso de Yeats, Eliot e Pound.

A crítica mais recente seguiu o mesmo caminho, sobretudo na França. Ela é tão formalista quanto as obras criticadas. O paradigma formalista na crítica é um fenômeno parisiense, mescla de um elemento autóctone, a poética antidenotativa de Mallarmé, e de um componente estrangeiro, a linguística estrutural saussureana. Os papas da crítica formalista são Barthes e sobretudo Blanchot, para quem a expressão é inimiga da autenticidade, e para quem a literatura *fala* tanto mais quanto menos *diz* sobre o homem e o mundo. E o que com sua infatigável inventividade verbal Merquior chama de galo-estruturalismo.

Mas o estruturalismo pressupunha ao menos uma matriz estável, uma combinatória universal de elementos recorrentes. Com o pós-estruturalismo de Derrida, até esse solo matricial desaparece, substituído por uma explosão neonietzscheana de relativismos e perspectivismos.

O modernismo artístico e crítico é hostil à modernidade. Ele rejeita o progresso, repudia as conquistas da ciência e da técnica, e tenta ultrapassar a modernidade por um salto para a frente ou para trás, pela regressão ao arcaico ou pela fuga para o pós-moderno.

É dessa relação antinômica entre modernismo e modernidade que Merquior parte para montar seu libelo contra as vanguardas formalistas e, por extensão, contra os intelectuais, fabricantes de modismos estéticos. O que está em jogo, em todos os casos, é o paradigma intelectualista, o elitismo dos artistas e professores que querem sobrepor-se ao público, aos alunos e às obras, o niilismo de cátedra dos filósofos que querem tutelar a inteligência e não se cansam de denunciar repressões imaginárias. O que esses profetas do apocalipse desejam é exercer a ditadura das ideias, uma *grafocracia* antimoderna da qual a seita vanguardista é a manifestação mais acabada.

Merquior ilustra sua concepção do modernismo recorrendo a uma fábula de Swift. Para o irlandês, os modernos são aranhas, que tecem sua escolástica a partir de suas próprias barrigas, ao passo que os antigos eram abelhas, que iam buscar o mel na natureza.

Merquior conclui perguntando se a tese tão difundida de uma crise de cultura moderna não seria uma invenção grafocrática, um produto da gnose contracultural urdida pelos *maîtres penseurs*. Se a cultura está doente, quem seriam seus médicos, senão os próprios intelectuais?

Desenvolvendo uma sugestão de Kolakowski, Merquior especula que os intelectuais são especialmente propensos a formulações irracionalistas, porque exercendo por natureza uma função crítica e universalista, sentem-se desenraizados, e compensam seu sentimento de alienação por uma adesão imaginária a emoções "tribais" e comunitárias. Como diz Merquior, "a alienação humana é em grande parte mítica – mas a alienação dos intelectuais é uma potencialidade permanente. Do fundo de *sua* alienação, os intelectuais... tecem o mito da Alienação".

Não há como esconder uma sensação de desconforto diante dessas afirmações. A crítica do vanguardismo não deixa de ter analogias com a denúncia da "arte degenerada", de macabra memória, do mesmo modo que a catilinária contra os intelectuais repete até nas metáforas organicistas (o "desenraizamento") a crítica de Maurras e Barrès contra os clérigos que solapam os fundamentos da sociedade.

Mas um exame mais atento exorciza esses fantasmas. Merquior não está deplorando o *déracinement,* e sim dizendo que os intelectuais antimodernos não são suficientemente viris para levarem o *déracinement* às últimas consequências. Enquanto a direita nacionalista criticava os intelectuais por serem modernos demais, Merquior os critica por não serem suficientemente modernos. É com Julien Benda que Merquior deve ser comparado, não com Maurras. Para Merquior, como para Venda, a *trahison des clercs* consiste num ato de demissão histórica, na incapacidade dos intelectuais de defenderem o legado secular e democrático do Iluminismo e da Revolução Francesa.

V

A unidade da obra de Merquior aparece agora com muita clareza.

Em cada um dos três blocos temáticos, o que está em jogo é um *playdoyer* a favor da razão e da modernidade. O marxismo é retrógrado porque tenta destruir o mundo moderno por uma utopia do século XIX, e é antirracional porque se ossificou num dogma. O freudismo é retrógrado porque deslegitima a sociedade moderna, dizendo que ela se funda na repressão, e é antirracional porque sabota o primado da vida consciente. O vanguardismo estético, crítico e filosófico são retrógrados porque contestam a modernidade industrial e científica, e antirracionais porque colocam fora de circuito a razão.

Além disso, em cada bloco transparece a mesma angústia diante da usurpação do poder por uma elite autodesignada. A palavra "vanguarda", com suas ressonâncias militaristas, é apropriada nos três casos. No primeiro caso, surge uma vanguarda leninista, que funda a ditadura do partido único; no segundo, uma vanguarda psicanalítica, que constou inicialmente de Freud e seus discípulos, e hoje exerce seu poder através da Sociedade Internacional de Psicanálise; no terceiro, uma vanguarda estética, que desde Baudelaire e Flaubert aterroriza os filisteus com seus ukazes, e *épate les bourgeois* a golpes de manifestos.

No avesso dessa polêmica, aparecem uma política, uma antropologia e uma estética: uma política da liberdade, uma antropologia da consciência e uma estética da responsabilidade. A tarefa, para Merquior, consiste em tornar o homem mais livre, em aumentar sua racionalidade, e em refinar sua sensibilidade artística, num mundo em que a beleza seja irmã da razão e inseparável da liberdade.

Embaixador
Ex-secretário Nacional de Cultura
Membro da Academia Brasileira de Filosofia
Membro da Academia Brasileira de Letras

ÍNDICE REMISSIVO

Absolutismo
  Hobbes sobre, 96-97
  Polizeistaat e, 165
  Tocqueville sobre, 118
  ver também Despotismo esclarecido
Acton, lorde, 144-45
Acúrsio, sobre *dominium*, 67
Alain, 200-01
Alberdi, Juan Bautista 150-53
Alemanha
  liberalismo de esquerda na, 202-03
  teoria da liberdade na, 56-58
  teóricos do século XIX, 111-12, 164-71
América
  populismo lockiano na, 102
  republicanismo na, 99-100, 102-03
  ver também Estados Unidos (da América)
América do Sul
  Alberdi sobre movimentos de libertação na, 153
Anarquismo, de Godwin, 148
Argélia, ocupação da, liberais franceses e a, 220-22
Argentina
  liberalismo na, 150-57
  problemas políticos na, 155-56
Aristocracia, Ortega y Gasset e, 176
Aron, Raymond, 235-39
Autogoverno, local, Tocqueville sobre, 122

Autointeresse, no Iluminismo
  teoria econômica do, 83-84
Autonomia, tipos de, 46-47
  opinião autotélica de Mill sobre, 130
Autorrealização, liberdade de, 48
  ver também Autotelia; *Bildung*; Liberdade
Autoridade
  fontes de legitimidade da, 113
  fundada no consenso, 71
  limitações institucionais da, 114-15
  Montesquieu, como regular o exercício da, 78
  nação como fonte de, 138
  reação liberal à, 41
  Rousseau e, 50
Autoritarismo, de Fichte, 112-13
Autotelia 57-58, 91
  Bildung e, 164
  liberais ingleses e, 199

Bagehot, Walter, *The English Constitution*, 146
Bell, Daniel, sobre Rawls, 247
Bentham, Jeremy, escola utilitarista de, 107-10
Berlin, Isaiah, 222-24
  "Dois Conceitos de Liberdade", 50
Bildung, 111, 164, 188
  conceito alemão de liberdade e, 56
Blackstone, William, crítica de Bentham a, 108

Bobbio, Norberto, 244, 250-58
    Dalla Struttura alla Funzione, 255-56
    Estado, Governo, Sociedade, 255-56
    O Futuro da Democracia, 251
    Qual Socialismo?, 252
    sobre a liberdade negativa e positiva, 51
Bodin, Jean, *République*, 55
Bolingbroke, visconde de, 100
Bolívar, Simón, 105
Bonaparte, Luís Napoleão, 158
Bosanquet, Bernard, 199
Bouglé, Célestin, "La Crise du Libéralisme", 194
Bradley, Francis Herbert, 199
Buchanan, James, 233
Burguesia
    Herzen sobre, 134
    Tocqueville sobre, 120-21
Burke, Edmund, 142
Burocracia, Weber sobre, 169
Butler, Samuel, *Hudibras*, 95

Campbell, Colin, *The Romantic Ethic and the Spirit of Modern Consumerism*, 90
Camus, Albert, 220-22
Capitalismo
    do ponto de vista do Iluminismo, 84
    Hobson sobre, 196
    ver também Comércio
Carisma, teoria de Weber sobre, 169
Carlyle, Thomas, sobre utilitarismo, 126
Cassirer, Ernst, 204
Ceticismo, político, no conservadorismo inglês, 141
Chartier, Émile. *Ver* Alain
Chevalier, Michel, Alberdi e, 153-54
Cícero, Marco Túlio
    De Officiis, 66
    De Republica, 66
Comércio
    do ponto de vista do Iluminismo, 84-88
    liberalismo e sociedade comercial, 124
    ver também Burguesia
Competição, papel da, no liberalismo clássico, 44
Comte, Auguste, Mill e, 131
Comuna de Paris. *Ver* França
Comunismo, Herzen sobre, 135
Condorcet, marquês de
    democracia plebiscitária do, 107
    filosofia republicana do, 88-89
Consciência
    direitos individuais e, 63
    liberdade de, 47
Consenso
    como origem da autoridade legítima, 71
    legitimidade do governo e, 71, 248
    segundo Locke, 72
    segundo Nozick, 248
    teoria do, 97
Conservadorismo
    Hayek sobre, 230
    Inglaterra e continente comparados, 141-42
    na Alemanha, 166
    ver também Conservadorismo liberal; *Tory*, partido
Conservadorismo liberal, na Grã-Bretanha, 141-45

Constant, Benjamin
  Liberdade Antiga e Moderna, 50
  limites institucionais da autoridade, 115
  sobre autoridade legítima, 55
  sobre o espírito comercial, 120-21
  sobre o Estado, 165
  sobre o *juste milieu*, 42
Constitucionalismo, 73-74
  no liberalismo clássico, 73
  nos *Federalist Papers*, 102
  princípios mais importantes do, 42
Construtivismo, 87
  crítica de Hayek ao, 227
Contrarreforma, direito natural e a, 68
Contrato social
  Bobbio sobre, 256
  direito natural e, 67, 69, 71
  Rawls sobre, 244
  ver também Contratualismo
Contratualismo
  Bobbio sobre, 256
  Estado social e, 255-56
  Hobbes sobre, 96
  ver também Contrato social
Corporação, origens da, 195
Croce, Benedetto, 171-75

Dahrendorf, Ralph, 234, 238-43
  As Classes Sociais e seus Conflitos na Sociedade Industrial, 240
  "Incerteza, Ciência e Democracia", 240
  Life Chances, 241
  The Modern Social Conflict, 241

Darwinismo social, 146, 148-49
  liberalismo social e, 186-87
Democracia
  Alain sobre, 201
  Bagehot sobre, 146
  Bobbio sobre, 250-53
  consequências econômicas da, 213
  Croce e, 172
  definição tocquevilliana de, 121
  direta, 250
  Hayek sobre, 230
  liberais conservadores e, 182
  liberal, a partir da década de 1870, 43
  Mill sobre, 127
  origens intelectuais da, 108-09
  Ortega y Gasset sobre, 176
  Popper sobre, 216
  Renan sobre, 161
  Sieyès sobre, 113
  Spencer e, 148-49
  Weber e, 169
Desemprego, Dahrendorf sobre, 243
Despotismo
  da maioria, 104, 121, 126
  esclarecido, 78
Dewey, John, 208-10
  Human Nature and Conduct, 208
  Individualism Old and New, 208
Dicey, Albert V., 186
  The Law of the Constitution, 73
Dicionário Político (Rotteck e Welcker), 166
Digesta, definição de liberdade no, 67

Direito, como instrumento do
poder estatal, 78
ver também Lei
Direito canônico
constitucionalismo no, 74
origens do, 74
Direito natural
comércio e, na opinião de
Smith, 84-85
moderna teoria de direitos e,
66-72
Direito romano,
influência na teoria europeia
do Estado, 71
liberdade no, 66-63
Direitos
modernidade e, 63-66
sociais, Aron sobre, 237
teoria do direito natural e, 66-72
ver também Direitos
humanos
Direitos humanos
conservadorismo alemão e,
166
liberdade como intitulamento
e, 46-47
no liberalismo clássico, 63
ver também Direitos
Divisão de poderes
como demarcação da
autoridade estatal, 41
segundo Bobbio, 253
Dominium, 67, 72
"Doutrinários", 115
Dreyfus, questão, 193
Duguit, Léon, 195
Durkheim, Émile, 193-94
Durkheimiana, escola, 194-95
Dworkin, Ronald, sobre Rawls,
247

Economia
liberalismo clássico e, 62-63
política e, no século XX, 225-26
teorias iluministas de, 81-86
ver também Capitalismo;
Comércio; Investimento
Educação
segundo Renan, 163
segundo Sarmiento, 153
Einaudi, Luigi, sobre sociedade
liberal, 44
Elite, Ortega sobre a rejeição
moderna da, 176
Escolha pública, teoria da, 225,
233
Espanha, liberalismo na, 176-81
Estado
aristocracia e, segundo Ortega
y Gasset, 176
Constant sobre o papel do, 165
deificação hegeliana do, 111
durkheimianos e o, 195
Ferry sobre o, 191-92
Green sobre o, 188
Humboldt sobre o, 164
na sociedade industrial, 237
Nozick sobre o, 248-49
o indivíduo e o, 58-59
poder do, e liberdade, 95
Spencer sobre o, 148
teoria de Bobbio sobre o,
252-56
teoria de Jellinek do Estado
dividido, 203
teoria de Kelsen sobre o, 203-05
Weber sobre o, 168
ver também Autoridade
Estado policial
ver Polizeistaat

Estados Unidos (da América)
  Alberdi sobre os, 152
  liberalismo nos, 206
  liberal-socialismo nos, 45
  partido *whig* nos, 107-08
  Sarmiento sobre os, 151
Ética, grupo de Bloomsbury e a, 211
Evangelismo, justificação do liberismo, 92
Evolucionismo
  de Hayek, 231
  ver também Darwinismo social
Existencialismo, de Camus e Sartre, 220-21
Expressão, liberdade de, na Grécia antiga, 49

Fascismo, Croce e o, 173
Federalismo, em *The Federalist Papers*, 102
Federalist Papers, The, 102-03
Ferguson, Adam, sobre "sociedade civil", 81
Ferry, Jules, 191-92
Feudalismo
  opinião romântica dos conservadores sobre, 142-43
  origens do constitucionalismo no, 73
  Tocqueville sobre, 118
Fichte, Johann, 112
Figgis, J. H., sobre as fontes do constitucionalismo, 74
Filmer, *sir* Robert, *Patriarca*, 96
Fisiocratas, 79
França
  Comuna de 1870, 162
  conceito de poder estatal, 58-59
  liberalismo de esquerda na, 200-01
  liberalismo do pós-guerra e Aron, 237
  liberalismo inglês clássico comparado, 131-32
  republicanismo liberal na, 190-95
  Revolução de 1830, Guizot e a, 116-17
  teoria da liberdade na, 53-55
  teóricos do século XIX, 113-17, 157-63
  ver também Revolução Francesa
Frederico o Grande, rei da Prússia, *Ensaio sobre a Forma do Governo e os Deveres do Soberano*, 79
Freud, Sigmund
  Hayek sobre, 229
  Kelsen sobre, 205
Friedman, Milton, *Capitalismo e Liberdade*, 229

Gentile, Giovanni, 174-75
Gneist, Rudolf von, *Der Rechtsstaat*, 166-67
Gobetti, Piero, 202
Godwin, William, 148
Governo responsável, conceito inglês de, 106-07
Grã-Bretanha
  conceito de poder estatal, 58
  conservadorismo liberal na, 140-45
  Crise da Exclusão (c. 1680), 96
  Guerra Civil na, 95
  liberalismo conservador na, 146-50

liberalismo de esquerda na,
   210-14
liberalismo social na, 186-90,
   191-200
Revolução Gloriosa, 40, 144
teoria da liberdade na, 53
teóricos do século XIX, 126-32
Grécia, antiga, liberdade de
   expressão na, 49
Green, Thomas Hill, 187-90
Grotius, Hugo, *De Iuri Belli ac
   Pacis*, 97
Guizot, François, 116-17

Halévy, Elie, *A Era das Tiranias*, 236
Hallam, Henry, 143
Hamilton, Alexander, 102-03
Harrington, James, *Oceana*, 99
Hayek, Friedrich August von,
   225-33
   Bobbio sobre, 259
   Law, Legislation and Liberty,
      228-29
   O Caminho da Servidão, 227
   *Os Fundamentos da
      Liberdade*, 227, 231
Hegel, G. W. F.
   Filosofia do Direito, rejeição
      do contrato social, 111
   Hobhouse sobre, 199
   sobre o cristianismo e
      individualidade, 63
   sobre o Estado, 57
Hegelianismo
   Green e o, 187
   na Grã-Bretanha, 199
Helvécio, igualitarismo de, 108
Herzen, Alexander, 132-34
   Fins e Começos, 134
   Cartas a um Velho Camarada,
      135

Historicismo
   crítica de Berlin ao, 223-24
   crítica de Popper ao, 214
   Croce e o, 171
   do liberalismo francês, 158
Hobbes, Thomas
   De Cive, 70, 94
   Leviatã, 71, 96
   sobre liberdade e autonomia, 52
Hobhouse, Leonard, 196-98
   Liberalism, 198
Hobson, John, 196
   Imperialism, 197
   Work and Wealth, 196
Hugo, Victor, sobre o
   romantismo, 90
Humanismo cívico, 89-90
   liberalismo clássico e, 136-38
   na Inglaterra, 98-99, 105
   Tocqueville e o, 121, 124
Humboldt, barão Wilhelm von, 111
   o Estado como "vigia
      noturno", 164
   *Sobre os Limites da Ação do
      Estado*, 56
Hume, David, 80

Idealismo, no pensamento de
   Green, 188
Iluminismo
   jacobinismo e, 89-90
   liberalismo e, 77-89
   na Inglaterra, 102
   ver também Iluminismo
      escocês
Iluminismo escocês, 41
   "história filosófica", 81-82
Imigração, ponto de vista liberal
   latino-americano de, 151-55
Imperialismo, os liberais-sociais
   e o, 196-98

Independência
   segundo Tocqueville, 121
   ver também Liberdade
Individualidade
   modernidade e, 63
   segundo Hegel, 63
   segundo Mill, 91, 128
   ver também Individualismo
Individualimo
   Bentham sobre, 106-09
   como valor *whig*, 105
   durkheimianos e, 195-96
   liberais-sociais franceses e, 193-95
   Mill sobre, 129-30
   Orwell sobre, 218
   romantismo e, 89-92
   Tocqueville *versus* Guizot e Constant, 119
Indivíduo, o Estado e o, 58-59
Industrialismo
   Aron sobre, 235, 237
   atitude de Tocqueville para com o, 123
   Dahrendorf sobre, 241
Inglaterra
   ver Grã-Bretanha
Instrumentalismo, de Dewey, 208
Intitulamento
   conceito de, 242
   liberdade como, 46
Investimento, teoria de Keynes sobre, 212-13
Isegoria, 49
Itália
   liberalismo conservador na, 171-75
   liberalismo de esquerda na, 201-02
   liberalismo do século XIX e nacionalismo na, 132-33

Ius, 67
   conceito romano tardio de, 62
   Suárez sobre, 64

Jacobinismo, tirania da virtude sob o, 89-90
Jaurès, Jean, 194, 295-96
Jefferson, Thomas, agrarismo de, 103
Jellinek, Georg, 167
José II da Áustria, imperador revolução a partir de cima, 89
Jusnaturalimo, 62, 65
   ver também Ius
Justiça, crescimento econômico e, 86-87
Justiça social, teoria de Rawls sobre, 245
Justiniano, Flávio Petro Sabácio *Corpus Juris Civilis*, 67

Kant, Immanuel, sobre autotelia, 57
Kelsen, Hans, 202-05
   Sozialismus und Staat (Socialismo e o Estado), 204-05
   Von Wesen und Wert der Demokratie (Da Essência e do Valor da Democracia), 206
Keynes, John Maynard, 201, 210
   A Teoria Geral do Emprego, do Juro e da Moeda, 212
   Essays in Persuasion, 210
Kramnick, Isaac, sobre o republicanismo do século XVIII, 101

Laband, Paul, 167
Laboulaye, Edouard, 160

Lafer, Celso, 257
Latitudinarismo moral, do partido *whig*, 105
Legitimidade, 74
Lei
   Kelsen sobre o Estado e a, 204
   Locke sobre o governo da, 78
   ver também Direito; Rechtsstaat
Leroy-Beaulieu, Paul, *L'État Moderne*, 193
Liberalismo
   definição de Ortega y Gasset sobre, 39
   nos Estados Unidos, 44
   origem do, 40
   ver também Liberalismo de esquerda; Liberalismo social
Liberalismo de esquerda
   na Alemanha, 203-06
   na França, 200-01
   na Grã-Bretanha, 210-14
   na Itália, 201-02
Liberalismo social, 132-35
   na França, 190-95
   na Grã-Bretanha, 186-90, 195-200
Liberdade
   Alberdi sobre, 153-54
   Berlin sobre, 223-24
   como intitulamento, 46-48
   de consciência, 47
   definição segundo o Direito Romano, 67
   de opressão, 46
   de participação, 47
   econômica, *ver* Liberismo
   estrutura industrial do Estado e, 237
   Green sobre, 188
   Hobhouse sobre, 198
   individualidade da, 229
   Mill sobre, 128
   negativa *versus* positiva, 50-51
   para Hayek, 233
   poder estatal e, 95
   política, 47, 51
   religião e, 114
   social, 46
   sociedade comercial e, 84
   teoria de Croce sobre, 177-78
   teorias nacionais da, 53-58
   Tocqueville sobre, 120-23
   Weber sobre, 170
Liberismo, 76, 259
   como valor *whig*, 105
   Croce sobre o liberalismo e, 173
   Green sobre, 189
   Hayek e, 229-31
   Keynes e, 210
   progresso e, 86
   protestantismo e, 92
   os sociais-liberais franceses e o, 193
   utilitarismo e, 110
Libertarianismo
   Berlin e, 224
   como legado do liberalismo clássico, 140
   influência de Mill sobre o, 130
   no liberalismo iluminista, 87
Locke, John
   Carta Acerca da Tolerância, 65
   Dois Tratados sobre o Governo, 96
   Segundo Tratado sobre o Governo sobre direitos naturais, 72
   sobre civilização e prosperidade, 81
   sobre o contrato social, 77
   sobre o governo da lei, 80

Luta de classes
    segundo Dahrendorf, 240, 243
    ver também Marxismo
Lutero, Martinho
    Ritsch sobre, 64
    sobre a pecaminosidade humana, 67
Luxo
    debate iluminista sobre o, 83
    segundo os *philosophes*, 77

Macaulay, Thomas, 144
Madariaga, Salvador de
    Anarquia ou Hierarquia, 222
    De la Angustia a la Libertad, 222
Madison, James, 103
Maine, *sir* Henry, 144
Maitland, Frederick William
    origem da corporação, 195-96
    sobre o parlamento medieval, 73
Maquiavel, *Discursos sobre Tito Lívio*, 99
Marshall, T. H., *Citzenship and Social Class*, 237
Marsílio de Pádua, *Defensor Pacis*, 71
Marxismo
    Camus sobre, 221-22
    Croce e o, 171
    Kelsen sobre, 204-05
    polêmica de Bobbio com o, 252-53
Massa, o homem da, Ortega y Gasset sobre o, 178
Mazzini, Giuseppe, 133-34, 136
    Croce sobre, 172
Mercado, Hayek sobre, 226

Michelet, Jules, *História da Revolução: Da Queda da Bastilha à Festa da Federação*, 158
Mill, James, 110
    Essay on Government, 127
Mill, John Stuart, 126-32
    Autobiography, 126
    Considerations on Representative Government, 127
    On Liberty, 127, 129
Milton, John, "Areopagitica", 65
Minogue, Kenneth, *The Liberal Mind*, 87
Mises, Ludwig von, 226
Modernidade, Weber sobre, 169
Mohl, Robert von, 165
Monarquia
    centralização da, 66
    limitada, 56
Monismo, rejeição de Berlin ao, 224
Montague, Francis Charles, 186
Montalembert, conde Charles de, 159
Montesquieu, Charles-Louis de Secondat, barão de
    Do Espírito das leis,
        sobre a liberdade, 49
        sobre a sociedade inglesa, 43
        sobre como regular o exercício da autoridade, 77
    influência de, 113
    sobre a igualdade em monarquias, 121
    sobre a separação de poderes, 104
    sobre o espírito comercial, 120
Moore, G. E., 211

Moralidade
  polêmica entre Dewey e Trotsky sobre, 209-10
  ver também Ética
Mundo clássico, Smith sobre o fundamento econômico do, 85

Nação, como fonte de autoridade política, 138
Nacionalismo
  Luís Napoleão e, 158
  na Alemanha, e liberalismo, 111-12
Nicolet, Claude, *L'Idée Republicaine en France*, 190
Nietzsche, Friedrich, Ortega influenciado por, 180
Nisbet, Robert, 234
Nomogênese, Kelsen e a, 205
Nozick, Robert, *Anarquia, Estado e Utopia*, 249

Oakeshott, Michael, sobre construtivismo, 88
Occam, Guilherme de, 71
Oldenbarnevelt, Jan van, 69-70
Opção pública
  ver Escolha pública
Organicismo
  de Madariaga, 222-23
  no conservadorismo inglês, 141
Ortega y Gasset, José, 171-80
  A Desumanização da Arte, 181
  A Rebelião das Massas, 181
  O Tema Moderno, 179, 181
  sobre o liberalismo, 39-40
Orwell, George, 217-19
  A Revolução dos Bichos, 217
  Dentro da Baleia, 219
  1984, 218

Paine, Thomas, sobre a sociedade e direitos naturais, 107
Paley, William
  Natural Theology, 91
  The Principles of Moral and Political Philosophy, 65
Parlamento, papel medieval do, 73
Participação, liberdade de, 47
Particularismo
  ver Patrimonialismo
Patriarcalismo, defesa da monarquia e do, 97
Patrimonialismo
  rejeição de Alberdi ao, 154
  Rousseau e o, 52-53
Paulo de Tarso, sobre os direitos dos cidadãos romanos, 46
Paz, Octavio, 222
Philosophes
  crença na perfectibilidade do homem, 77
  teorias econômicas dos, 82-83
  teorias políticas dos, 79
Pluralismo de valores, 225
  Berlin e o, 224
Pocock, John
  sobre o "whiguismo", 101-02
  The Machiavellian Moment, sobre o republicanismo clássico, 98
Poiesis, 85
Política, na visão de Maquiavel, 99-100
Polizeistaat, 165
Popper, Karl, 214-17, 223
  A Lógica da Pesquisa Científica, 215
  Poverty of Historicism, The, 215-16

Positivismo
   Croce e o, 171
   Kelsen sobre o, 43
   legal, 167
   Mill e o, 131
   Renan e o, 161
Práxis, 85
Progresso
   Alberdi sobre, 155
   Hayek sobre, 227
   ideia do, 87-89
Propriedade
   Alberdi sobre, 155
   como direito natural, 72
   Green sobre, 189
   Locke sobre, 72
   Suárez sobre, 69
Protestantismo
   evangélico, 92
   liberismo e, 91-92
Provisões, conceito de (Dahrendorf), 241-43

Quinet, Edgar, *La Révolution Française*, 160
Quinton, Anthony
   sobre o conservadorismo britânico, 142
   sobre Popper, 217

Raciovitalismo (Ortega y Gasset), 178
Rawls, John, *Uma Teoria da Justiça*, 245
Raz, Joseph, *The Morality of Freedom*, 224
Realização pessoal, liberdade de *ver* Autorrealização; Autotelia
Rechtsstaat, 164-66
Reconquista, Ortega y Gasset sobre a, 176

Reforma
   individualismo e a, 63
   legitimação da dissidência religiosa, 47
   protestante, 75
Religião
   Burke e, 143
   conservadorismo e, 160
   e o Estado, Hobbes sobre, 95-96
Rémusat, Charles de, 157-60
Renan, Ernest, 161-64
Renouvier, Charles, 191-93
Republicanismo
   na América, 78, 136
   na França pós-1848, 159
   no século XVIII, 100
   em *The Federalist Papers*, 103
   os liberais-sociais franceses e, 190-93
Revolução
   Camus sobre, 221
   crítica de Ortega y Gasset ao culto da, 179
Revolução de 1848, 127, 133
Revolução Francesa
   Burke sobre, 142
   conceito de poder estatal e a, 59
   conservadorismo e a, 142
   Guizot sobre a, 116
   liberais franceses e a, 158
   liberais franceses tardios e a, 123-24
   Madame de Stäel sobre, 114
   ver também Jacobinismo
Ricardo, David, *Princípios de Economia Política*, 110
Risorgimento
   Croce sobre o, 172
   Mazzini e o, 133

Ritschl, Albert, sobre Lutero, 64
Romantismo
   liberalismo e, 90-93
   Mill e, 125-26
Rosselli, Carlo, 202
Rotteck, Karl von, 166
Rousseau, Jean-Jacques
   Constant sobre, 115
   Contrato Social, sobre a liberdade, 50, 53-54
   Discurso sobre a Origem e os Fundamentos da Desigualdade entre os Homens, 81
   Émile, 77
   nação como sede da autoridade, 138
Royer-Collard, 115-16
Ruggiero, Guido de, *História do Liberalismo Europeu*, 58
Rússia, teóricos do século XIX, 132-35

Saint-simonismo, Mill e o, 126
Sarmiento, Domingo Faustino, 150-54
   Facundo: Civilização e Barbárie, 150-51
Sartre, Jean-Paul, Camus e, 220
Schmitt, Carl
   Teoria Constitucional, 42
   Der Hüter der Verfassung (O Guardião da Constituição), 204
Sen, Amartya Kumar, 242
Servet, Miguel, 64
Siedentop, Larry, sobre o liberalismo clássico, 132
Sieyès, padre, conceito de legitimidade, 113
Simon, Jules, 190-91

Sistema inglês de governo, 40
Smith, Adam, *A Riqueza das Nações*, 81-86
Soberania popular, 114-16
   ver também Autoridade
Socialismo
   colapso na década de 1980, 43, 257
   liberal, nos EUA, 44
   Mazzini e o, 133
   Ortega y Gasset e o, 180
   Rejeição de Weber ao, 170
Sociedade, segundo Ortega y Gasset, 176
"Sociedade aberta" (Popper), 215-16
"Sociedade civil"
   legitimação histórica da, 64
   significado no Iluminismo, 81
Sociologia
   ideologia política e, 234-35
   liberalismo francês e a, 193
Spencer, Herbert, 147-50
   Bobbio sobre, 259
   The Man versus the State [O Homem versus o Estado], 148
Staël, Madame Germaine de
   Considérations sur la Révolution Française, 114
Stahl, Friedrich Julius, *Filosofia do Direito*, 166
Stephen, James Fitzjames, *Liberty Equality, Fraternity*, 147
Stubbs, William, *Constitutional History of Medieval England*, 74
Suárez, Francisco, *De Legibus ac Deo Legislatore*, 69
Subconsumo, teoria de Hobson sobre, 197-98

Sufrágio universal, 42, 127
Summer, William Graham, 150

Taxação, redistributiva
   Hobhouse e, 199
   Hobson e, 198
Taylor, Charles, 50
Textos Federalistas
   ver *The Federalist Papers*
Thiers, Adolphe, 158
Thomas, Keith, sobre a discussão política do século XVII, 100
Tierney, Brian, raízes do constitucionalismo, 74
Tirania, da maioria
   ver Despotismo, da maioria
Tocqueville, Alexis de, 117-25
   A Democracia na América, 119
   Mill sobre, 126-28
   O Antigo Regime e a Revolução, 118, 120
Tolerância religiosa, Reforma protestante e, 65-66
Tory, partido
   origem do, 96
   perspectiva histórica do, 144
Totalitarismo
   Aron sobre, 238
   historicismo e, 216
Tradicionalismo, no conservadorismo inglês, 141
Treitschke, Heinrich von, 167
Tribalismo, Popper sobre, 215
Troeltsch, Ernst, sobre a Reforma, 64
Trotsky, Leon e Dewey, 209

Ulpiano, *Instituta*, 67
Unamuno, Miguel de, 178-79
Utilitarismo, 109
   crescente conservadorismo do, 147
   crítica de Green ao, 188
   democracia e, 107
   liberalismo clássico e, 137
   objeções de Spencer ao, 148
   reforma social e, 108
   teoria do contrato social de Rawls e, 244, 246
   ver *também* Bentham, Jeremy

Vacherot, Étienne, 190
Valores, pluralismo de
   ver Pluralismo de valores
Vocação, teoria de Weber sobre, 169
Volpe, Galvano della, 252
Voltaire, *Traité sur la Tolérance*, 66
Vontade, consenso e, 71

Weber, Max, 168-71
   "Política como Vocação", 169
Weimar, República de
   Dahrendorf sobre, 240
   liberalismo de esquerda na, 202
Welcker, Karl, 166
Wesley, John, 91
Whig, partido
   nos EUA, 106-07
   origem do, 96
Whiguismo,
   antiabsolutismo e, 98
   liberais conservadores e, 181
   liberalismo e, 106-07
   liberalismo clássico e, 136
   Pocock sobre, 102
   Yeats sobre, 136

Yeats, William Butler, sobre whiguismo, 136

Do mesmo autor, leia também:

Formalismo & Tradição Moderna reúne treze ensaios que discutem amplamente temas de estética, teoria literária, teoria da crítica da arte, história da literatura, história das artes, semiologia e psicanálise da arte. Esta nova edição (a primeira data de 1974) é enriquecida por fac-símiles da correspondência pessoal e de documentos do arquivo de Merquior, bem como por ensaios de José Luís Jobim, João Cezar de Castro Rocha e Peron Rios.

facebook.com/erealizacoeseditora twitter.com/erealizacoes instagram.com/erealizacoes

youtube.com/editorae issuu.com/editora_e erealizacoes.com.br

atendimento@erealizacoes.com.br